书山有路勤为径,优质资源伴你行
注册世纪波学院会员,享精品图书增值服务

中国项目管理实战系列丛书

高级项目经理手册

融合传统和敏捷的项目管理方法

许江林 仲启平 吴昭峰 张轶明 著

电子工业出版社
Publishing House of Electronics Industry
北京·BEIJING

未经许可，不得以任何方式复制或抄袭本书之部分或全部内容。
版权所有，侵权必究。

图书在版编目（CIP）数据

高级项目经理手册：融合传统和敏捷的项目管理方法 / 许江林等著. —北京：电子工业出版社，2023.10
ISBN 978-7-121-46301-3

Ⅰ.①高… Ⅱ.①许… Ⅲ.①项目管理 Ⅳ.①F224.5

中国国家版本馆CIP数据核字（2023）第172973号

责任编辑：刘淑丽
印　　刷：三河市龙林印务有限公司
装　　订：三河市龙林印务有限公司
出版发行：电子工业出版社
　　　　　北京市海淀区万寿路173信箱　邮编100036
开　　本：720×1000　1/16　印张：20.25　字数：385千字
版　　次：2023年10月第1版
印　　次：2023年10月第1次印刷
定　　价：96.00元

凡所购买电子工业出版社图书有缺损问题，请向购买书店调换。若书店售缺，请与本社发行部联系，联系及邮购电话：（010）88254888，88258888。
质量投诉请发邮件至zlts@phei.com.cn，盗版侵权举报请发邮件至dbqq@phei.com.cn。
本书咨询联系方式：（010）88254199，sjb@phei.com.cn。

前 言

传统和敏捷的融合势在必行

在我们常年举办的项目管理实战研讨课上,很多项目经理乐意和我们分享他们在实际中遇到的困难和收获的成果,也愿意和我们一起进行反思和总结。在得出的诸多结论中,有两点特别突出。第一,必须把传统方法和敏捷方法融合在一起,即使在那些签了固定价格合同且需求看上去比较稳定的项目中,也应该使用一些敏捷实践,使项目过程更加顺畅,团队氛围更加轻松,项目成果的价值更大,客户满意度更高。第二,虽然人们参加了各种培训,热衷于获取各种证书,在谈到知识和方法时头头是道,在实际工作中却用之甚少。主要的原因是工作太忙,每天要处理数不清的来自不同干系人的诉求,所以根本来不及研究和调用已经学过的知识和方法。基于实战研讨中的这些发现,我们四位作者决定写一本书,一来推广传统和敏捷融合的混合项目管理方法,二来为项目经理提供一本案头手册,希望他们在工作之余、会后或遇到问题时可以翻一翻,或许能产生些许灵感,毕竟"磨刀不误砍柴工"。下面我们分享几个来自项目经理的故事,为避免对号入座,对其中的敏感信息做了淡化。

老马在一家制造业公司工作,公司决定上线一套仓储管理系统,老马被任命为项目经理。在回顾这个项目的实施过程时,老马戏称他遭遇了"项目诈骗"。一家供应商中标了该项目,供应商提供了远远低于同行的报价,技术应答和产品演示也基本无懈可击,唯一的缺憾是这家公司没有与本项目规模类似的成功案例。但是在低报价和优秀的产品演示面前,这个缺憾被忽略了。项目开始后,老马要求供应商每周提交工作进展报告,刚开始的几周由于有一些基础工作需要完成,所以进展明显,到了实质的开发阶段,项目进展明显过于缓慢。老马怀疑供应商又签了新的合同,把该项目的优先级下调了,人们都去忙别的项目了。几次沟通未果，老马决定投诉。投诉之后，仍然没有改善，老马也逐渐发现对方项目经理没有权力管理资源，每次都是被动询问每个人的进展，然后编一份拼凑字数的进展周报。老马最终决定让供应商的项目团队全部搬到老马自己公司现场办公，全职投入老马公司的项目。本以为搬来之后就万事大吉了，谁知道事与愿违，每个人按时上班，按时下班，但项目进展甚微。有一次，老马无意间瞄了一个成员的计算机屏幕，半小时后恰巧又路过，老马又瞄了一下，发现屏幕连动都没动过。

老马无可奈何地看着项目就这么"龟速前进"，眼看交期已到，项目成果还是没有开发出来。无奈之下，老马将问题升级到了双方公司的最高层，甚至还邀请了负责合同执行和法务的同事来帮忙。当双方公司高管坐在一起开会时，问题才水落石出，原来根本原因是当前成员根本就不具有实施这个项目的经验和能力，尤其是在一个需要建立计算模型的模块中，根本无从下手。迫于各种压力，供应商的高层撤换了原来团队几乎所有的成员，从其他机构火速招募和借调了人员重新开始开发。而自己公司的高层则责怪老马不能及时发现问题，工作不力。

老马在反思这个项目时说，虽然他后来和开发团队坐在一个办公室，但项目过程对他来说仍然是一个黑盒，他什么也看不见、摸不到。他认为敏捷方法中的一些做法可以撕掉项目过程的"遮羞布"，让问题直接呈现在所有干系人的面前。在后来的项目中，他尤其热衷于使用迭代、任务板、每日站会、迭代演示这些敏捷实践。

老陆的故事是关于需求蔓延的。老陆是一位乙方项目经理，虽然甲乙双方签署了合同，合同中明确了需求，但是在开发过程中，甲方总是不断地提出新需求，而且经常出现需求冲突。甲方的张三提出了A需求，过几天甲方的李四提出了B需求，B需求又修改了A需求，甲方之间的不一致不仅增加了团队的工作量，而且造成团队的士气低落。更有甚者，甲方的同一个人，周一提出了新需求，等团队做得差不多了，到周五时，这个人又通知团队说，这个需求不用做了，取消了。

在回顾这个项目时，老陆感慨地说："我们本来应该主动引导客户，我们是专业解决方案的提供商，也应该是专业项目管理方法的引导者。不应该抱怨客户，也不应该直接拒绝客户，当然跟着客户走到哪里算哪里也不对。"老陆认为应该采用专业的工具，专业的工具一方面已经经过实践的验证，更有可能得出正确的结论，另一方面也容易得到客户的认可。没有专业的工具和方法论作为背书，只靠项目经理赤手空拳、凭借一己之力很难说服客户。老陆后来在项目中采用了影响地图的方法，引导客户找到真正重要的需求。老陆还对《敏捷宣言》中提到的"客户合作高

前言

于合同谈判"颇有感触。与其花时间与客户纠缠于合同条款，不如花时间做点对客户真正有用的事情。签署合同的时候，客户的需求可能并不成熟，一味照着合同中定义的需求去开发，最后的结果并不能真正解决客户不断变化的问题。所以应该和客户友好协作，建立互信关系，在合同规定的成本和进度限制下，实现最重要的需求，开发最重要的功能，让客户价值最大化。

老陶的项目也遭遇了类似的情况，老陶曾经在某著名的咨询公司工作，所以当公司宣布由他来带领一个内部流程优化项目时，他志在必得。他首先聘用流程专家，对当前流程进行了梳理，找出了差距，刻画出了新的To-Be流程，并把新流程进行了宣讲，得到了公司各部门的广泛支持。之后，老陶带领团队根据新流程紧锣密鼓地开始了封闭开发，4个月后顺利交付。当系统上线后，老陶本来准备接收来自各方的赞誉，但结果什么声音也没有听到，因为没有人主动使用这个新系统。虽然老陶不断地宣讲新系统的好处，但人们还是无动于衷，因为人们已经习惯了旧的做事模式，很难走出舒适区。

当老陶反思自己的项目时，他认为应该让系统的使用者尽早参与项目，让他们来定义项目成果，而不是让流程专家作为主力。如果当初采用敏捷方法频繁交付，那么在第一次交付时，老陶就可以听到使用者的反馈，并可以分析他们的使用情况，识别新系统需要改进的地方。老陶还认为，组织应该给项目经理更大的责任。项目成功不仅仅是按时交付产品，更重要的是让产品投入使用，产品只有被使用才能产生价值。每个项目都会引发一定程度的组织变革，作为项目经理，应该成为组织变革的引领者，而不仅仅是项目成果的交付者。

以上是从众多项目故事中选择的三个典型场景。敏捷方法正在从软件行业延伸到其他领域，而随着信息技术的发展，各行各业的项目也都开始涉及软件。因此，不论哪个行业的项目经理，都需要充分了解传统方法和敏捷方法，并根据需要选择其中最有用的框架、流程、实践、工具和方法等，最大限度地发挥两种方法的优势，并形成适合自己项目的独特项目管理方法。

本书综合考虑了传统预测型方法和敏捷适应型方法，整合了基于流程的项目管理方法，PMBOK®第七版的八大绩效域，以及Scrum、看板、XP等应用广泛且权威的敏捷实践，综合呈现了一幅可直接用于管理各种项目的路线图。本书之所以起名为《高级项目经理手册》，是由于其中所呈现的项目管理路线和方法将助力于那些有一定规模和复杂度的项目，如业务模式创新项目、新产品研发项目、应用软件开发项目、企业转型项目、创业项目、基础设施建设项目、系统实施项目、市政工程项目等。对于那些如举办公司年会、搬家或装修等不确定性相对较低的项目，亦可以从本书中找到相应的方法。

本书还提出了项目经理的五项修炼，指的是项目经理需要具备的品质修养、价值观、基本原则和底层逻辑的融合。五项修炼是冰山模型中水面之下的特征，而本书其他章节介绍的则是水面之上的表现。当水面以下的特征能够支撑水面以上的表现时，项目经理的表现是稳定的，内心是自信的。如果没有水面以下的特征作为支撑，则表象行为是暂时的、僵硬的、脆弱的。这五项修炼是跨领域、跨项目所通用的，不能一蹴而就，需要日积月累的积淀和磨砺。

作为一本手册，本书旨在为正在管理项目和准备管理项目的人们提供周全而精良的工具，为他们的项目征程送上"炮弹"。PMBOK®目前更新到第七版，已经和前面几版有了明显的区别。已经获得PMP®证书的人士急需补充新的知识，以应对新的、更为复杂多变的项目环境，所以需要一本内容全面、详细、正确、易读的书，本书期望满足这类需求。本书多个案例结合创业项目或初创企业的项目，也期望为创业人士提供项目管理方面的帮助。

针对PMP®考证人士，本书讲解透彻、易懂，紧扣项目管理体系思维模式，可以帮助人们轻松学习知识，通过考试，更重要的是为日后管理项目提供清晰的路线图。证书是敲门砖，入门之后怎么走出关键的第一步，本书希望在这方面助您一臂之力。

本书作者均有十年以上在大型企业、初创企业、互联网企业工作的项目经验，又有十余年的跨行业项目管理咨询和培训经验，凭借认真的理论研究和一线的亲身实践，通过本书带给您一幅完整、可靠而详细的项目管理路线图，您可以依照路线图开启自己更加丰富和辉煌的项目之旅。作者期待与您一起学习最新的项目管理方法，一起探讨项目管理实践。

许江林
2023年4月于北京

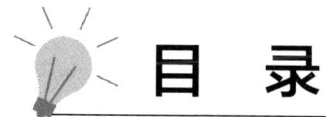
目录

第1章　项目管理概念介绍　　001

　　1.1　价值交付系统　　001

　　1.2　项目管理相关角色　　003

　　1.3　组织对项目的影响　　007

　　1.4　项目管理流程框架　　009

第2章　项目经理的"五项修炼"　　016

　　2.1　修炼1：打造领导力　　017

　　2.2　修炼2：以人为本　　022

　　2.3　修炼3：直面VUCA　　026

　　2.4　修炼4：以价值为驱动　　031

　　2.5　修炼5：成为项目管理流程专家　　035

第3章　项目启动　　039

　　3.1　传统项目的启动　　040

　　3.2　敏捷项目的启动　　044

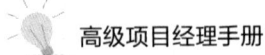

第4章　确定项目生命周期　049

- 4.1　项目生命周期　049
- 4.2　根据复杂度确定开发方法　052
- 4.3　传统方法　054
- 4.4　敏捷方法　055
- 4.5　增量方法和迭代方法　063
- 4.6　混合方法　065
- 4.7　交付节奏　066
- 4.8　构建项目生命周期模型　068

第5章　传统项目的规划　073

- 5.1　渐进明细和滚动规划　074
- 5.2　建立范围基准　075
- 5.3　建立进度基准　083
- 5.4　建立成本基准　090
- 5.5　项目整体绩效基准　092
- 5.6　整合项目管理计划　093
- 5.7　项目开工会议　118

第6章　敏捷项目的规划　120

- 6.1　敏捷规划的层级　121
- 6.2　产品待办事项列表　133
- 6.3　估算方法　142

第7章　项目执行：交付价值　147

- 7.1　价值管理　147

7.2	传统方法中的需求管理和范围管理	151
7.3	敏捷方法中的需求管理和范围管理	154
7.4	质量管理的理念和工具	160
7.5	有助于提高质量和交付价值的敏捷实践	175

第8章 项目执行：管理外围   181

8.1	流程优化	181
8.2	资源管理	187
8.3	采购管理	188
8.4	知识管理	197
8.5	平衡制约因素	199

第9章 项目测量指标   202

9.1	传统方法中的指标	203
9.2	挣值分析指标	210
9.3	敏捷方法中的指标	216
9.4	干系人和团队测量指标	224
9.5	商业价值测量指标	227

第10章 项目控制和适应   232

10.1	项目可视化	232
10.2	偏差管理	235
10.3	问题管理	239
10.4	变更管理	242
10.5	风险管理	244

第11章　人的因素：干系人管理和团队管理　　259

- 11.1　管理干系人参与　　259
- 11.2　管理项目团队　　267
- 11.3　沟通管理　　284
- 11.4　软技能　　290

第12章　项目收尾　　299

- 12.1　项目结束的情形　　300
- 12.2　收尾阶段的关键工作　　301
- 12.3　敏捷项目的收尾　　306
- 12.4　项目成果的落地　　306

参考文献　　312

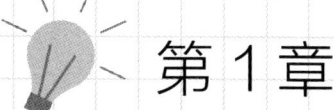

第 1 章

项目管理概念介绍

本章介绍项目管理的基本概念，先介绍价值交付系统及其组件，然后介绍与项目管理相关的角色，之后介绍组织对项目的影响，最后介绍几种常见的项目管理流程框架以及本书的导航图。

1.1 价值交付系统

一个组织就是一个价值交付系统，组织通过为客户提供产品、服务或成果来交付价值。组织内部的业务活动包括项目组合、项目集、项目和其他工作。一个项目组合、项目集或项目，也可以被看作一个单独的价值交付系统。项目中的工作相互依赖，项目中的人员相互协作，项目产品中的部件相互作用，它们综合起来作为一个系统运作着，系统的目的是创建产品、交付价值。组织、项目组合、项目集及项目之间的关系如图1.1所示，每个主体自身是一个系统，内部包含更小的系统，同时又存在于一个更大的系统中。对于项目来说，需要建立良好的项目管理方法，使得项目系统中的人、工作、产品等多种要素有机互动，从而以高效而健康的方式交付成果，并最大化价值。下面分别介绍与价值交付系统相关的重要概念。

1. 项目

项目（Project）是为了创造独特的产品、服务或成果而做出的临时性努力。项目具有独特性和临时性。独特性意味着项目所做的工作和以往做的工作在一定程度上存在不同。临时性意味着项目有明确的开始时点和结束时点。比如，一个新产品的研发是一个典型的项目。不具有独特性和临时性的工作被称为运营型工作（Operational Work），比如，一个产品的持续生产就属于运营型工作。

2. 项目集

项目集（Program）包含多个项目和一些运营型工作，有时也会包含更小的项目集。项目集内的组件相互之间有关联,放在一起综合协调管理,可以获得比单独管理更大的综合收益。比如,某个电商平台搞节日促销,每个店铺可以独立做促销,但多家联合可能成效更大。

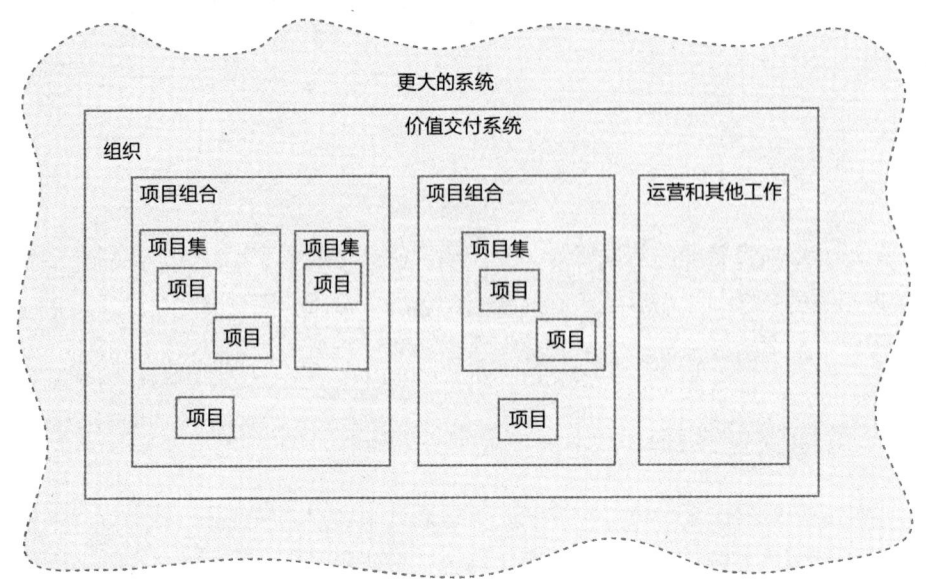

图1.1　组织、项目组合、项目集及项目之间的关系

3. 项目组合

项目组合（Portfolio）是为了实现组织战略而启动的一系列项目或项目集,有的项目组合中也可能包含更小的项目组合。比如,某公司的战略是进军汽车领域,为此启动了一系列的项目,包括研发项目、营销项目、采购项目、合作项目、合资项目、融资项目等,这些项目放在一起管理就形成了一个项目组合。

4. 价值

项目、项目集和项目组合都是价值交付系统。价值（Value）是某个事物的作用、重要性或实用性。价值可以分为客户价值、商业价值和社会价值。比如,某个项目交付的成果是一个移动端的买菜App,这个产品满足了客户买菜的需求,这是客户价值；这个产品使得项目实施组织赚到了利润,这是组织价值；这个产品为行动不便的人提供了帮助,这是社会价值。价值具有主观性,此之甘露,彼之砒霜。

5. 项目和产品的关系

图1.2展示了项目和产品的关系。通用的产品生命周期包含四个阶段：引入阶段、成长阶段、成熟阶段和退出阶段。不同产品的生命周期长短不同,有的可能持

续十年、二十年，有的可能一两年就结束了，但都会经历这四个阶段的起落。

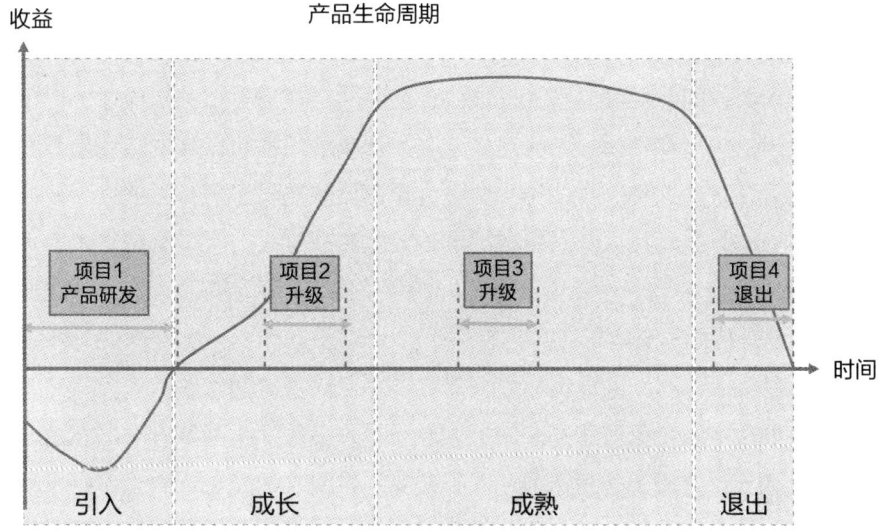

图1.2 项目和产品的关系

在产品生命周期中存在着若干个项目。比如，产品研发就是一个单独的项目。在产品使用过程中发现了问题，可能需要启动一个项目来补救缺陷。为了追赶竞争对手，需要增加一些新的功能，再启动一个升级项目。最后，产品要退出市场时，退出本身也是一个项目，是产品生命周期的最后一个项目。

1.2 项目管理相关角色

项目管理是将知识、技能、工具与技术应用于项目活动，以满足项目要求并实现项目价值的过程。项目经理是组织委派负责管理项目的人员，但仅靠项目经理一个角色是无法管好项目的。高效的项目管理需要项目发起人、项目团队、产品负责人、项目指导委员会以及包括客户在内的其他干系人的有力支持和充分参与。下面介绍与项目管理相关的关键角色。

1. 项目经理

项目经理是由执行组织委派，带领项目团队实现项目目标的个人。通常来说，项目经理的工作从项目启动时开始，到项目完成时结束。在有些组织中，要求项目经理参与项目启动之前的商业分析和商业论证过程，有些组织要求项目经理在项目成果交付之后继续引领项目成果引发的组织变革，以确保项目成果按预期投入使用并创造价值。

在凯文·福斯伯格（Kevin Forsberg）等著的《可视化项目管理》一书中，把项目经理比作交响乐团的指挥，项目团队就是高手云集的交响乐团，每个乐手要出色演奏自己的乐器，同时要和其他人无缝协作。书中还提出："一组天才的音乐家，如果没有共用的乐谱和指挥，怎么可能演奏出优美的乐曲？即使在自我指导的团队中也需要领导，只是这种领导的结果体现为全部团队成员都能自觉遵守大家共同认定的流程。当前，公司发展对项目成功的依赖性越来越大，我们相信，没有一个公司的CEO会冒险去成立一个完全没有领导的项目团队，这就好像没有一个人愿意买票去看一个没有指挥的交响乐演奏会。"

在敏捷项目中，项目经理仍然发挥着重要作用。《敏捷实践指南》指出：项目经理在敏捷项目中的角色有些是未知的，原因是许多敏捷框架和方法都不涉及项目经理的角色。一些敏捷实践者认为，并不需要项目经理的角色，因为自组织团队承担了项目经理的职责。不过，务实的敏捷实践者和组织认识到，在许多情况下，项目经理都能够创造重要的价值。关键的区别在于，他们的角色和职责看起来和传统项目方法有些不同。

吉姆·海史密斯（Jim Highsmith）在其著的《敏捷项目管理》一书中，提出了敏捷企业总体框架的四个层级，自上而下分别是投资组合治理、项目管理、迭代管理和技术实践。投资组合治理关心项目的投资回报率；项目管理处理与外围干系人相关的事情，为项目团队扫除障碍，铺平道路；迭代管理与项目成员打交道，确保人们按照敏捷流程开展工作；技术实践为团队的技术工作提供指导。项目管理需要对项目的合同管理、风险分析、资源调配、成本估算、进度预测等负责。如果项目规模较小，则项目管理和迭代管理可以由同一个人负责。

2. 项目发起人

项目发起人（Project Sponsor）代表项目所在组织正式批准项目，正式授权任命项目经理。项目发起人是一个游说家，在公司范围内宣讲项目的好处、重要性和价值，从而获取人们对项目的全方位支持，如资金支持、资源支持、技术支持和情感支持等。项目发起人还需要向团队和干系人沟通项目愿景，激励人们的斗志，获得人们的承诺。项目发起人为项目经理提供支持，解决超出其权限范围或能力范围的问题。项目发起人是项目团队和公司高层之间的连接枢纽，起着上传下达的作用。在项目结束时，项目发起人要确认项目的输出，监督项目成果落地，确保项目价值的实现。

3. 项目团队

项目团队是被分配了项目角色和职责的一组人员，他们拥有共同的使命，即实现项目目标。他们一起完成项目所需的全部工作，所以项目团队通常是跨职能的，包含了项目所需各种技能的人员。他们可能来自组织内部，也可能来自组织外部。项目团队可能同地集中办公，也可能采用分布式结构，成员分散在不同的地理位置。团队成员可能全职参与项目，也可能兼职参与项目。有的成员可能全程参与项目，有的成员可能只参与某些阶段或某些活动。

4. 职能经理

职能经理专注于对某个职能领域或业务部门的管理监督，也被称为部门经理。项目经理是临时的，项目开始时被委任，项目结束时卸任，相对而言，职能经理是长期的，除非部门被解散，或者本人被免职。职能经理拥有资源和资金，对所管辖部门的员工绩效、预算以及其他指标负责，根据项目需要，他们为项目提供资源、专业技能和其他支持。项目经理需要和职能经理协作，才能确保项目成功。

5. 产品负责人

产品负责人（Product Owner，PO）的角色通常出现在采用敏捷方法的项目中。产品负责人确保产品价值最大化，确定产品的开发方向，并根据商业价值对任务优先级进行排序，确保开发团队始终从事价值最高的工作。具体包括：

- 建立并沟通产品目标。
- 创建并沟通产品待办事项列表中的条目。
- 对产品待办事项列表中的条目进行排序。
- 对迭代成果进行评审。

6. 项目管理办公室

项目管理办公室（Project Management Office，PMO）是一个职能部门，在有些组织可能是一个虚拟的委员会。PMO对管辖范围内的所有项目进行监管。具体来说，它的职能分为三类。第一类是战略职能，确保每个项目都支持组织的战略。第二类是治理职能，对项目过程进行监管并提供指导。第三类是卓越中心，收集项目过程资产并进行管理和分享，提升组织整体项目管理水平。不同的组织对PMO的定位不同，根据PMO所担职责的多少可以分成三级。从低到高分别是支持型、控制型和指令型。

支持型PMO：为项目提供支持，如提供模板、最佳实践、培训、软件工具、组织过程资产等。这类PMO对项目的控制程度最低。

控制型PMO：监督项目过程是否合规，是否与组织要求的项目管理流程保持一致，为此可能要对项目进行审查或审计，可能需要项目团队定期提交报告，可能会参加项目的某些会议。这类PMO对项目的控制程度属于中等。

指令型PMO：可以对项目工作直接管理、直接控制、直接下命令。比如，项目出现了问题，PMO可以直接与项目经理和团队沟通原因，商讨整改措施，并监督整改行动的落实。在项目面临选择时，PMO可以直接参与或主导项目决策。这种类型的PMO权力大，职责也大，PMO要为项目的成败担负直接责任。这类PMO对项目的控制程度最高。

7. 项目治理主体

项目治理主体是指负责执行项目治理的人员或团体。治理（Governance）就是监管的意思。项目治理，就是对价值交付系统中的项目组合、项目集和项目进行监管，具体工作包括指导、监督、控制和评估等。比如，是否投资某个项目？是否对某个正在进行的项目继续投资？是否批准项目中的某个重大变更？项目管理方法是否需要做出重大调整？这些都是项目治理主体需要关心的问题。

关于项目治理主体的设定，不同的公司做法不一样，有的公司利用已有的组织治理体系，有的公司会由PMO负责项目治理，有的公司会针对某个具体的项目组合、项目集或项目建立专门的治理主体。

8. 项目指导委员会

项目指导委员会是针对某个具体项目而建立的委员会，由项目发起人、用户或客户方的高级代表、项目实施方的高级代表、关键供应商的高级代表组成。项目指导委员会是一个临时的、虚拟的机构。当项目启动时，该委员会成立；当项目结束时，该委员会解散。委员会成员平时都有自己的本职工作，他们按照预定的流程和计划定期对项目进行指导和监督，并在重要问题上做出决策。项目指导委员会扮演着项目治理的角色，但有时候，项目还同时接受来自PMO、项目集、项目组合等其他职能的治理。项目经理有责任与各方协商，对治理进行简化和统一，既发挥治理的作用，又降低对团队的干扰。

9. 项目干系人

项目干系人（Project Stakeholders）是指可能影响项目决策、活动或结果的个人、群体或组织，以及会受到（或自认为会受到）项目决策、活动或结果影响的个人、群体或组织。比如，提需求的用户、确定项目范围的客户、为项目投资的组织或个人、为项目提供材料的供应商、执行项目工作的项目团队成员、负责带领团队

第1章 项目管理概念介绍

实现项目目标的项目经理、接受项目成果的运营部门、受到项目过程或结果干扰的个人、未来将使用项目产品的个人、制定产品标准的监管机构等,这些都是项目干系人。本节前面提到的8个角色都属于项目干系人的范畴。

1.3 组织对项目的影响

项目所在的组织对项目会产生显著的影响。组织结构可能影响项目经理的权力和职责,充分利用组织已有的过程资产可能会提高项目的效率,组织文化可能会影响项目团队成员的行为方式,而有些环境因素可能会限制项目的选择。项目经理必须充分了解这些因素,才能扬长避短,在局限条件下寻求最优解,从而以最优的方式管理项目,并达成项目目标。

1. 组织文化

组织文化是组织内部对于某些因素的共同认识。比如:

- 愿景、价值观、行为规范。
- 政策、方法和程序。
- 对职位等级的看法。
- 工作中的道德规范。
- 工作时间设定。

项目经理需要主动了解项目参与各方的组织文化,在尊重各方文化的基础上,提取具有优势的文化因素,形成有利于高效协作的项目团队文化。

2. 组织结构

典型的组织结构包括职能型、弱矩阵型、平衡矩阵型、强矩阵型、项目型和复合型。在不同的组织结构中,项目经理的权力和职责不同,获取和管理资源的方式也不同。在职能型组织中,职能经理的权力比项目经理大;在项目型组织中,项目经理的权力比职能经理大。这几种类型的组织结构的特征如表1.1所示。

表1.1 典型组织结构的特征

组织结构	特征
职能型	• 组织的主营业务是日常运营型工作 • 采用层级结构,每名员工都有一位明确的上级,人员按专业分组 • 职能经理给成员下命令 • 项目经理没有权力分配资源,或者没有项目经理 • 职能经理对项目成败负责

续表

组织结构	特征
弱矩阵型	• 组织的主营业务是日常运营型工作 • 保留了职能型组织的大部分特征 • 职能经理给成员下命令 • 有项目经理，但其角色更像协调员或联络员，权力很小 • 职能经理对项目成败负责
平衡矩阵型	• 组织业务中日常运营型工作和项目型工作持平 • 项目经理和职能经理共同负责预算 • 共同安排工作优先级并指导项目成员的工作 • 成员双线汇报，既向项目经理汇报，又向职能经理汇报，沟通变得复杂 • 虽然承认全职项目经理的地位，但并未授权其全权管理项目资源 • 项目经理和职能经理共同对项目成败负责
强矩阵型	• 组织业务大部分为项目型工作 • 职能经理根据项目经理要求，为项目提供资源 • 项目经理有权调配资源，但需要与职能经理协商 • 项目经理掌管项目预算 • 项目经理是专职的，一个项目结束后在另一个项目中仍担任项目经理 • 项目经理对项目成败负责
项目型	• 组织的主营业务是项目型工作 • 项目经理的权力和职责最大 • 项目经理拥有很大的自主性和职权 • 团队成员通常集中办公，全职参与项目 • 项目结束时，成员可能产生焦虑感，因为没有固定的接收部门 • 项目经理对项目成败负责
复合型	• 通常为大型组织，在不同的业务板块使用不同的组织结构形式

3. 环境因素

项目会受到组织内部和外部因素的制约与影响，这些因素被称为环境因素。内部环境因素包括知识资产、数据资产、过程资产、人力资源、组织文化、组织结构、流程、规范、程序和组织架构等。外部环境因素包括政策法规、市场环境、竞争对手、社会文化、地理环境等。内部环境因素和外部环境因素都是项目经理应该关注的内容，要随时关注其变化，评估这些变化可能对项目造成的正面和负面影响，根据评估结果主动采取应对措施。

4. 组织过程资产

组织过程资产是参与项目的组织所拥有的流程、政策、实践和知识库等，具体可以分为两大类，一类是流程和政策类，另一类是以往项目的知识库。组织过程资产中的信息对当前项目的管理非常有帮助,如可以从流程类中找到组建项目团队的流程,可以从知识库中找到以前某个项目的问题日志、成本信息和经验教训等。可以参考类似项目的实际成本来估算本项目的成本,根据以往项目的问题日志来预判本项目的风险,根据以往项目中供应商的表现来为本项目选择最好的供应商。项目经理应该在项目活动中充分利用组织已有的过程资产,同时也需要主动将本项目的数据、信息和知识等输入组织过程资产。

1.4 项目管理流程框架

1. PDCA环

PDCA环由质量管理大师沃特·休哈特(Walter Shewhart)提出,由另一位质量管理大师威廉·爱德华兹·戴明(William Edwards Deming)进行了修改和推广。如图1.3所示,PDCA是Plan-Do-Check-Action的缩写,表示计划—执行—检查—行动。PDCA环首先被应用于质量管理活动中,先制订计划,再执行计划,检查执行的结果,提出改进措施,然后开启下一轮循环。由于该方法反映了企业管理各项工作的一般规律,因此后来被广泛应用于各种管理方法中,包括项目管理。

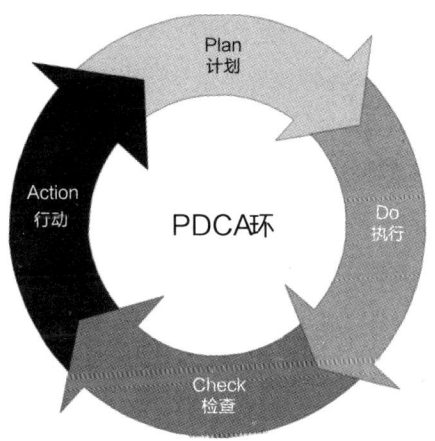

图1.3 PDCA环

如图1.4所示,在采用传统瀑布方法的项目中,需要在项目层面、阶段层面、工作包层面应用PDCA环。在项目层面,要制订项目计划,然后执行该计划,检查执行情况,提出并落实整改措施。在阶段层面,每个阶段要制订阶段计划,然后按照计划开展工作,要对执行情况进行检查,根据需要采取纠正措施。有些纠正措施和本阶段得出的经验教训将被作为下一个阶段计划的输入。在工作包层面,工作包责任人在接到委派之后要制订工作包的计划，执行计划，并在工作包完成后进行检查，根据需要进行整改。

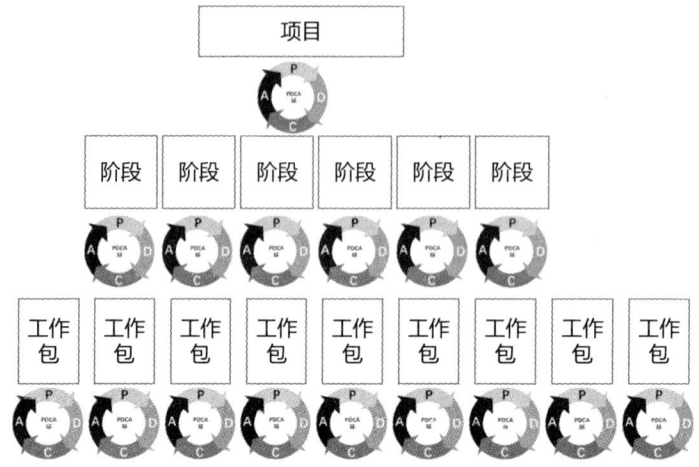

图1.4　传统方法中的PDCA环

采用敏捷方法的项目，在项目层面、发布层面、迭代层面、每日工作层面应用PDCA环。比如在迭代层面，每个迭代开始时要召开迭代计划会议，团队根据计划开展工作，迭代结束时要进行评审和回顾。在每日工作层面，通过每日站会，审视前一天完成的工作，规划当前的工作，检查遇到的障碍和问题，如图1.5所示。项目管理的流程框架虽不同，但底层逻辑都是PDCA环。

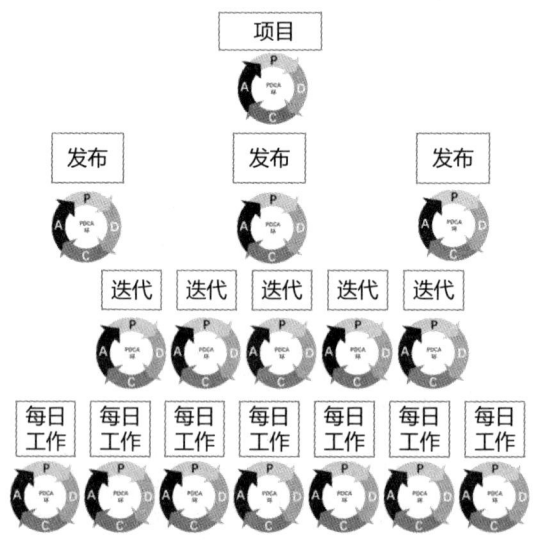

图1.5　敏捷方法中的PDCA环

2. IPECC环

PMI®的项目管理知识体系中提出了项目管理的五大过程组：启动（Initiating）—规划（Planning）—执行（Executing）—控制（Controlling）—收尾（Closing），取其单词首字母，简称IPECC环。

IPECC环五大过程组之间的关系如图1.6所示。项目具有临时性的特点，每个项目都有启动过程和收尾过程。项目具有不确定性，项目规划需要渐进明细，滚动进行，所以IPECC环中的规划过程和执行过程并非直线关系，而是不断循环，不断调整和细化，直到所有工作都被完成。控制过程是持续的，在整个项目过程中持续监督实际状况与计划的一致性，识别偏差并及时调整。

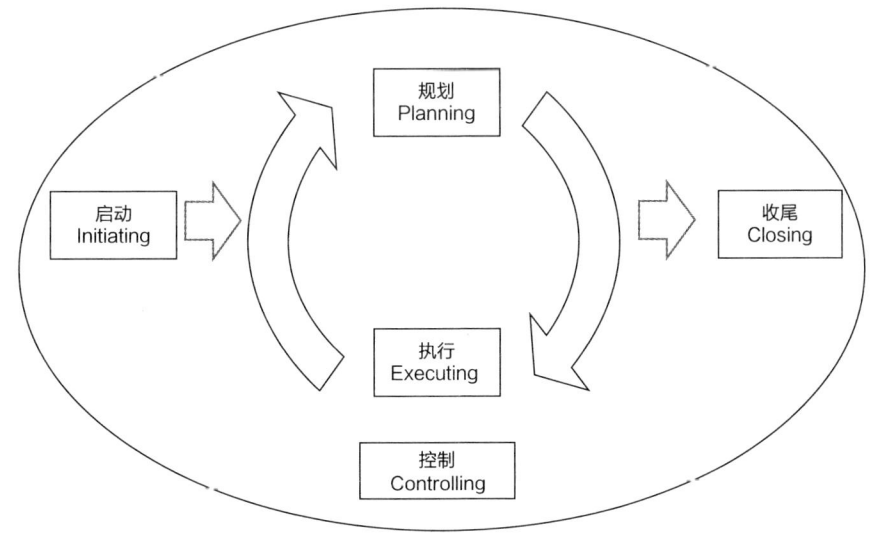

图1.6　IPECC环五大过程组之间的关系

和PDCA环类似，可以在项目层面上使用IPECC环来执行对项目的管理，也可以在阶段层面上使用IPECC环来执行对阶段的管理。下面介绍五个过程组的主要工作。

- **启动过程组**：对新项目或新阶段进行授权，批准将资金和资源投入工作中，确定项目或阶段的目标，委派项目经理或阶段负责人。
- **规划过程组**：根据启动过程确定的项目目标，制订项目计划或阶段计划，制订计划需要邀请团队成员参与，计划需要得到干系人的批准。
- **执行过程组**：按照规划过程组输出的计划来执行项目工作，既包括项目中的技术、生产、建设等直接创造价值的工作，也包括资源调配、物资采购、团队建设等支持性工作。

- **控制过程组**：将实际结果与计划相比较，发现偏差并提出整改建议。对于技术交付成果，需要先执行内部质量检查，然后请客户或发起人进行验收。对于支持性工作，要采用合适的方法或指标进行测量，如资源使用率、人员流动率等。
- **收尾过程组**：对交付成果进行移交，对资料进行存档，总结项目或阶段的经验教训，促进后续持续提升。

3. 敏捷项目管理五阶段

吉姆·海史密斯在其著作《敏捷项目管理》一书中提出了敏捷项目管理的五个阶段：构想阶段、推演阶段、探索阶段、适应阶段和收尾阶段。如图1.7所示，该模型中的阶段并非线性进行，而是持续循环迭代，直至达成项目目标。五个阶段的主要工作简述如下。

- **构想阶段**：创建愿景，识别干系人，确定团队协作模式。
- **推演阶段**：创建初步的产品待办事项列表，制订发布计划，为即将到来的迭代制订计划。
- **探索阶段**：开展团队协作；开展开发工作，交付增量成果；开展与干系人的互动。
- **适应阶段**：评审交付成果，对本次迭代进行回顾，提出整改建议，输入到推演阶段，开始新一轮的迭代。
- **收尾阶段**：项目目标得以实现，资料归档，团队庆祝，项目总结。

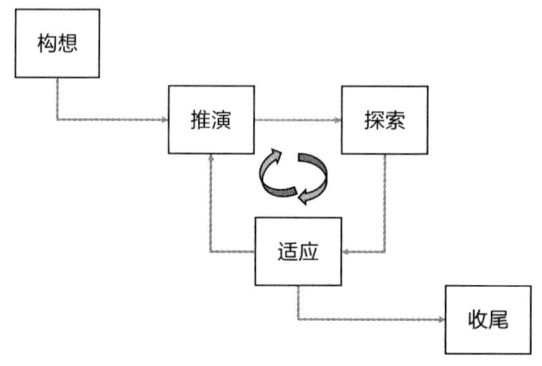

图1.7　敏捷项目管理的五个阶段

4. 本书提出的项目管理路线图

对于那些在项目早期就可以对需求进行良好定义且技术实现路径不确定性较低

的项目，可以使用传统预测型项目管理方法，如前面所述的基于过程组的IPECC环。而另一些项目很难在早期定义详细的需求，或者在技术实现路线上存在不确定性，或者两种因素都存在，此时采用敏捷适应型项目管理方法更为合适，如前面所述的敏捷项目管理五阶段模型。

　　传统项目管理方法采用瀑布模型，项目生命周期被划分为若干个阶段，一个阶段结束后开始下一个阶段，常用的工具有工作分解结构、关键路径法等。对于大部分的实施类项目，团队可以在项目早期建立完整的需求，因此可以在早期制订清晰的项目计划，在这类项目中，项目过程中出现变化的可能性较小，所以整个项目过程变得可预测。对于大部分的基础建设类项目，由于过程中变更的成本和代价过大，所以必须在项目早期建立完整和详细的需求，考虑各种风险的应对预案，以减少过程中的变更。在这些项目中，传统项目管理方法是适用的。如本书第5章结束时介绍的溜冰场重建的项目。

　　而在另一些项目中，如新产品研发、新业务模式开发、软件开发等项目，很难在项目早期定义完整的需求，需要通过持续的方式根据不断变化的市场情况完善需求，因此项目计划也是按照不断调整的方式来制订和执行的。还有一种情况是由于实现需求的技术路线存在较大的不确定性，如新药的研发，或者本书第6章结束时介绍的机器人新产品的开发项目等。在这种情况下，传统方法不再适用，取而代之的是更加灵活、更具适应性的敏捷方法。关于传统方法和敏捷方法的详细说明，请参考本书第4章。

　　传统方法和敏捷方法并不是非此即彼的关系，在大部分的项目中，项目经理都需要同时考虑这两种方法，根据需要对两种方法进行融合，以期最大限度地发挥两种方法的优势，使项目以更加高效的方式运行，从而更好地创造客户价值和商业价值。比如，在一个互联网零售企业中，每年都会发起若干个业务模式创新项目，这类项目既需要按照传统方式开展数据分析、方案设计、方案落实等，又需要在某些不确定性高的环节采用敏捷方式，快速交付，快速调整，不断贴近客户的真实需求。读者可以对本书第4章、第7章和第9章结束时介绍的项目案例展开分析思考。

　　对于那些基于与客户签订了固定价格合同的软件开发项目，也可以尝试融合传统方法和敏捷方法，在执行过程中可以采用敏捷方法中的影响地图来引导客户细化需求，采用产品待办事项列表对任务优先级进行排序，采用每周评审的方式提高客户参与度，同时采用传统方法中的挣值分析与客户及时沟通项目的进度和成本信息，帮助客户在项目执行过程中做出良好决策，让客户的每一分投入都能产出最大的客户价值。

本书以PDCA环、IPECC环和海史密斯的敏捷项目管理五阶段模型等权威理论为基础，综合考虑了传统方法和敏捷方法，描述了项目管理的基本路线，并比较详细地介绍了项目管理过程中的关键活动和工具。融合传统方法和敏捷方法的项目管理路线图如图1.8所示，项目干系人和项目团队是项目环境中的基本因素。因为有干系人的需求，所以才有项目的启动。项目团队负责把干系人的需求转化为产品，整个项目过程中，团队需要与干系人充分互动。项目管理路线包括项目启动、项目规划、项目执行、项目控制和项目收尾五大环节，每个环节都兼顾了传统方法和敏捷方法的应用。

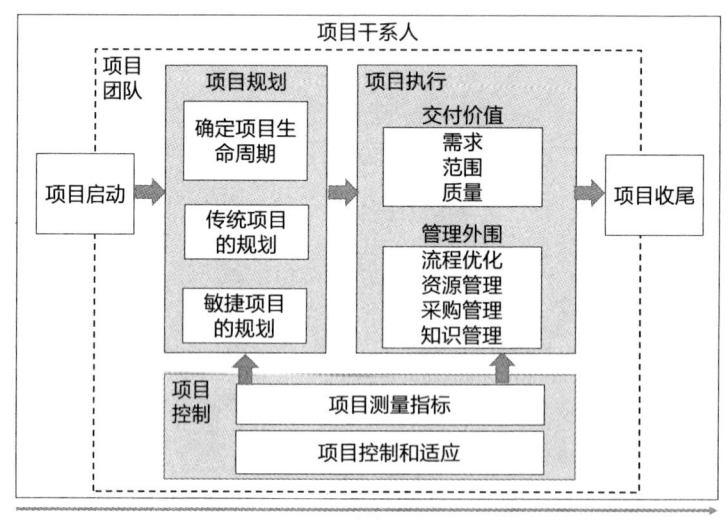

图1.8　融合传统方法和敏捷方法的项目管理路线图

在项目启动环节，分析项目的可行性，确定项目的投资价值，明确项目目标。传统方法采用详细复杂的方式，如商业论证文件，敏捷方法采用简洁明了的方式，如一页纸商业模式画布。

在项目规划环节，首先分析项目的复杂性，确定开发方法，建立项目生命周期模型，然后制订项目计划。复杂程度低的项目采用传统方法进行规划，复杂程度高的项目采用敏捷方法进行规划。有些项目可能需要同时使用两种方法。

在项目执行环节，可以把工作分为两类：一类是直接创造价值的核心工作，如需求、范围和质量等工作；另一类是通过提供支持间接创造价值的外围工作，如流程优化、资源管理、采购管理和知识管理等。项目经理需要管理好外围工作，确保项目团队有更多的时间聚焦于交付价值的工作。

在项目控制环节,需要建立项目绩效测量指标,根据指标、干系人反馈以及对环境因素的洞察,识别项目的偏差、问题、变更和风险,主动采取纠正和适应措施,使项目一直在期望的轨道上运行。

在项目收尾环节,移交产品,评价项目绩效,总结经验教训,推动项目成果落地。

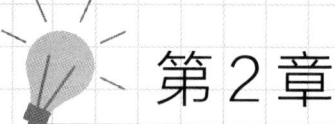

第 2 章

项目经理的"五项修炼"

在管理项目时,项目经理可用的"武器"很多,包括项目管理相关的方法论、流程框架、信息系统、工具、方法、模板、最佳实践等。本章介绍的"五项修炼"是指在任何项目环境下项目经理都需要具备的五个方面的能力。方法论、流程框架等"武器"可以通过强化培训获得,这些"武器"需要针对不同的项目进行裁剪,但"五项修炼"是跨领域、跨项目所通用的,而且没办法一蹴而就,需要日积月累的磨砺。

"五项修炼"是项目经理需要具备的品质修养、价值观、基本原则和核心价值的融合。借用冰山模型的说法,"五项修炼"是水面之下的特征,而方法、工具等"武器"是水面之上的表现(见图2.1)。如果没有水面以下特征作为支撑,则表象特征是暂时而脆弱的,项目经理的内心也容易遭遇冲突和不自信。当水面以下的特征能够支撑水面以上的表现时,项目经理所展现的行为和能力是稳定的,内心是自信的。项目经理具备良好修炼,并可娴熟使用各种方法和工具,才能为项目创造高绩效,为客户和组织创造高价值。

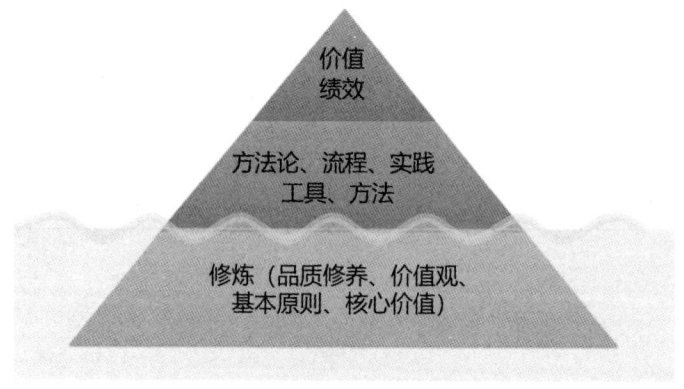

图2.1 项目经理的冰山模型

第2章 项目经理的"五项修炼"

"五项修炼"不是一朝一夕的事情,也不存在满分的情况。修炼所锻造的能力的用途是广泛的,可以用于不同的项目、不同的领域;可以用于工作,也可以用于生活。这种能力也是持久的,不会过时,现在可以用,将来也可以用,不会随着职业状态的改变而失效;相反,它会辅助我们的职业生涯走向一个又一个的高峰。本章介绍"五项修炼",本书其余章节讨论有关工具、方法、绩效和价值的内容。

2.1 修炼1:打造领导力

打铁还需自身硬。当前快速变化的商业环境和突飞猛进的技术发展对项目经理提出了更高的要求。依靠职位权力来指挥团队,依靠合同条款来管理干系人,这种做法在当今社会显得格格不入。项目经理需要锻造自己的品质和能力,调整自己的工作方式,使自己成为被他人信任的、愿意合作的、愿意跟随的工作伙伴。领导力既不是艺术,也不是技术,而是一个人内在动机、品质、自我定位等因素的外在体现。项目经理需要通过学习和实践,持续提升领导力,使之有利于团队合作,有利于干系人合作,有利于项目成功交付,同时有利于自己的持续发展。为了提升领导力,可以学习经过证明的领导力理论,也可以寻找一位自己认可的领导力楷模,从模仿楷模开始。

1. 领导风格

根据管理学家的研究,领导风格多种多样,但没有一种风格是放之四海而皆准的。项目经理需要根据情况,选择合适的领导风格。这个"情况"包括成员的技能水平、意愿程度、自信水平和个性特征等,还包括项目团队文化、项目团队成熟度、技术成熟度、项目所处的组织文化,甚至所涉及的地域文化等。"情况"所包含的因素都是变化着的,项目经理需要对这些变化保持敏感,根据变化及时调整领导风格。项目经理还需要持续评估所采用的领导风格的有效性,评估成员做事的效率和效果,观察成员的士气,主动与成员沟通,了解他们的感受和期望,及时调整领导风格。对领导风格的调整可能是大幅度的,如从专制型调整为民主型,也可能是小幅度的,只是对风格细节进行调整,如说话的语气、开会的模式等。下面介绍几种主要的领导风格。

1)专制型(Autocratic)

专制型也被称为独裁型。采用这种风格,领导者拥有决策权,大部分情况下无须其他人的输入,偶尔会听取一小群受信任的顾问的意见。当需要快速决策,或者需要无错误结果，或者需要一个人承担全部决策后果时，使用这种风格是适合的。但专制型的领导风格经常会遭受批评，主要原因是使用不当，如在错误的环境中使用，或者领导者滥用权力。

2）民主型（Democratic）

采用这种风格，领导者会邀请团队成员参与决策过程，每个人都有机会参与，自由交换意见，并鼓励讨论。虽然这一过程强调个体平等和思想自由流动，但领导者仍然会在需要时提供指导和控制。

3）放任型（Laissez-faire）

这种风格允许团队自主决策和设定目标，也被称为"无为而治"。采用这种风格，团队会根据制度和规律自己做出适合的选择和平衡，领导者不加干涉。与工作能力高的团队成员合作时，这种风格非常有效。

4）指令型（Directive）

采用这种风格，领导者为团队成员设定明确的目标、规则和计划，指导成员的工作过程，并为成员提供反馈和指导建议。指令型风格在军事环境中最常见，在商业环境中这种风格不受欢迎，领导者必须主动接受成员的反馈和新想法，最大限度地发挥成员的潜力。但是，对于成熟度较低的成员，这种风格仍然有效。

5）参与型（Participative）

采用这种风格，领导者不会动用层级权力，团队中的每个人都将参与决策过程并共同解决问题，有时会采用投票法。这种风格会使团队成员感觉良好，可以提高士气，并有利于决策的落实。但是，人们都参与问题讨论和决策制定需要花费不少时间，所以这种风格适用于压力较小、时间不紧迫的情况。

6）自信型（Assertive）

自信型领导者善于创造富有成效的工作环境，提高工作满意度，并有效化解冲突。自信可以让人更有效地与他人合作，并获得更大的成功。采用这种风格的领导者以自信、体贴的方式向团队表达自己的想法和期望。自信型风格如果把握不好，可能会让他人感觉具有侵略性。自信型领导者要注意与人沟通的态度，既要果断，也不要让人感觉被冒犯，要充分体现对他人的尊重。

7）支持型（Supportive）

采用支持型风格的领导者，不是简单地委派任务并获得结果，而是支持员工直到任务完成。领导者将与成员合作，直到成员有足够的能力来处理任务。支持型领导者需要激励和帮助成员克服挑战，鼓励团队合作，关注成员之间的关系。支持型领导风格适合扁平化组织结构。

8）共识型（Consensus）

共识型领导者希望每个人都感到快乐，感觉受到重视。共识型领导者被视为调解人，他们寻求平和、合作的氛围，厌恶冲突和不团结，他们竭尽全力确保人们的需求都得到满足。为了维护和平，共识型领导者寻求人们的意见，给予人们平等的对待。他们欢迎所有的想法和建议，并让大多数人满意。

9）交易型（Transactional）

交易型领导者认为，如果你给成员他们想要的东西，成员也会给你你想要的东西。采用这种风格的领导者通过提供惩罚和奖励来激励员工，每个成员都非常清楚领导者的期望和目标，也了解自己为实现期望和目标所承担的责任。

10）变革型（Transformational）

变革型领导者充满激情和活力，他们激发和推动成员的正向变化，帮助成员取得成功。他们通过理想化特质和行为、鼓舞性的激励、对创新的推进以及个人关怀来提高成员的能力。

11）魅力型（Charismatic）

一个人不会自己评价自己是魅力型领导者，是否有魅力是由其他人的感觉来决定的。一个人要有魅力，必须让他人感到鼓舞、重要、被理解和特别。魅力型领导者拥有高水平的情商、激情和感染力，能有效地与成员产生情感共鸣，使他们在面临逆境时仍然有信心、决心和热情。

12）服务型（Servant）

这种风格也被称为仆人式领导风格。采用这种风格的领导者认为，服务优先于领导，他们会做出服务承诺，处处先为他人着想，关注他人的成长、学习、发展、自主权和利益，关注人际关系和团队合作。敏捷方法中要求敏捷教练采用仆人式领导风格，下面对此有专门介绍。

13）交互型（Interactional）

这种风格结合了上述其他领导风格的特点，如交易型、变革型和魅力型等，具有丰富经验的领导者可以同时融合上述风格的特点，以最好地应对环境需要。

2. 仆人式领导

有些敏捷方法中没有涉及项目经理的角色，甚至有些敏捷实践者认为敏捷项目不需要项目经理，团队采用自组织团队的方式，可以自我管理。但是，务实的组织和项目干系人认为，不论采用什么类型的项目管理方法，项目经理都能够创造重要的价值。重要的是，针对不同的管理方法，项目经理的角色和职责可能有所差异，在敏捷项目中，项目经理要转变为仆人式领导者。仆人式领导者的主要工作包括以下四个方面。

1）管理关系

为了创造健康的工作环境，项目经理必须与团队成员建立牢固稳定的关系。项目经理需要为此花费时间，识别每个人的优势和劣势，做到用人所长。需要主动倾听成员的意见，并给出真诚的反馈；询问成员对工作环境和项目价值的看法，让成员感受到自己的工作在项目中的价值，要帮助成员平衡好工作和生活的关系。

2）共享领导力

领导力不是项目经理一个人的事情，项目经理要鼓励所有成员发挥领导力。项目经理要向成员提供领导力培训，要明确鼓励成员展示领导技能，并且对所展示的行为予以肯定。众人拾柴火焰高，只有全体成员都积极主动有担当，项目实施才能顺利。

3）授权团队

仆人式领导者不会在不寻求理解的情况下向成员强加自己的观点。应该让团队成员时刻感受到自己的价值、能力和自主性，能够提出问题，并且能勇敢、主动地克服困难。让团队自己决策可以提高团队士气、工作效率和交付成果的质量，团队可以做出比项目经理更为明智的决策，可以提出更具创新性的想法。

4）消除障碍

这是仆人式领导者的标志之一。让团队专注于工作，遇到来自团队外部的阻力和障碍均由项目经理来处理。比如，某个成员被阻止访问公司的某些信息，而这又是项目所需要的，那么项目经理就应该去解决问题。再比如，组织的某个部门要求项目团队提供繁杂的文档，此时项目经理应该主动与该部门谈判，寻求最佳的解决方案。

3. 管家式领导

仆人式领导风格适用于敏捷项目，管家式领导风格则适用于更大的范围，包括各个行业的项目以及采用各种管理方法的项目。项目经理应该是一位勤勉、负责任、展现关心和关爱的管家（Steward）。彼得·圣吉在《第五项修炼》一书第15章讲到"领导的新工作"时，提到了领导者的管家意识（Stewardship）。他认为管家围绕的是更大的目标，个人的梦想和目标应该服从更大的目标。由于有更加宏大的目标作为支撑，管家有明确而坚定的志向，承诺全力投入，并随时准备应对不确

第2章 项目经理的"五项修炼"

定性。管家致力于变革,总是在建立新秩序,但同时清楚哪些东西需要保持不变。滥用权力是对管家受托责任的最大亵渎,所以,管家不会随意介入或干涉下属的工作,即使看上去对短期成果有好处也不这样做,他们关注的是长期的能力和成果。

在项目环境中,项目经理受组织委托带领团队实现项目目标,并得到组织对于使用项目资源和资金的授权,项目经理的管家式风格主要体现在以下几个方面。

1)负责任

对委托管理的资源和资金负责任,对项目负责任,对组织负责任;对团队成员负责任,对客户、用户、供应商、分包商、监管组织等干系人负责任;对社会负责任,对生态环境负责任。在项目的各个环节,如发起举措、制订计划、解决问题、选择方案、制定决策、落实行动以及评估效果时,项目经理都应该秉持整体观,兼顾多方利益。

(1)对组织负责。项目工作要与组织的目标、战略、愿景和使命保持一致,而且要进行持续监督和验证。不能只关注自己任期的短期收益,而要放眼于组织的长期价值。要最大化利用组织委派给项目的资源,减少浪费,提升项目价值。当组织资源不能兼顾所有项目时,要从组织整体出发,以负责任的态度寻求局限条件下的项目最优解。既要对自己的组织负责,也要对客户组织、协作单位组织负责,不能只顾单方利益。

(2)对人员负责。管家式项目经理不会谴责和伤害他人,所有的人都应该被赏识,都应该得到尊重。要关注团队成员的付出和酬劳的平衡,关注成员的技能提升和发展机会,关注成员工作和生活的平衡。

(3)对三重底线负责。1994年,英国管理顾问和可持续发展专家约翰·埃尔金顿(John Elkington)提出了"三重底线"(Triple Bottom Line,TBL)。TBL理论认为,在衡量企业绩效时,应该有三重底线,分别为利润(Profit)、人(People)和地球(Planet),而不是只有利润一重底线。兼顾三重底线,企业才能实现可持续性发展。

2)优良的个人品质

做事先做人。管家式项目经理需要具备优良的品质,并且要成为团队成员和其他干系人的楷模。要可靠、可信、正直、诚实,遵守规章制度,要对所有相关的人、事、物展现出关心,要让干系人及时了解全面的信息,以便于他们做出正确的判断。要为团队创建良好的工作环境。要保持透明,主动及时披露自己的信息,获取他人信任。如遇到利益冲突,及时主动说明和回避。要遵守自己公司、客户公司以及合作单位的规章制度，要遵守项目及其产品所涉及地域的法律法规及行业要求。

3）谨慎使用权力

管家式项目经理能够清晰地分辨职权（Authority）、终责（Accountability）和职责（Responsibility）的不同。他会谨慎使用自己的职权，只在必要时使用，大部分情况下通过沟通和说服获得他人的理解和支持。同时，他清楚地知道自己需要承担终责，即使有其他人的参与，即使听取了其他人的意见，他仍然是最终的责任者。他知道职责是可以分配的，让合适的人做合适的事，而不是一个人大包大揽，所以他会进行清晰的职责分配，并且会把被委派人的个人意愿放在首位，一旦委派，他会持续从各个方面提供支持，促成被委派人成功完成任务。

4）隐含的责任

管家式项目经理知道自己的职责范围并不局限于项目章程或其他授权文件中的定义。即使没有包含在这些文件中，在需要负责的时候，管家式项目经理也会勇敢地承担起责任。

当前环境对项目经理提出了更高的要求，但也为项目经理展示了一条清晰的职业发展路径，拥有管家式领导力，项目经理将从项目管理者发展为组织管理者。苹果公司的蒂姆·库克（Tim Cook）就是典型的管家式领导者。

2.2 修炼2：以人为本

项目的成功依赖于人。项目发起人看到了项目的商业价值，决定投入资金启动项目；项目团队执行项目中的工作，从而创建项目产品。项目产品为客户而打造，必须满足客户需求，客户才会买单，价值才能生成。项目经理必须和发起人密切合作，有效管理项目团队，与干系人频繁互动，才能推动项目走向成功。

1. 创建协作团队

项目团队是最重要的干系人之一，项目成果由项目团队创建，团队成员的技能、热情、态度和投入决定了项目实施的效率和项目成果的质量。一个真正的协作团队不仅是每个成员各司其职，而且要通过协作产生协同效应，也就是团队整体的产出大于单个成员的产出之和。项目经理应该致力于打造协作团队，包括建立团队的多样性，建立良好的团队文化，邀请成员参与规划和决策，以及促进团队和个人的成长。

团队文化是团队成员共同的价值观、信仰、态度和行为等的综合体现，团队文化受到项目所在组织的影响,来自不同组织的项目成员会把他们组织的文化带入团队中。项目经理需要引导团队共同创建有利于项目协作的团队文化。

良好的团队文化包括很多因素,其中,学习和分享是项目环境中非常关键的因素。敏捷项目中的迭代回顾会议、传统项目中的经验教训会都有助于促进团队和个人的学习和成长。项目经理既要主动规划类似的会议,同时要营造一种乐于分享的团队文化。惠普公司的"车库法则"中有一条:永不上锁的工具箱。意思是每个成员的工具箱都不上锁,其他成员如果需要可以随时取用,通过共享促成协作。惠普公司为每个员工发送讲述"车库法则"的手册,并且在内部反复宣讲,以促使这种文化生根发芽。

制定明确而可见的团队协议对塑造团队文化非常有帮助。团队协议是团队成员就团队运作、相互关系、个人行为等达成的一致意见。最好把协议用文本的形式书写并公开张贴,不要想当然地以为每个人都心知肚明。人们之间形成默契需要时间,项目团队是一个临时性的团队,需要快速进入状态和发挥作用,所以简单高效的做法是把"默契"写成明文协议。

2. 与干系人结盟

项目实施过程中的难度有一部分源自技术本身,也有相当一部分源自干系人,或者由于干系人没有参与,或者参与的方式以及所表现的专业态度与期望不符。出现这种情况的原因并不能归咎于干系人,项目经理对干系人参与负有责任,他需要向干系人宣讲参与项目的重要性和不参与可能带来的危害,需要告诉干系人何时参与以及如何参与。

项目经理需要具有一定的分析能力,对干系人的态度、能力、影响力等做出合理的判断。项目经理可以使用权力—利益方格、凸显模型等专业管理工具,同时需要发挥人际关系技能。针对那些权力大但对项目抱有负面态度和中立态度的干系人要制定专门的策略,必要时邀请发起人提供支持。如果项目出现以下情况,则说明在干系人管理上存在缺失。

(1)干系人发号施令,与项目团队形成一种潜在的上下级或长官—士兵的关系,有时甚至是敌对的关系。

(2)干系人随意提需求,不管事前签署的合同或达成的约定,甚至也不从项目利益出发。

(3)干系人没有任何包容度,出现问题,责备项目团队,袖手旁观而不参与解决。

（4）需要干系人提供的信息不能按时提交。

（5）需要干系人做的决策不能及时决策，或者随意决策，对决策后果不负责。

正确、理想的做法是项目团队和关键干系人结成共赢同盟，共同创造和谐融洽的合作氛围，一起应对项目的不确定性，一起解决项目中出现的问题，一起致力于让项目价值最大化。为了建立同盟，项目经理可以采取以下措施：

（1）对干系人进行全面深入的了解和分析，尤其要了解他们的核心诉求。可以通过直接面谈来增进了解，也可以通过其他渠道来了解。对于不容易了解且影响力巨大的干系人，可以聘请专业的咨询团队来协助制定管理策略，这会花费一些成本，但事实证明，这样的投入是值得的。

（2）像对待朋友一样对待干系人。不要总拿着合同说事儿，不要动不动就拿"范围蔓延"作为拒绝干系人需求的挡箭牌。对于需要投入资金购买材料设备的事情，要和干系人说清楚成本。对于多投入一些脑力和体力的事情，不妨多做一点。任何人都无法确保在整个合作过程中完全不犯错误，完全没有偏差，完全不需要对方包容。想象一下我们和朋友、家人相处的过程就能得出结论，人们之间通过相互包容形成稳固的关系。

（3）不断提升自己的专业技能，成为干系人信赖的专业合作伙伴。作为项目经理，要充分发挥自己的专业管理能力，包括进度规划能力、资源协调能力、问题解决能力和预测能力等，通过专业水平获取客户信任。对于技术能力，项目经理并不需要在项目中贡献技术专业性，但是技术能力太弱则会阻碍沟通，面对问题无法拥有自己的独立判断，所以需要不断提升自己的技术能力。

（4）用专业方式管理冲突。因为站的角度不同，利益不同，立场不同，所以干系人之间的冲突在所难免。遇到冲突，不能认为他们是客户，所以我们就必须听他们的；也不能采用强迫、要挟、"摆烂"的方式，这些处理冲突的方式会彻底摧毁客户对团队的信任。任何时候，项目经理都需要从项目整体利益出发，关注所有干系人的需求和情绪，采用专业的问题解决流程，引导干系人一起找到共赢方案。

3. 应用人际关系技能

项目管理是一门与人打交道的技术，在管理团队和管理干系人参与的过程中，人际关系技能非常重要。需要注意的是，人际关系技能的关键不是能言善辩，而是优良品质。下面列出在项目环境中常用的人际关系技能，这些技能之间有重叠，但各自又有侧重点。

（1）积极倾听：充分关注对方和对方所说的内容，理解说话人的目的、需求、关注和焦虑。

（2）沟通风格评估：对于重要的干系人，为了确保沟通的成功，项目经理需要事先评估对方的沟通风格，确保沟通过程以对方喜爱的方式进行，以获得最大的沟通收益。

（3）冲突管理：不同干系人所处的立场不同，所以项目环境中的冲突不可避免，包括需求优先级确定、资源争抢、工期协商、采购、产品验收等各个环节。TKI冲突模型（Thomas-Kilmann Conflict Model）提供了在不同场景下处理冲突的方式，包括撤退、包容、命令、妥协和解决问题。

（4）文化意识：来自不同国家、地域或单位的人员会给项目带来不同的文化，项目经理应该意识到这只是文化影响，而不是某个人的缺点；要尊重不同的文化，摒弃文化优越感。为了避免文化冲突，可以倡导全体成员一起创建项目团队自己的文化。

（5）决策能力：项目经理需要掌握决策的硬逻辑，也要了解决策的软因素，并且有能力在复杂情况下做出决策，如信息不明朗的情况和大部分干系人尚未做好准备的情况。决策能力体现在：①做出明智的决策；②得到大多人的拥护；③顺利执行决策并实现预期效果；④对结果担责。

（6）情商：项目经理需要识别、评估和管理个人情绪、他人情绪及团队群体情绪。情商模型包括四个领域，即自我意识、自我管理、社交意识和社交技能。有的模型中会加入第五个领域：动机和激励。

（7）引导技术：引导技术包括鼓励项目团队成员参与协作，并且对工作结果共同担责。引导技术有助于达成共识、解决冲突、克服障碍、做出决策、提升士气和激发热情。

（8）影响力：项目经理的职位权力通常很有限，所以他们利用非职位权力来影响干系人的能力对保证项目成功非常关键。影响力主要体现在以下方面：说服他人；清晰表达观点和立场；积极且有效地倾听；了解并综合考虑各种观点；收集相关信息，就如何解决问题达成一致。

（9）激励：激励就是提供一种理由，让人们采取行动。让人们参与决策、给人们更多的自主权可以带来激励。当人们感受到自己在项目中的价值时也会受到激励。金钱是一种激励方式，但并非最有效。得到成长机会、获得成就感、得到赞赏以及用专业技能迎接挑战也可以让人得到激励。

（10）谈判：谈判是为达成协议而进行的讨论。为了获得项目资源，项目经理需要和职能经理、其他项目团队、外部组织和供应商等进行谈判。在建设团队时，通过谈判就项目的目的、需求及实现的方式达成共识，成功的谈判有助于在团队成员之间建立融洽、相互信任的关系。在管理干系人参与时，通过谈判来管理干系人期望，获得支持或达成协议，解决团队与干系人之间的冲突。在采购过程中，需要对合同中各方的权利和义务等进行谈判，以达成各方都满意的协议。

（11）人际网络：人际网络指的是人与人之间的关系，侧重于亲情关系和正式的工作关系之外的关系，也被称为"人脉"。项目经理需要主动建立人际网络。建立人际网络的方式有午餐会、行业会议、培训班或俱乐部等。通过人际网络可以了解与项目有关的政治因素、人际关系因素等，可以通过非正式的途径快速灵活地处理问题。通过人际网络还可以获得更加丰富的信息，有助于项目团队做出正确决策和采取正确行动。人际网络可以扩展项目可用资源的范围和解决问题的途径。

（12）政治意识：政治意识是指对正式和非正式权力关系的认知，以及在这些关系中工作的意愿和能力。理解组织战略、了解谁能行使权力和施加影响，以及培养与这些干系人的关系，都属于政治意识的范畴。在任何组织中，政治因素都不可避免，具备政治意识有助于项目经理根据项目环境和组织的政治环境来规划项目工作。

（13）团队建设：团队建设通过举办各种活动，强化团队的社交关系，打造积极合作的工作环境。团队建设的形式灵活多样，既可能是午餐后的10分钟故事会，也可能是在公司外举行的拓展活动。团队建设是非正式的沟通，虚拟团队更需要有效的团队建设策略，团队建设活动需要在项目期间持续开展。

（14）观察和交谈：项目经理可以通过观察和交谈，及时了解项目团队成员和干系人的需求与态度，通过观察和交谈，可以识别潜在的冲突和不满情绪，从而主动采取措施。

2.3 修炼3：直面VUCA

VUCA是由四个英文单词首字母组成的一个缩略词，指商业环境的瞬息万变和纷繁复杂。V代表易变性（Volatility）、U代表不确定性（Uncertainty）、C代表复杂性（Complexity）、A代表模糊性（Ambiguity）。宝洁公司的前首席执行官罗伯特·麦克唐纳（Robert McDonald）首次借用军事术语VUCA来描述新的商业世界格局，

VUCA目前也成为越来越多项目所面对的环境的特征。

- 易变性。不稳定、快速且不可预测的变化。比如，今天看上去很吸引人的产品或功能很快就可能不再受欢迎，今天看上去很先进的技术可能很快就被淘汰，今天确定的需求明天可能会发生变化。
- 不确定性。缺乏对问题、事件、路径或解决方案的理解和判断。比如，一个产品投入市场后会受欢迎还是受冷落，一个产品的生命周期是5年还是5个月，一种药物的治疗效果到底有多大。
- 复杂性。有许多相互关联的部件和变量。比如，项目涉及了太多的干系人，产品包含了太多的部件，这些因素之间的依赖关系和因果关系混乱复杂，无法得出规律，无法预判。
- 模糊性。不清晰的状态。比如，由于信息和认知的局限，需求方无法清晰地描述自己的需求，供应商无法清晰地描述自己的解决方案，市场人员无法清晰地描述市场推广策略。

VUCA中的四个因素相互关联、相互影响，它们结合在一起，给企业运作和项目管理带来了难度。项目经理要认识到VUCA的存在并采取合适的项目策略，但没有必要为VUCA而过度焦虑和担忧。在项目管理领域，无论是瀑布模型、V模型、螺旋模型、迭代方法、增量方法还是敏捷方法，都是用来应对各种项目场景的不确定性和复杂性的，用清晰可控的流程或实践来管理纷乱复杂的事务，用目标、计划、流程、检查、适应、激励、学习、授权等方式提升应对VUCA的能力，推动项目朝着不断变化的目标前进。环境越复杂，管理人员的思路就需要越清晰、越坚定、越敏锐、越灵活。

1. 复杂性：库尼芬模型

库尼芬模型（Cynefin framework）由达夫·史诺登（Dave Snowden）于1999年创建，这个模型帮助领导者理解所面临情境的复杂程度，并根据复杂程度的不同采用不同的决策方式。图2.2是库尼芬模型的示意图，其中包含五种场景，根据复杂程度递增的顺序依次为简单、繁杂、复杂、混乱和无序。在项目环境中，这个模型可以帮助项目团队理解项目所处的场景，从而寻找适合该场景的项目管理方法，下面简要说明在项目环境中如何借鉴该模型。

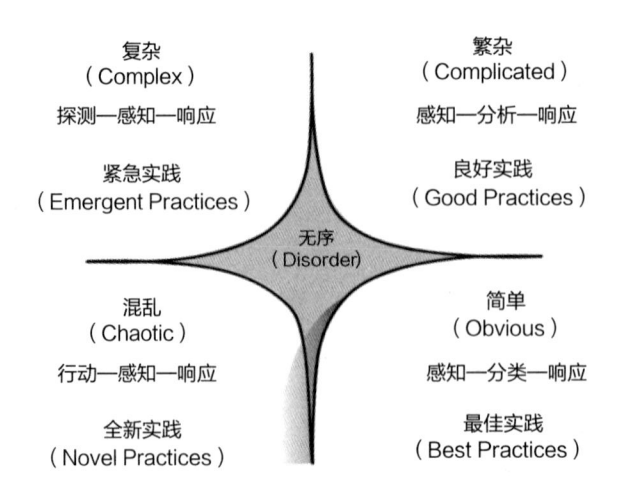

```
         复杂                    繁杂
       (Complex)             (Complicated)
    探测—感知—响应           感知—分析—响应

      紧急实践                良好实践
  (Emergent Practices)    (Good Practices)
                    无序
                  (Disorder)
         混乱                    简单
       (Chaotic)             (Obvious)
    行动—感知—响应           感知—分类—响应

      全新实践                最佳实践
   (Novel Practices)      (Best Practices)
```

图2.2 库尼芬模型示意图

1）场景1：简单

在这种场景中，问题清晰，因果关系显而易见，有预备的解决方案。应对模式是感知—分类—响应。比如，一个专业做网站的公司接到一个为客户建设网站的项目，这时候可以根据客户业务类型和客户企业风格，为客户选择一种适合的模板。这种情况可以采用传统瀑布方法。

2）场景2：繁杂

在这种场景中，在输入方面，问题不太清晰，存在一组已知的未知因素；在输出方面，存在多种可能的答案，因果关系比较复杂，需要启用专家的智慧。应对模式是感知—分析—响应。比如，某个公司要建立一个备件管理系统，其中包含如何确定合理的库存临界值，采用什么模型进行预测，虽然有可参考的其他公司的做法，但仍然需要邀请物流专家、计算机专家、财务专家对本公司的业务特征进行周密的分析才能找到合适的解决方案。这种情况可以采用传统瀑布方法，也可以结合使用迭代方法等。

3）场景3：复杂

在这种场景中，因果关系混乱复杂，无法判断，因此无法预测，需要先试验，通过观察试验的结果迅速调整方案。应对模式是探测—感知—响应。比如，某个公司决定启动一个项目，把原本在城市的业务下沉到村镇级别，通过分析和调查访谈无法得到确切的结果，所以决定先找一个地区进行尝试，根据反馈进行调整，直至在全国范围内铺开。这种情况通常需要采用适应型的项目管理方法，如增量方法、迭代方法、敏捷方法等。

4）场景4：混乱

在这种场景中，涉及的因素非常多，而且每种因素的走向无法预判且没有应对的经验，如瘟疫、自然灾害等。此时决策者最好的做法是先采取行动，观察行动的结果，根据结果调整策略。陷入这种场景，通常是由于出现了超出人类可控的因素。有些项目的启动就是为了应对这种场景，此时不论是决策者还是干系人，都不应该用常规的方法来管理和评价这类项目。

5）场景5：无序

在这种场景中，看不清关系，通常的做法是把场景进行分拆，然后看分拆后的更小的场景符合前面四个场景中的哪一个，然后再采取对应的策略。

2. 系统思维和批判性思维

面对复杂的项目环境，项目经理需要具备系统思维能力。项目就是一个系统，项目内的各种因素相互作用。项目又存在于一个更大的系统中，项目和项目外部的因素相互作用。项目是动态的，项目当前的因素和未来的因素也会相互作用。这些关系增加了项目的复杂性。项目经理应该在项目整个生命周期中对这些因素和关系保持警觉，要从系统整体层面上看待问题、评估解决方案和制定决策。

戴明曾说，系统必须被管理，因为系统是不会自我管理的。如果让它自我管理，各个组件就会变得自私，相互竞争，成为彼此独立的利润中心，从而破坏整个系统。系统管理的奥秘就是面向组织目标，协调各个组件之间的合作。

在项目生命周期的各个环节，都需要启用系统思维模式。在选择项目方案的时候，要综合考虑设计、开发、验证以及日后的投产、运营维护。当处理项目变更的时候，不能只关注变更带来的局部好处，而是应该从系统整体做出评价。当项目中出现偏差的时候，要分析偏差对整体和未来的影响。项目经理要密切观察外部因素的变化，识别微小的变异，及早做出响应。在面对干系人利益冲突时，项目经理应该站在更高的层面做出有利于项目、组织和社会的决策。

批判性思维可以帮助项目经理处理项目中纷繁复杂的信息，从而做出更加明智的判断。批判性思维需要具备开放的心态和客观分析的能力，要合乎理性、遵从逻辑、基于证据，同时需要有想象力、洞察力和良好的直觉，另外，还需要有归纳、演绎和溯因推理能力。可以采用以下的方式提高批判性思维能力：

- 提问、质疑假设。
- 与团队和干系人讨论、辩论。
- 识别偏见。

- 识别导向性输入。
- 探寻根本原因。
- 考虑挑战性问题。
- 反思。
- 延迟判断。
- 扩大视野。
- 承认局限性。

系统思维和批判性思维的能力,对项目经理非常重要,尤其是面对复杂场景时,而这些能力最好通过严格的培训来获取。在项目管理的以下场景中,使用系统思维和批判性思维有助于做出更加明智、有利于项目、有利于组织、有利于客户和其他干系人的决策。

- 对商业论证进行评审时。
- 对变更请求进行审批时。
- 对产品待办事项列表中的条目进行排序时。
- 干系人对项目实施提出要求时。
- 收集和处理数据时。
- 多个干系人的利益发生冲突时。
- 处理情绪化诉求时。
- 评估对项目方案的不同意见时。
- 评估和选择供应商时。
- 决定是否接受产品或交付成果时。
- 对项目成败进行评判时。

3. VUCA领导力

微软首席执行官萨提亚·纳德拉（Satya Nadella）曾说,今天领导力的作用是要在不确定的时代带来确定性。不确定的事情越多,就越需要领导力。今天的领导者必须在不确定性中茁壮成长。这种说法对VUCA环境中的项目经理同样适用。项目经理必须主动提升自己的VUCA领导力,下面列出了关键的几个方面。

1）对变化保持开放态度

项目经理需要对变化保持开放,并做好接受变化的准备。项目经理应该敏锐感知变化,并设法将变化塑造为增加项目价值的机会。不论是项目中的变化,还是项目引发的组织变革,项目经理都需要做促进者,而不是阻碍者。

2）保持透明

面对复杂情境时，没有标准答案和最佳实践，作为项目经理，促进成员之间、团队和干系人之间的协作变得尤为重要，让人们了解项目问题，共同面对问题，共同集思广益，共同寻找创新的解决方案。如果项目对干系人是"黑盒子"，则干系人无法提供帮助。

3）增强适应性

VUCA时代的项目经理愿意修改那些由他们自己制订的计划和流程，以适应不断变化的环境。项目经理需要从理念、方法、技术、工具等各个方面做好准备，不因方向的突然改变而不知所措，能够迅速应对不断变化的目标、范围和职责。

4）增强韧性

VUCA时代的项目遭遇挫折的可能性更高，遇到挫折时，项目经理能够控制消极情绪，激励团队士气，专注于解决方案，而不是垂头丧气或者相互指责。所有的业务运作中都会遭遇挫折和失败，谁站起来得快谁就赢了。

5）非线性决策

VUCA时代的项目经理需要在复杂、信息不完整、无法判明关联性、无法依靠经验的情况下做出决策。项目经理需要让干系人认识到项目处于复杂环境中，没有完美的方案，但必须采取行动。只有通过实践才能不断校准决策。

6）勇敢创新

VUCA时代的项目经理必须跳出当前框架进行思考，不断创新，包括探索新方案、开发新产品、建立新的业务模式、采用新的管理方法，这些举措既需要勇气，也需要对风险的谨慎管理。不能因为害怕风险而裹足不前。

2.4 修炼4：以价值为驱动

项目经理和团队不仅需要关注项目产品，更需要关注项目产品所带来的变化和影响，以及因之创造的收益和价值。举例来说，假如项目团队按照范围、进度和成本要求，交付了一套软件系统，但投入使用后不受欢迎，没有多少人使用它，也没有产生预期的作用，这个项目就不能算作成功。项目的价值是度量项目成败的最终依据。

项目收益是项目价值的一部分。收益可以客观度量，如吸引了多少新用户，交易周期缩短了多少，销售额增加了多少等。价值的范围面更广，且具有主观性。对于同样的收益，如盈利20万元，对有些人来说很有价值，对另一些人来说可能价值不大。对于同样的产品，如一款游戏产品，有的人认为有正向价值，有的人却认为有负向价值。

必须通过开诚布公的会议，让关键干系人清晰说明项目对于自己的预期价值。关键干系人包括项目产品的客户、用户、维护者、推广者、销售者、项目发起人、项目团队等。比如，一个开发库存管理系统的项目带给客户的价值是库存成本降低了30%，带给系统用户的价值是流程更加简化和友好，带给销售者的价值是通过销售这款软件获得了更多的佣金，带给项目实施组织的价值是获得了经济回报，而且提高了公司品牌美誉度，带给项目经理和团队的价值包括学习了新技能，拥有了管理和交付某类系统的成功案例与经验。客户价值是上述其他价值的基础，只有实现了客户价值，才能实现其他干系人的价值。

项目经理需要引导各方深入思考项目对其的价值，如果一个人无论如何无法识别出项目给其带来的价值，则这个人不需要也不应该参与到项目中。应该用文字记录这些价值，价值可以用定量的方式表述，也可以用定性的方式表述。采用定性方式表述时，也需要让指标变得可测量，并提前设计测量办法，如客户满意度、易用性等，以备后续评价。

1. 持续的商业论证

在项目启动阶段，项目发起人会带领商业分析人士等执行商业论证，以筛除那些明显没有客户价值和商业价值以及不符合组织战略方向的项目，并且依据财务指标如内部收益率、净现值、投资回报率等对项目方案进行选择。在项目执行过程中，项目的内部因素和外部因素都在发生变化，这些变化可能给项目带来威胁，也可能带来机会。项目经理和团队应该在项目过程中持续更新项目商业论证。在采用传统方法的项目中，通常会在每个阶段末尾执行商业论证，重新估算项目成本，重新预测未来收益，判断是否有必要启动新的阶段。在采用敏捷方法的项目中，也需要执行持续的商业论证，尤其是在项目过程中多次交付或定期交付的项目，更是要跟踪每次交付所实现的价值是否与预期相符。敏捷项目采用增量投资的方式，需要持续评估项目的经济指标，如净现值、投资回报率和内部收益率等，判断是否有必要继续向项目投资。

2. 通过变更扩大价值

通过拥抱变更来扩大价值。项目经理和团队应该时刻关注项目的价值，并且努力使价值最大化，而不是拘泥于期初确定的产品范围、进度要求和成本限制。

"严格遵守事先定义的项目范围和进度计划"这样的想法无论放在哪个年代都是不合适的。即使在采用传统瀑布方法的项目中，也会批判"冻结需求"的做法。传统方法希望尽最大可能事先确定需求，并且会采取业务流程梳理、标杆对照、用户调查等方法帮助客户发掘需求，但对于项目执行过程中产生的能够为项目增值的任何好的想法并不会拒绝。传统方法通过严格的变更控制流程来管理变更，项目团队会对变更进行分类。其中，纠错类的变更应该被批准，否则会影响项目质量，但是需要进行根本原因分析，降低出现的频率。那些为项目带来好处的变更则随时都受到欢迎，变更控制委员会在谨慎审查变更带来的好处，以及变更所花费的成本、付出的代价、带来的风险等因素之后，通过周全的评估决定是否接受变更，是在本项目中接受，还是另开新项目执行。

对于新产品开发类的项目，由于需求和技术的不确定性，采用增量、迭代、敏捷等适应型方法更加合适。此时，团队需要时刻关注客户反馈、市场变化、竞争对手和技术发展等因素。如果发现某项原先定义的功能在市场上的反馈并不积极，或者性价比不高，则可以考虑去掉或不再继续优化这项功能；如果发现竞争对手新加的一项功能很受用户青睐，则可以考虑增加这个功能。只要这种调整可以给客户带来价值、给项目带来价值，就应该积极拥抱变更。

在按照客户合同执行固定范围、固定价格的项目时，团队的主动权要低一些，合同范围和条款不能随意修改，但是如果发现修改范围可以为客户和组织带来价值，仍然应该主动向干系人提出建议，之后根据合同中定义的变更控制流程来评审变更。

3. 通过提前交付扩大价值

在可能的情况下，提前交付项目的一部分成果，这些成果投入使用后就可以提前实现一部分价值。采用增量、迭代、敏捷等适应型方法为提前交付提供了可能。迭代开发通过小批量交付获取反馈，通过不断学习来应对需求的不确定性。每个迭代开发的成果为"潜在的可交付增量"，具备交付条件，这为提前交付创造了条件。但是否发布或投入使用，则由客户根据情况做出决定。只有当客户认为这么做确实有价值时，才提前交付。如果客户认为过少的功能不能提供价值，而且会引发负面的影响，则可以等待全部完成后再交付，或者和客户一起商量一个包含足够功能的、有价值的交付版本。

在敏捷方法中，对待办事项列表中的条目按照价值大小进行优先级排序，价值越大的功能越早开发，这种做法也有利于使项目价值最大化。采用传统方法的项目也可以考虑提前交付，如城市轨道交通项目通常都会采用分段交付的方法。考虑价值时，不仅要考虑短期价值，还要考虑长期价值；不仅要考虑对客户的价值、对组织的价值，还要考虑对社会的价值。

4. 通过降低成本扩大价值

项目经理和团队在项目执行过程中应该想方设法降低成本，增加收益，扩大价值。降低成本绝对不能以牺牲质量和降低客户体验为代价，而应该采用科学的分析方法寻找可替代的低成本方案，其中，价值工程（Value Engineering）是一种在项目环境中非常有用的方法。价值工程方法起源于GE公司。GE公司在20世纪遭遇了石棉板短缺的问题。车间急需石棉板，但这种材料货源不稳，价格昂贵。工程师迈尔斯（Miles）针对这个问题，研究了材料替代的方案。石棉板在GE公司的用途是被铺设在喷漆车间的地上，避免涂料粘在地面上引发火灾。了解了功能之后，迈尔斯在市场上找到了一种防火纸，完全可以起到相同的作用，而且供货不紧张、价格更便宜，这样就完美解决了石棉板短缺和价格昂贵的问题。之后这个方法被推广到公司其他领域，同样取得了可喜的成果。1947年，迈尔斯把他的实践方法以"价值分析"为名发表，后来经过人们的不断完善，形成了价值工程理论。

价值工程把"价值"定义为"对象所具有的功能与获得该功能的全部费用之比"，计算公式如下：

$$V = F/C$$

式中，V为价值，F为功能，C为成本。

提升价值的思路有以下五种：①成本不变，功能提高；②功能不变，成本下降；③成本略有增加，功能大幅度提高；④功能略有下降，成本大幅度下降；⑤成本降低，功能提高。

在项目环境中，价值工程意味着在满足客户需求的前提下，寻找更加节省资源和资金的方法。在项目过程中消除浪费也可以降低成本，如减少返工和等待的时间，减少不必要的管理流程等。

5. 推动成果落地以实现价值

如果项目交付的成果没有投入使用，或者使用的程度不如预期，则项目价值就无法实现。项目经理的责任并不是到项目最终成果通过验收就结束，还需要推动项目成果的落地。从项目启动之时起，项目经理和团队就应该为此付出努力。

在项目启动时，把项目产品未来的使用者列入干系人名单。在需求收集过程中，与未来的使用者进行深入和持续的沟通，确信他们能够体会到产品将带来的价值。如果他们不认可产品价值，或者认为产品与自己相关性不强，则需要重新考虑产品定位。在项目执行过程中，应该让这些人担当项目生命周期中的重要角色，如项目指导委员会中的高级代表、项目保证或审计小组的成员、交付成果评审和验收会的参与者、项目产品移交过程中的支持者、产品试运行期间的意见贡献者、产品推广者等。

在推动项目成果落地的过程中，项目经理本人要成为变革的推动者。变革会涉及现有流程，组织结构，人员的角色、职权、职责、习惯、利益和发展等各方面的改变。作为变革的推动者，项目经理首先要明确和认可自己作为推动者的角色，其次要有挑战现状的勇气，最后要有改变他人的策略。学习和利用一些已经得到验证的变革理论对此有帮助，如力场分析、萨提亚变革模型等。

2.5 修炼5：成为项目管理流程专家

项目经理需要成为项目管理流程专家，为团队设计合理的工作流程是项目经理首当其冲的责任。流程决定了团队协作的流畅性，决定了团队效率和团队士气，也决定了人们是否能最大限度地发挥潜能，流程对项目成败起着至关重要的作用。

根据项目特征和项目环境选择合适的项目管理方法并进行适度裁剪并不是一件容易的事情，它相当于企业内部的一个管理咨询项目。项目类型越多、项目情形越复杂，对项目管理办公室（Project Management Office，PMO）和项目经理的挑战就越大。如果具备了这种对流程的裁剪能力，组织和项目的适应性就会显著提高，也就意味着项目团队可以根据项目遇到的具体情境，及时调整管理策略，寻找最有效的解决途径。

一种极端的做法是完全不加鉴别地全盘照搬某个方法论，这种做法最大的问题是为了遵守流程而增加了工作量，增加了成本，增加了复杂度，却没有得到相应的回报，甚至遏制了创新和灵活性，错失了市场机会。另一种极端的做法是"个人英雄主义"，完全不遵循任何方法论，相信自己的做法就是最好的做法，把偶然的成功当成规律，盲目骄傲自大。在这种模式下，组织对个人的依赖过高，集体的智慧无法通过流程得到最大范围的推广应用，而个人做法的差异又会导致流程不统一，工作方式起冲突，工作成果有波动。

1. 项目管理方法论

方法论是包含了实践、方法、步骤和规则的一套体系。选择一种成熟的、已经被证明行之有效的方法，比从零开始建立自己的方法论要省时省力，同时胜算更高。也可以同时将多个方法论中的实践用于自己的项目，此时需要选择一种方法论作为主框架，其他方法作为补充。比如，选择传统瀑布方法的项目团队，可能也会像敏捷团队一样召开每日站会。项目经理需要充分评估项目特征和干系人要求，选择合适的项目管理方法论作为基础，开始创建本项目的项目管理流程。

2. 采用组织的语言

在建立流程时，一定要使用组织自己的语言。比如，有的组织不用"项目章程"的说法，而用"项目任务书"；有的组织不用"商业论证"的说法，而用"可行性研究报告"；有的组织没有"项目经理"的头衔，而是用"项目负责人"或"项目牵头人"来代替。还有一些组织有自己独特的用语，如"通晒""打通""对齐"等。

3. 调整流程中的活动

流程中包含了若干个活动，这些活动应该具有灵活性。对于简单的项目来说，多个活动可以合并为一个活动，比如，"定义活动""排列活动顺序""估算活动持续时间""建立和优化项目网络图"这几个活动就可以合并为"制订项目进度计划"一个活动。另外，流程中的角色也应该具有灵活性，根据项目规模，角色可以合并或拆解。大型项目可能需要对项目经理的职责进行拆分，如拆分为进度管理员、成本管理员、质量管理员、采购管理员和总项目经理。而对于小型项目，项目经理可能需要同时兼任技术架构师或者业务分析师的角色。

4. 持续优化流程

对流程的优化是持续的。敏捷项目中，在迭代回顾会上对工作流程进行反思，提出改进建议。传统项目中，在阶段结束时召开经验教训总结会，提出流程改进建议。

可以通过项目绩效指标来判断流程是否在持续优化，过程效率指标是对流程有效性的直接反应，也可以监督项目在交付、进度、成本等方面的指标来反推流程的有效性。通过度量团队成员和干系人的满意度，观察干系人在项目中的参与程度来识别流程的不足。针对这些指标，可以开展纵向比较，将本项目本月的指标与前几个月进行比较，也可以开展横向比较，将本项目的指标与其他平行项目进行比较。

根据团队和干系人的反馈，根据项目的绩效指标，识别流程中需要改善的区域。在大部分情况下，对流程的优化是渐进式的，每次只改一小点，避免对项目形成大幅冲击。但有的情况下，可能需要对流程进行大幅度的调整，如放弃传统瀑布方法而改用敏捷方法。例如，一位项目经理管理着一个基于合同的客户软件开发项目，由于在签订合同时业务需求尚不成熟，在执行过程中客户不断提出新需求，又不断修改旧需求，从而导致团队负荷增加，士气低落，而客户对团队缺乏信任，认为团队没有为项目尽心尽力……这种情况使项目的问题像滚雪球一样越滚越大。在这种情况下，项目经理主动与双方管理高层进行了沟通，把项目方法从原来的瀑布模式修改为敏捷的Scrum模式，迅速改善了项目局面。需要注意的是，遇到类似的大幅度调整，项目经理要提供完整的切换方案，并且要对方案进行全面分析，综合考虑对成员、客户和组织的影响，并且与关键干系人进行商讨以获取其支持。

5. 创建高效流程的注意事项

一个高效的流程不仅要求流程本身科学合理，还需要得到流程参与者的认可和支持。下面列出了创建和维持高效流程的注意事项。

1）参与和共识

邀请项目团队成员和干系人亲自参与流程的设计和裁剪，人们更愿意遵循自己参与制定的流程，而不是别人强加的流程。也需要邀请流程的监管者参与，以确保流程符合组织的最低治理要求。

2）基于经验教训

创建和优化流程要基于已有的经验教训，如反思会和经验教训总结会，可以利用组织过程资产，借鉴其他团队的经验教训，也可以开展跨组织的标杆对照。所有针对改进的提议都要基于已经发生的事实，而不是依靠单纯的想象和未经验证的假设。

3）能简则简

在确保项目风险可控的情况下，把项目治理和管理活动降到最少。流程的设计要秉持"刚够即可"（Just enough）的原则，要尽量去掉那些没有价值的活动，这些活动只会增加成本、延长工期、影响士气、造成混乱。需要注意的是，精简需要以客户为导向，如果流程的精简给客户带来不便，则违背了流程优化的本意。

4）目的为先

流程要允许和鼓励成员发挥创造力和自主性，比如，对于流程中的某些活动，赋予成员选择权和修改权。摒弃形式主义，以目的为先。干系人需要的是信息，并不是某个文件；团队需要的是决定，并不是某个会议。

5）整体观

当对某个流程环节进行修改时，要具有整体观，要充分考虑对其他流程环节的影响，以及对人员士气、客户满意度、组织治理、日后维护等方面的影响。当个体与整体发生冲突时,应该以整体为重。

6)友好,不冰冷

当成员在项目工作中遇到困惑时,可以在流程中找到支持和帮助。流程要提供具体的指导、模板、样板、查对清单、快速学习课程、扩展研读等信息。冰冷的流程限制思维和行为,让人们感到压抑;友好的流程能解燃眉之急,让人们感到温暖。

第 3 章

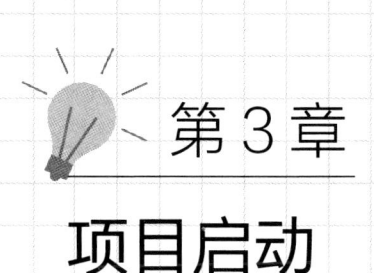

项目启动

项目为组织带来价值，推动组织持续发展。启动项目的理由有很多，如解决组织现存的问题，追寻某个商业机会，符合新发布的政策，客户提出了新需求，技术发生了变化等。对大部分组织来说启动的项目主要包括三类。

（1）优化流程、降低运营成本的项目。比如，某个公司新建了一套项目管理信息系统。更快的交付时间、更低的成本、更高的客户满意度是每个组织的关键竞争力。

（2）新产品研发项目。比如，某个汽车企业在研发智能驾驶汽车。每个产品或长或短都有其生命周期，都有退出市场的时候，因此组织需要持续研发新产品以保证业务持续运营。

（3）直接向客户提供产品、服务或解决方案，直接创造价值的项目。比如，某互联网零售企业为某大型集团创建企业内部采购平台。这些项目使组织获得足够的现金流，保证组织业务正常运行。

项目的类型不同，项目的目标不同，项目的复杂度不同，因此在执行项目时会采用不同的管理方式。但共通的是，所有的项目都必须支持组织战略，为组织带来价值，如此，组织才会考虑投入资金启动项目。在项目启动之前，需要对项目进行商业论证，确保项目可以带来价值；项目得到批准之后，要发布项目章程或其他授权文件，正式宣布组织将向项目投入资金和资源，正式授权项目经理和项目团队。

根据组织治理要求和项目特征的不同，项目启动的工作或繁或简。大型复杂的项目可能需要较长时间的项目预研和论证，小型简单的项目可能通过一次管理者会议就可以做出立项决策。采用传统方法的项目在启动时需要详细完整的商业论证文件，采用敏捷方法的项目可能只需要一页纸的商业模式画布。本章分别介绍传统项目和敏捷项目在启动阶段的主要工作。

图3.1说明本章在整本书中的位置，同时说明项目管理的基本路线。

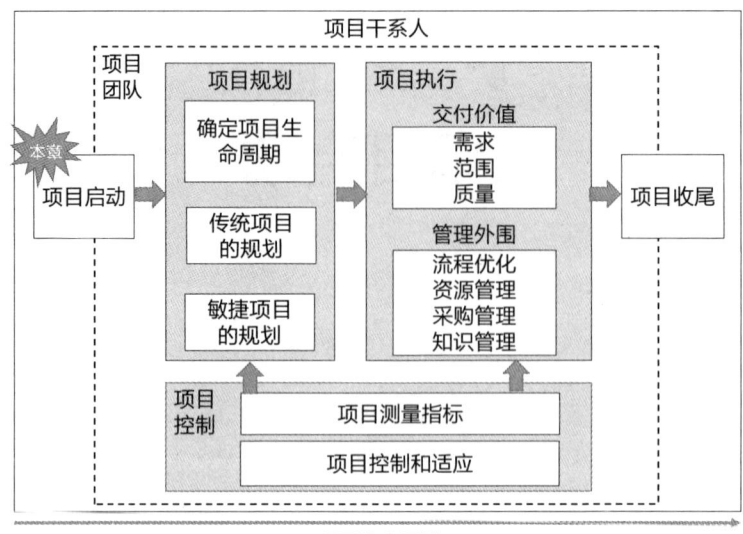

图3.1　融合传统方法和敏捷方法的项目管理路线

3.1　传统项目的启动

本节讨论传统项目中从有项目构思开始，到决定投资项目，再到委派项目经理的全过程。不同组织对项目启动的要求不同，有的情况下，可以将这个过程细化为初步可行性研究、详细可行性研究、项目评估、项目经理委派等多个环节；有的情况下，可以将这些环节集中在一起完成。不论哪种方式，都是为了找到最适合投资的项目，然后把项目委托给最能胜任的项目经理和项目团队。

1. 商业论证

商业论证（Business Case）是一份文档化的经济可行性研究报告，从商业角度来论证项目是否值得投资，高级管理者使用该文件提供的信息作为决策的依据。在商业论证中，需要开展业务需要分析和成本效益分析，论证项目的必要性和合理性，并确定项目边界。商业论证是启动后续项目活动的基础和依据，商业论证需要在项目执行过程中持续更新。

组织有了初步的项目意向之后，会委托一位管理者作为项目的发起人来带领团队完成商业论证，参加的人员主要包括商业分析师、项目成果的受益方代表、解决方案的技术专家、潜在的项目经理和其他关键干系人。受益方代表确认项目将带来的价值，技术专家确认项目方案的可实现性，项目经理估算项目的工期和成本，商业分析师计算项目的投入产出比，其他干系人从不同视角提供意见。商业论证通常包括以下内容。

1）第一部分：项目理由

对业务需要的描述，说明为什么要在这个时间点上启动该项目。具体包括：

- 项目背景，包括企业、市场、竞争对手、技术等方面的综合描述。
- 情境说明，包括面临的问题和机会，说明本项目将对哪些问题和机会做出响应。
- 说明项目的受益方，以及如何受益和受益的程度。
- 说明项目与组织战略目标的相关性。

2）第二部分：备选方案分析和推荐

列出响应上述问题和机会的多个方案，并通过论证推荐最佳方案。具体包括：

- 把"不采取任何行动，维持原样"作为方案1进行分析。
- 把"用最小努力和最低成本来解决问题或追寻机会"作为方案2进行分析。
- 列出其他优质备选方案，并进行分析。
- 对每个方案的分析都需要考虑实施成本、维护成本、预期收益、风险程度等关键方面。
- 确定方案选择的多个标准，并为每个标准确定权重。
- 对多方案进行专家打分，计算每个方案的加权平均分。
- 按照分数高低得出推荐方案，并陈述推荐理由。

3）第三部分：项目收益说明

- 说明开展项目之前的收益，将以此作为比较的基础。
- 说明开展项目之后收益的增长，要用可测量的方式进行描述，如增加了多少利润，降低了多少成本，错误率降低了多少，客户保留率提高了多少等。
- 为每项收益设置容许偏差。

4）第四部分：项目实施能力分析

- 项目所需能力和组织能力的匹配。
- 粗略的项目实施计划。
- 项目实施的里程碑进度计划。
- 项目关键风险和应对策略。

5）第五部分：项目成本分析

根据所选择的项目方案和粗略的项目实施计划，对项目成本做出估算，包括项

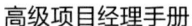

目实施期间的成本以及项目完成后的运维成本。

6）第六部分：投资评估

对项目成本和项目收益进行比较分析，通常会使用财务分析方法，如现金流量表、投资收益率、净现值、内部收益率、投资回收期等。如果项目需要融资，这部分还需要说明项目的融资计划。

2. 收益管理计划

收益管理计划（Benefit Management Plan）和商业论证相伴而生，两份文件合称为项目的商业文件。收益管理计划描述了收益实现的时间点、测量方式、收益责任人等信息。表3.1是收益管理计划示例。

表 3.1　收益管理计划示例

收益	责任人	第 1 年				第 2 年		测量方式说明
		第1季度	第2季度	第3季度	第4季度	第1季度	第2季度	
用户数增长	运营							
成交额增长	采销							
满意度提升	客服							

收益管理计划中描述的收益应该与商业论证文件中描述的收益保持一致。收益可以是有形收益，也可以是无形收益；可以是财务收益，也可以是非财务收益。无论哪种类型，必须定义测量指标和测量方式。收益管理计划通常包含以下内容：

1）目标收益

目标收益需要与商业论证保持一致。

2）实现收益的时间计划

采用敏捷方法的项目在项目实施过程中就开始创造收益；采用预测方法的项目，如果采用分期交付，则在每次交付时就有可能创造收益。如果采用整批交付，则在交付后一次性或持续性创造收益。

3）测量指标

测量指标可能是财务指标，如利润增加、成本降低；也可能是非财务指标，如用户数量增加等。有的收益不容易直接测量，可能需要使用间接指标。

4）测量方式

测量方式包括收集哪些数据，如何收集，由谁收集；根据收集到的数据如何计算，由谁计算。

5）评审方式

测量数据出来之后，由哪些人对收益实现情况做出评判，评判的规则是什么，谁负责编写评审报告，发布给谁，是否需要采取措施，谁是责任人。

6）收益责任人

在项目实施过程中创造的收益，责任人为项目经理。在项目产品交付后创造的收益，则要根据实际情况定义责任人，可能是业务部门、运营部门、生产部门、市场部门或销售部门等。

在项目生命周期内，要对商业论证进行持续更新，也要对收益管理计划进行更新。在项目收尾阶段，需要把更新的收益管理计划移交给PMO、项目集经理或其他治理主体，以便根据计划监督后续收益。

3. 项目章程

如果项目的商业论证通过评审并得到批准，则需要发布项目章程。项目章程由项目发起人发布，正式宣布项目的存在，并委派项目经理。项目章程的作用包括：宣布项目开始，明确项目的重要性，明确项目的目标，明确项目的范围边界，明确对项目成本和进度的要求，授权项目经理，明确发起人的责任，动员干系人对项目提供支持。

对于执行客户合同的项目来说，在客户方有一位发起人发布项目章程，委派客户方的项目经理。同时，在项目实施组织内也有一位发起人，通过项目章程委派实施方的项目经理。各方的发起人将加入项目指导委员会，为项目提供指导、监督和决策。

项目章程的主要内容包括：

- 项目目的和批准项目的理由。
- 可测量的项目目标和项目成功标准。
- 高层级需求。
- 假设条件和制约因素。
- 高层级项目描述和边界定义。
- 高层级风险。
- 总体里程碑进度计划。
- 总体预算。
- 关键干系人清单。
- 项目审批要求（如用什么标准评价项目成功，由谁对项目成功下结论，由谁来签署项目完工协议）。
- 委派项目经理，明确其授权和职责。
- 发起人职权和职责说明；发起人签字。

4. 项目定义文件

对于小型项目和简单项目来说，启动阶段可能并不需要编写商业论证、收益管理计划和项目章程等多个文件，而是将启动阶段的关键信息合并为一个文件，即项目定义文件（Project Definition Document，PDD）。有的组织用项目概述（Project Brief）文件来概要说明项目的目的、目标、最终产品、工作流程等内容，两份文件大同小异。主要包含以下内容。

1）第一部分：对项目的定义
- 项目背景：简要说明为什么启动项目。
- 项目目标：包括收益目标、进度目标、成本目标、范围目标。
- 项目面临的制约因素和假设条件。
- 关键接口人和干系人。

2）第二部分：项目产品描述
- 项目最终要交付的产品、服务或成果是什么？
- 与竞争对手相比有哪些亮点？
- 这些亮点的不可复制性描述。

3）第三部分：商业论证概述
- 预计收益描述：赚谁的钱，怎么赚，何时赚。
- 预计成本描述：设备材料成本、人工成本、维护成本、其他大额成本。
- 经济指标测算（如成本效益比、投入产出比）。
- 关键风险和规避措施。

4）第四部分：项目关键角色描述
- 项目发起人是谁，权力和职责。
- 项目经理是谁，权力和职责。

3.2 敏捷项目的启动

敏捷项目也需要执行商业论证，其目的、逻辑、参与者与传统项目大同小异，上面介绍的传统方法中的工具、文件，在敏捷项目中都可以裁剪使用。但敏捷方法和传统方法在商业论证方面有些差异：

- 两种方法都需要从经济角度出发考虑是否批准项目，但敏捷方法不仅要求出资人和管理者具备经济视角，还要求团队成员和干系人也具备经济视角，并把经济考虑融入日常工作中，如对产品待办事项列表的排序、对迭代任务的选择等。
- 敏捷方法采用轻量级的项目论证方式，通常不会使用内容多、篇幅长的商业论证文件，而是利用简短清晰的模板，如商业模式画布、精益创业画布等。
- 两种方法都需要在项目过程中执行持续的商业论证，传统项目通常在阶段末尾更新商业论证，从而决定是否继续项目。敏捷项目采用增量投资方式，在项目执行过程中持续监督净现值、投资回报率等指标，从而决定是否继续向项目投入下一笔资金，以及下一笔资金投到什么地方价值最大。

下面介绍敏捷项目在启动过程中常用的工具。

1. 商业模式画布

与传统的商业论证文件或可行性研究报告不同，商业模式画布（Business Model Canvas，BMC）用简洁直接的信息为评估项目提供了依据。商业模式画布是一个战略管理工具，把商业想法和概念进行可视化，从而便于邀请关键干系人参与评估。BMC通常是贴在墙上的一张海报，其中提炼了项目的价值主张、基础架构、客户和财务情况。BMC最早由亚历山大·奥斯特瓦德（Alex Osterwalder）和伊夫·皮尼厄（Yves Pigneur）开发，在他们的《商业模式新生代》（*Business Model Generation*）一书中进行了介绍，读者可以阅读此书了解更详细的信息。

商业模式需要说清楚提议的商业模式怎么赚钱，谁是客户，准备怎样向他们交付价值，以及相应的一些财务细节。商业模式画布把这些相关的因素安排在一页纸上。画布包含九个格子，每个格子中写一个方面的内容。传统的商业论证文件或商业计划书需要很多页，而商业画布简短精练，要素齐全，更容易理解，更聚焦于商业的核心要素。提出方案的人通过绘制画布进一步锤炼自己的想法，而评估方案的人在看完画布之后可以快速获得信息，从而快速做出判断。

画布中九个格子的内容分别为：

- 客户细分，如大众市场、利基市场等。
- 客户关系，如个人顾问、客户代表、自助服务等。
- 渠道，如自有渠道、合作伙伴渠道、批发、零售等。
- 收入流，如使用费、订阅费、广告费等。

- 主要活动，如设计、开发和制造产品等。
- 关键资源，如人员、财务、知识产权等。
- 主要合作伙伴，如合作联盟、供应商等。
- 成本结构，如开发和交付成本、营销成本、维护成本等。
- 价值主张，画布的核心，如自己的产品与竞争对手的产品的差异。

阿什·莫瑞亚（Ash Maurya）在商业模式画布的基础上开发了精益创业画布，通常在精益创业环境中使用。画布也包含了9个格子，分别是问题、客户群、独特的价值主张、解决方案、关键指标、渠道、成本结构、收入流和不公平优势。读者可以阅读相关书籍或登录相关网站了解关于精益创业画布的更多信息。

2. 项目愿景

项目愿景用简明扼要、富有吸引力的语言描述项目的意义和项目未来的成果，目的在于激励项目团队满怀热情，投身于项目。在任何项目的早期建立项目愿景都有好处，但对于复杂程度和不确定性程度高的项目来说，项目愿景尤为必要，它可以帮助团队和干系人拨云见日，从混乱中看到未来，并建立信心。与项目章程不同，项目愿景是一个强大的激励工具，项目经理需要经过刻意训练，才能具备书写愿景的能力。好的愿景陈述可以在项目成员和干系人脑海中创建出一幅共同期待、有感召力的画面，从而为项目赋予激情和意义，激励人们毫不犹豫地投入项目。

项目愿景主要包含以下内容：

- 项目的目的和意义。
- 项目成功的定义。
- 项目成果交付后所触发的美好画面。
- 团队如何做才能不偏离愿景。

项目经理通过展示愿景，为团队提供方向和激励，最大限度地提升项目团队的绩效水平。项目经理还必须将项目愿景传达给其他干系人，以获得支持。建立愿景并持续沟通愿景是项目经理的一项重要工作，也是敏捷项目经理所必须具备的一项关键能力。

3. 项目章程和团队章程

敏捷项目也需要一份项目章程，与传统项目不同的是，敏捷项目章程中没有授权项目经理一项，因为敏捷团队是自组织团队，管理层将授权团队，项目经理将采用仆人式领导风格。另外，敏捷项目的项目章程和团队章程通常同时创建，一起发布，因为团队在项目启动后就迅速到位，需要知道他们将如何开展协作。敏捷项目章程通常包含以下内容：

- 项目理由和项目愿景。
- 项目受益方、受益方式和受益程度。
- 项目完成标准，如达到什么标准产品就能发布。
- 团队工作模式或流程。

团队章程是团队开展合作的工作协议，内容通常包括：

- 团队价值观，如不加班文化，每周四天半工作制。
- 工作共识。针对团队所采用的具体工作流程中的某些事项达成的共识，如 DoR（Definition of Ready）的定义、DoD（Definition of Done）的定义、会议的时间盒长度、WIP（Work-In-Process）限值（如一致同意每日站会的时间不超过 15 分钟）等。
- 基本规则，如会议流程、每个人发言的提纲等。
- 团队规范，如在 24 小时内响应客户的需求，和客户沟通要使用敬语等。

4. 项目数据表

吉姆·海史密斯在其著作《敏捷项目管理：快速交付创新产品》（*Agile Project Management: Creating Innovative Product*）一书中提出了项目数据表。项目数据表是一份一页纸的文件，概要说明项目的商业目标、产品目标和项目管理信息，在项目构想或启动阶段向所有干系人发出。内容主要包括：

- 客户是谁。
- 项目领导者是谁。
- 产品经理是谁。
- 高层管理者是谁。
- 商业目标。
- 项目目标声明，在什么时间前交付具备什么功能的产品，成本不超过多少。
- 范围、进度、成本的相对重要性。
- 项目难度级别。
- 延迟成本（延迟交付所造成的单日成本或单月成本）。
- 关键特性。
- 架构指导方针等。

项目数据表也应该张贴在墙上，持续提醒团队和干系人项目的目标和方向。

本章情境思考题

小张的初中同学在做红枣产品，通过互联网直播卖货，做得相当成功。小张思考再三，不想继续在办公室苦熬了，决定也干点什么。他的家乡除了红枣，还有沙棘，他想专做沙棘产品。请你帮助小张做一个商业论证，对以下方面进行分析。

- 解决什么需求
- 客户在哪里
- 产品独特的价值主张
- 解决方案
- 销售渠道
- 成本预估
- 收入预估
- 项目经济指标测算
- 竞争门槛

思考： 如果你是投资人，你会投小张的这个项目吗？

第 4 章
确定项目生命周期

在项目规划阶段，首先根据项目的复杂程度选择合适的开发方法，从客户价值最大化的角度出发确定项目的交付节奏，然后设计项目的生命周期模型。开发方法有传统方法、敏捷方法、增量方法、迭代方法和混合方法。交付节奏包括一次交付、多次交付、定期交付和持续交付。项目生命周期包含从项目开始到结束所经过的各个阶段，每个阶段末尾设置评审关口，以确定是否继续执行后续阶段。

如果选择了传统方法，则采用重量级的规划方式，在项目计划阶段需要完成大量的规划工作，包括建立三个项目基准，制订完整的项目管理计划，具体参见本书第5章。如果选择了敏捷方法，则采用轻量级的规划方式，在项目规划阶段只制订框架性的计划，甚至会把项目启动和项目规划两个阶段合并在一起，从而让项目快速进入具体的执行阶段。执行阶段会划分为多个迭代，在每个迭代之初制订本迭代的详细计划，具体参见本书第6章。

和传统方法中的阶段相比，敏捷方法中迭代的周期更短，通常为2~4周，这样便于及早发现问题，及早收集反馈，快速做出调整。预测型方法中的每个阶段结束会生成成果，但这些成果不一定可以投入使用，如设计阶段交付的设计方案无法投入使用，不能直接创造价值。而在敏捷方法中，每个迭代结束时交付可以投入使用的产品增量，因此，采用敏捷方法可以更早地为客户创造价值。

图4.1说明本章在整本书中的位置，同时说明管理项目的基本路线。

4.1 项目生命周期

项目生命周期展示了创建项目交付成果的框架性安排，说明了项目成果的开发、建设或演进过程，有助于项目团队内部以及团队与干系人之间就项目实施路线展开沟通。项目生命周期为项目管理和项目治理提供了基本框架，可以根据生命周期来安排具体的工作计划、跟踪实际进展和执行项目审查。

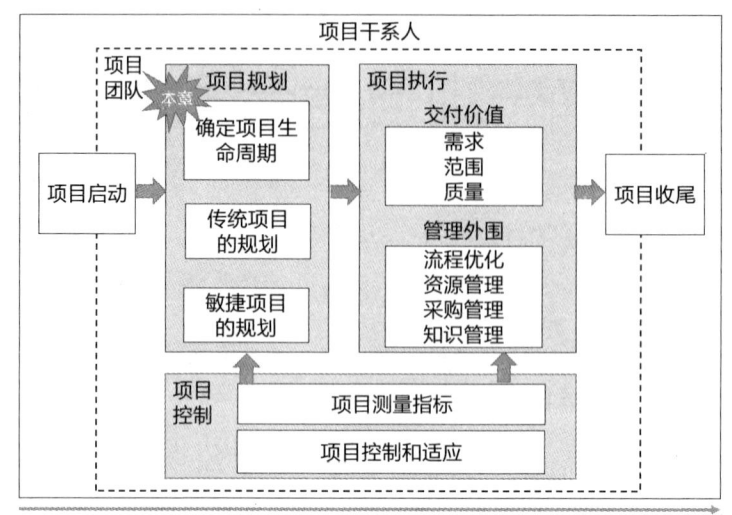

图4.1　融合传统方法和敏捷方法的项目管理路线

项目生命周期包括项目从启动到结束所经历的一系列阶段，大部分情况下，这些阶段按顺序进行，当遇到工期紧张的情况，可能会采用快速跟进的方式，某些相邻的阶段可能会局部交叠并行。这么做可以缩短工期，但会引发返工风险，所以要谨慎决策。项目生命周期中阶段的数量取决于管控的需要。如果项目复杂、风险程度高、团队成熟度不足，则阶段数量可以多一些，也就是管理和治理的颗粒度细一些；如果项目简单、团队成熟度高，则阶段数量可以少一些。

通用的项目生命周期包括四个阶段，分别是启动阶段、规划阶段、执行阶段和收尾阶段。不论项目涉及的具体工作是什么，这个框架基本对大部分领域的大部分项目都适用。其中的执行阶段是真正创造价值的过程，需要进一步分拆为更小的技术阶段，才能满足指导、管理和治理的需要。控制不是一个独立的阶段，而是对项目执行过程的监督，控制就是将实际执行情况和计划进行对比，从而触发纠正措施。而广义的控制则涵盖整个项目生命周期，也就是和上述四个阶段并行，对每个阶段的管理工作和技术活动进行监督。所以通用的四个阶段中并没有独立的控制阶段。

图4.2举例说明了对执行阶段的拆分，该项目采用了传统瀑布方法，执行阶段被拆分为需求、设计、建造、测试和部署五个技术阶段。

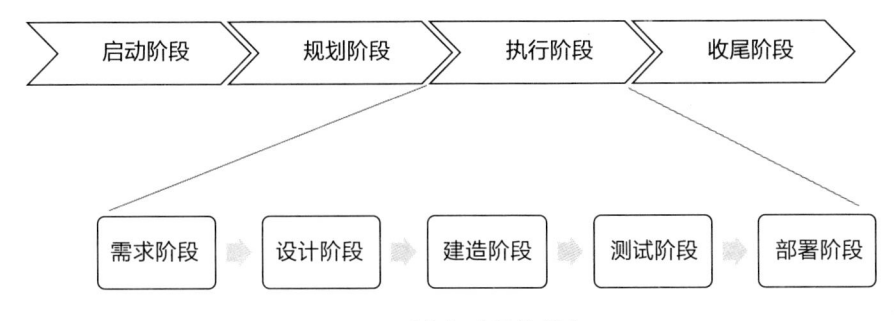

```
启动阶段 → 规划阶段 → 执行阶段 → 收尾阶段
                         ↓
需求阶段 ⇒ 设计阶段 ⇒ 建造阶段 ⇒ 测试阶段 ⇒ 部署阶段
```

图4.2 对执行阶段的拆分

每个阶段包含若干个活动，这些活动之间存在一定的逻辑依赖关系，一个阶段的结束通常以一个或多个成果的完成为标志。成果是阶段或过程所创造的产品、结果或能力，可以根据预定的验收标准对成果进行验证。有的成果可以直接投入使用，有的成果是中间产品，不能直接投入使用，只是创建后续成果的基础或组成部分。

每个技术阶段需要独特的技术技能，聚焦于独特的技术成果。比如，需求阶段需要商业分析技能，交付的成果是需求描述文件，如需求规格说明书、需求用例等。大部分情况下，阶段之间是顺序完成的，但当项目遇到进度、资金、资源等方面的制约时，可能会将本来串行的阶段调整为并行或局部交叠并行。这种情况往往会给项目引入新的风险。

如果某个技术阶段所花费的时间长且风险高，则可以在这个技术阶段的中间设置一个或多个里程碑，作为阶段内部的管控点，在管控点上展开与阶段末尾类似的评审工作。

在每个阶段末尾设置评审关口，评审工作通常包括技术评审、管理评审和商务评审。参加评审的人员包括项目指导委员会、项目发起人和项目团队的核心成员。根据公司对项目治理的要求，有些阶段评审可能会邀请项目治理主体如PMO、项目集经理、项目组合经理等参加。

- 技术评审：技术评审依照需求文件、验收标准和质量标准等，检查本阶段的成果是否都通过了质量检查和验收，并且对关键成果的证明资料进行复核，对于出现偏差且难以补救的成果出具指导意见。
- 管理评审：管理评审依照项目章程、项目管理计划、项目基准、合同、产品愿景、产品路线图、发布计划等，识别在范围、进度、成本、资源等方面的偏差，并出具指导意见。

- 商务评审：依据项目商业论证、收益管理计划和商业模式画布等，确保在市场和各方面因素都变动的情况下，项目依然具备商业价值。如果发现项目已经不再具备商业价值，项目指导委员会可能建议终止项目，从而把公司的资源投入更有价值的工作中。

评审可以确保项目工作始终朝着既定的目标前行，及早识别偏差，及早做出纠正。评审时可能发现阶段成果不满足预先设定的技术要求，此时可能需要对成果进行缺陷补救，也可能发现纠正成本过高，从而协商做出特许批准。有时会发现阶段成果虽然符合预期的技术要求，但竞争对手发布了新功能，抬高了潜在用户的期望值，从而不得不对现有的技术要求做出追赶性变更。不论哪种情况，问题发现得越晚，采取措施所花费的成本就越高，甚至可能错失调整的机会。

阶段评审需要做出决策，结果通常包括：

- 批准进入下一个阶段。
- 批准带着整改措施进入下一个阶段。
- 本阶段工作不合要求，整改之后重新评审。
- 终止或结束项目。

4.2 根据复杂度确定开发方法

开发方法指的是创造或改进产品的方法，不同的领域对开发方法的命名不同，表 4.1 是对各种开发方法名称和关系的说明。预测型方法也被称为传统方法、瀑布方法或线性方法，迭代方法、增量方法和敏捷方法都属于适应型方法，有的项目中综合使用多种方法，则被称为混合方法。在某些特定领域或项目中，可能有自己独特的命名方式。不论如何命名，只要项目团队和干系人之间达成共识即可。

表 4.1 开发方法的名称和关系

预测型方法	适应型方法		混合方法
传统方法（瀑布方法、线性方法）	迭代方法 增量方法	敏捷方法	

开发方法决定了项目生命周期四个通用阶段中执行阶段所包含的更小的技术阶段的数量、阶段的名称、阶段的顺序、阶段的历时、阶段的工作、阶段的成果、阶段的负责人和参与者等细节信息。

可以利用斯泰西复杂性模型（Stacey Complexity Model）对项目应该用哪种开发

方法做出判断，同时也需要听取客户、发起人、项目团队、治理主体、PMO等关键干系人的意见。项目所采用的开发方法需要得到干系人的一致认可。

如图4.3所示，斯泰西复杂性模型从两个维度来判断情境的复杂性，一个维度是需求的不确定性，另一个维度是技术的不确定性。需求的不确定性评价的是需求在未来发生变化的可能性，分析项目到底要交付什么产品，产品的细节现在是否能说清楚，干系人之间是否能达成一致，项目过程中是否还会变化。技术的不确定性评价的是对完成开发工作所采用的方法或技术的掌握程度和熟练程度，分析在求解的过程中是否有未知步骤以及未知的程度。需求评价的是"What"，技术评价的是"How"。根据两个维度不确定性的高低，划分为四个区域，分别是简单、繁杂、复杂和混乱。

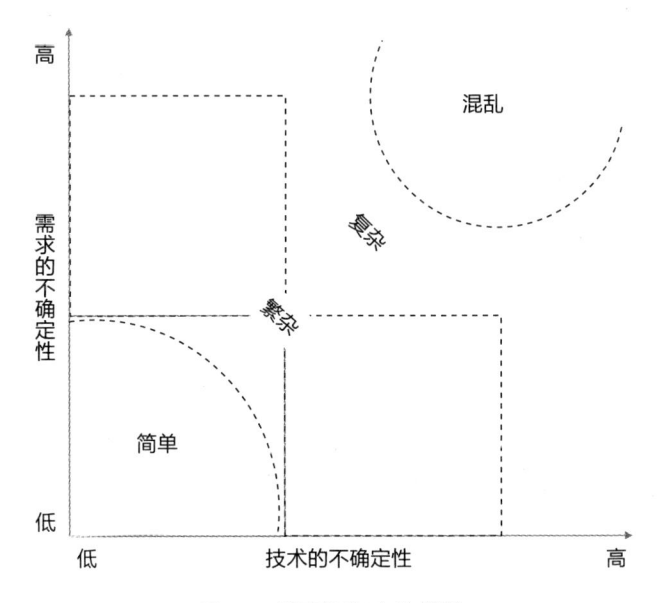

图4.3　斯泰西复杂性模型

- 简单：处于这个区域的项目，需求明确，解决方案明确，技术成熟，可以采用传统的预测型方法，也就是瀑布方法或者线性方法。
- 繁杂：处于这个区域的项目或者需求不明确，或者技术路线不明确，或者两者都存在一定程度的不确定性，可以采用适应型方法，如迭代方法、增量方法、敏捷方法。这些方法通过非线性的、反复循环的方式，不断澄清需求，不断探索实现方式。
- 复杂：处于这个区域的项目在需求和技术两个方面都存在更高的不确定性，

可以采用敏捷方法，通过快速迭代和频繁交付获取客户反馈，促进团队学习，从而逐步揭开迷雾，应对不确定性。

- 混乱：处于这个区域的问题存在非常高的不确定性，甚至无法对需求和技术做出合理的构思和推演，想法暂时还无法形成项目的轮廓，应该想办法应对两个维度的不确定性，之后再探索立项的可能性。

4.3 传统方法

传统方法也被称为预测型方法，认为项目执行过程可预测，所以应该在项目之初制订比较详细的项目计划，项目执行过程中按照计划向前走。如果在项目早期可以确定项目的需求和范围，同时实现项目需求的技术方法和路径是明确而成熟的，则可以采用预测型方法。

预测型方法是一种线性的项目管理方法，在项目开始时收集客户和干系人的需求，然后通过一系列顺序的阶段来实现这些需求，这些阶段在项目早期就可以确定。预测型方法通常用瀑布方法来表示（见图4.4），之所以用瀑布命名，是因为每个阶段的成果完成后，会落入下一个阶段，作为下一个阶段的输入，这个阶段的成果又会落入再下一个阶段，以此类推，整个过程像瀑布一样"飞流直下"。采用这种方法，通常需要按照严格的线性顺序执行。

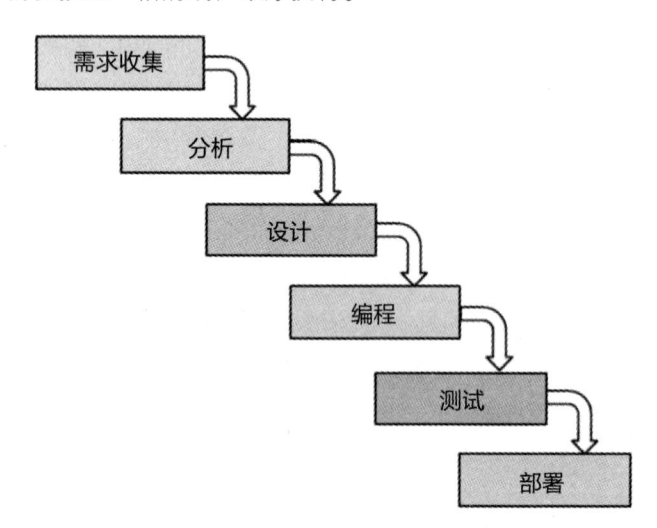

需求收集 → 分析 → 设计 → 编程 → 测试 → 部署

图4.4 瀑布方法

瀑布方法由来已久，是一种结构化的方法，也是一种被长期实践证明行之有效的方法。建筑项目、制造项目、IT项目等都可以通过使用瀑布方法获得成功。

4.4 敏捷方法

敏捷方法和后面介绍的增量方法、迭代方法、混合方法都属于适应型方法的范畴。简单来说，预测型方法认为项目过程可以预测，所以在项目早期就制订项目计划，项目过程中的"行军路线"基本遵循期初制订的计划。适应型方法认为项目过程很难预测，所以在项目早期不会制定详细的"行军路线"。在项目之初只是确定目标和基本方向，在项目过程中"走一步、看一步"，不断适应，不断根据当时的情况调整前进的路线。在适应型方法中，敏捷方法的适应性更强，"走一小步就要总结调整一下"。本小节介绍几种常用的敏捷方法，后面的小节介绍其他适应型方法。

敏捷方法并不是一种具体的方法，人们把敏捷方法比作一把大伞，一种方法只要符合敏捷宣言中定义的价值观和敏捷原则，就可以被纳入敏捷大伞之下。适用于小规模项目团队的方法有Scrum方法、看板方法、极限编程（Extreme Programming，XP）方法等，适用于企业级或大规模化敏捷的方法有SAFe、LeSS等。本书只介绍几种适用于小规模项目团队的敏捷方法。

1. 敏捷价值观和原则

2001年2月，17位软件行业的思想领袖共同发表《敏捷宣言》，提出了敏捷开发的四个核心价值观：

个体及其互动	高于	流程和工具
可用的软件	高于	完整的文档
客户合作	高于	合同谈判
响应变化	高于	遵循计划

以上四个价值观中，尽管右侧的内容有其固有价值，但我们更重视左侧的内容。

在四大价值观的基础上，17位思想领袖又提出了敏捷十二大原则：

- 我们的最高目标是，通过尽早和持续交付有高价值的软件来满足客户需求。
- 欣然面对需求变化，即使在开发阶段的后期也不例外。敏捷过程就是用变化来为客户获得竞争优势。
- 频繁交付可工作的软件，从数周到数月，交付周期越短越好。
- 在项目过程中，业务人员和开发人员必须在一起通力合作。

- 要善于激励项目人员，为他们提供所需的环境和支持，相信他们可以把工作做好。
- 最有效、最高效的沟通方法是面对面的交谈。
- 可工作的软件是衡量进度的首要衡量标准。
- 敏捷过程倡导可持续开发。项目发起人、开发人员和用户应该都能够始终保持步调稳定。
- 持续地追求技术卓越和良好的设计，以此增强敏捷的能力。
- 简洁，尽最大可能减少不必要的工作，这是敏捷的根本。
- 最佳架构、需求和设计来自自组织团队。
- 团队定期反思如何提升效率，并调整团队的行为。

2. Scrum方法

Scrum是一种基于迭代和增量的敏捷开发方法，适应性强、速度快、灵活有效，可以在整个项目开发过程中为客户提供价值，通过透明的沟通、集体责任和持续改进来满足客户需求。采用Scrum方法时，团队从高层级的产品概念出发，随着开发的进行，逐渐细化所要实现的具体功能特征，并且按照优先级进行排序，始终坚持先开发优先级高的功能。

Scrum方法的历史可以追溯到1986年1月《哈佛商业评论》的一篇由竹内弘高（Hirotaka Takeuchi）和野中郁次郎（Ikujiro Nonaka）撰写的文章《新的新产品开发游戏》（*The New New Product Development Game*）。文章描述了本田、佳能和富士施乐等公司如何在全球范围内使用可扩展和基于团队的新产品开发方法，强调了授权自组织团队的重要性。这篇文章对许多概念的发展产生了影响，催生了Scrum方法。1993年，杰夫·萨瑟兰（Jeff Sutherland）和他在Easel Corporation的团队将《新的新产品开发游戏》中的概念与面向对象的开发、经验过程控制、迭代开发、增量开发、软件过程提高以及复杂动态系统开发的概念相结合，创建了用于软件开发过程的Scrum方法。

Scrum方法主要用于软件开发，但其他领域和职能，如销售、营销和人力资源等，也在尝试使用Scrum方法中的一些实践，如待办事项列表、优先级动态排序和每日站会等，从而利用这种方法的优势。

下面简要介绍Scrum方法中的三个角色和五个重要事件，更多细节请参考肯·施瓦伯（Ken Schwaber）和杰夫·萨瑟兰编写的《Scrum指南》。

1）Scrum方法中的三个重要角色

Scrum方法中有三个重要角色，分别为产品负责人、开发人员和Scrum Master，他们一起组成Scrum团队。

（1）产品负责人（Product Owner，PO）：负责将产品价值最大化；负责建立产品目标并进行沟通；负责对产品待办事项列表（Product Backlog，PB）进行有效管理包括排列优先顺序；负责创建PB中的条目，并同团队清晰沟通；确保PB是透明的、可见的和可理解的；负责对每个冲刺交付的产品增量进行评审。

（2）开发人员（Developers）：负责将本次冲刺承诺的工作全部完成，达成冲刺目标；开发人员是自组织团队，自我管理，自我改进；开发人员是跨职能团队，拥有创建产品增量所需的全部技能；开发人员不仅专业技能强，还一专多能，为T型人才；开发人员全职投入项目工作，在一个冲刺内，人员的角色和关系是固定的，可以在新冲刺开始时进行调整。

（3）Scrum Master：也被称为敏捷教练，确保大家都认可并支持Scrum方法；确保Scrum团队的每个人都胜任其工作，并保持高效的状态；促进和支持团队，使人们团结、友好、紧密协作；移除阻碍团队工作的障碍和困难，保护团队不受外界干扰，从而可以聚焦工作；为Scrum过程负责，确保Scrum能够体现其方法的优势和价值；Scrum Master采用仆人式领导风格。

2）Scrum方法中的五个重要事件

Scrum方法包括五个重要事件，分别为冲刺、冲刺规划、每日站会、冲刺评审和冲刺回顾。

（1）冲刺（Sprint）：冲刺是Scrum的核心，通过冲刺把创意转化为价值。冲刺具有固定时长，通常为2~4周。前一个冲刺结束后，下一个冲刺紧接着开始。在冲刺期间，不能做出危及冲刺目标的改变；不能降低质量。如果冲刺目标已过时，可以取消冲刺，但只有产品负责人有取消冲刺的权力。

（2）冲刺规划：冲刺规划由整个Scrum团队一起协作完成，把本冲刺要做的工作确定下来，从而启动本冲刺。产品负责人把产品待办事项列表中的条目按照优先级事先排列好，供团队讨论和选择。可以邀请其他人参加冲刺规划会议以提供建议。冲刺规划会议的输出包括冲刺目标和冲刺待办事项列表（Sprint Backlog）。对于长度为4周的迭代来说，规划会议的时间盒长度不超过8小时。

（3）每日站会：每日站会的目的是检查实现冲刺目标的进展，根据需要调整冲刺待办事项列表，调整即将进行的计划工作。每天在固定时间、固定地点开会，原则上是开发人员的会议。如果产品负责人和Scrum Master也负责了一些冲刺待办事项列表中的工作，也应该参加会议。会议上每人回答三个问题：昨天做了什么？今天计划做什么？遇到了什么障碍？每日站会的时间盒长度为15分钟。

（4）冲刺评审：Scrum团队向项目干系人展示本迭代的工作结果，大家进行检查、评审、验收和反馈，产品负责人将反馈意见的行动项记录到产品待办事项列表中。对于长度为4周的迭代来说，冲刺评审会议的时间盒最多为4小时。对于更短的冲刺，所需的时间更短。

（5）冲刺回顾：针对本迭代涉及的个体、交互、过程、工具等进行回顾，寻找改进点，不断提高质量和效能。回顾会讨论的问题包括：①哪些进展顺利；②遭遇到哪些问题以及这些问题是如何解决（或未解决）的；③对未来的改进建议。对改进建议进行评估，最有用的改进建议将被添加到下一个冲刺的冲刺待办事项列表中予以落实。冲刺回顾会议开完，本次迭代就结束了。对于长度为4周的迭代来说，回顾会议的时间盒最多为3小时。对于更短的冲刺，所需的时间更短。

3）Scrum方法中的三个重要工件和五个价值观

Scrum方法中的三个重要工件为产品待办事项列表、冲刺待办事项列表和每个冲刺所交付的产品增量。Scrum方法倡导的五个价值观为承诺、专注、开放、尊重和勇气。

3. 极限编程方法

1）极限编程方法工作流程

极限编程方法诞生于20世纪90年代克莱斯勒汽车公司的C3软件开发项目。下面简要介绍极限编程方法的工作流程、价值观、原则和实践，更多信息请参考肯特·贝克（Kent Beck）的著作《解析极限编程》（*Extreme Programming Explained: Embrace Change*）和康·威尔斯（Don Wells）的网站。极限编程方法源于软件开发项目，其中的理念和实践目前已被应用到其他领域。图4.5是对极限编程方法工作流程的概要描述。极限编程方法中用"用户故事"来表述需求，根据需求进行发布规划，每个发布包含了若干个反复进行的迭代，迭代交付的成果进行验收测试后就可以进行小批量发布。极限编程提倡测试先行，在用户故事编写的同时就要构建测试场景；在发布规划环节，可能需要通过技术探测（Spike）或需求探测来降低不确定性；迭代评审时收集到的反馈将形成新的用户故事。

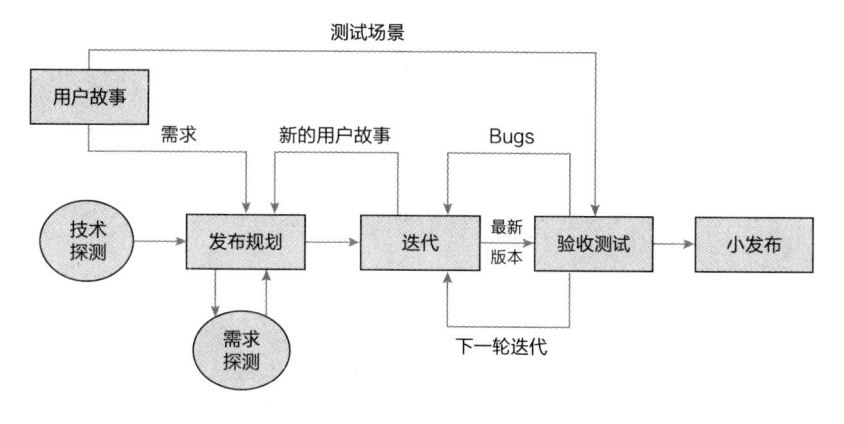

图4.5 极限编程方法的工作流程

2）极限编程方法的价值观和原则
- 沟通（Communication）：软件工程师持续与客户及其他团队成员沟通；强调面对面的沟通，并辅助白板或其他画图工具。
- 简洁（Simplicity）：只做必要的工作，不做没必要的工作，降低浪费；保持软件设计的简单和清晰。
- 反馈（Feedback）：持续从测试结果中得到反馈以改进设计和优化实现；持续从客户处得到反馈。
- 勇气（Courage）：敢于提出问题以改进团队效率和减少浪费；勇于应对变更和挑战。
- 尊重（Respect）：从每一次小小的成功中强化对贡献者和团队成员的尊重；尊重是沟通、反馈（提出和接受）等活动的基础。

极限编程方法的原则包括：人性化、经济学、互惠互利、自相似性、改进、多样性、反省、流、机遇、冗余、失败、质量、婴儿步和接受责任。

3）极限编程方法的实践

极限编程方法的实践包括基础实践和扩展实践，这些实践随着时间的推移在不断演进和完善。下面介绍主要的基础实践。

（1）坐在一起。在大到足够容纳整个团队的开放空间中进行开发。坐在一起，用所有的感官和知觉进行交流，有助于提高生产效率和人际关系。

（2）完整团队。把拥有项目所需的各种技能的人都包含进团队。完整团队是动态的，项目过程中如果需要一组技能，就把懂这些技能的人吸收进来，如果不再需要某组技能，就让对应的人员离开团队。

（3）信息工作空间。通过在墙上张贴故事卡和其他项目信息，使项目干系人能够在走进团队的15秒内快速了解团队在干什么。

（4）充满活力地工作。确保人们在有效率的时间段内高效工作，开发人员需要洞察力，而洞察力来自准备好的、休息好的和放松的头脑。

（5）结对编程。所有程序的编写由坐在一台计算机前的两个人完成，这可以使彼此都专注于任务，一起头脑风暴，讨论系统的优化，不仅提高效率，也提高产品质量。

（6）故事。用"故事"一词来代替需求，因为需求被认为是"必须和强制满足的东西"，抑制了拥抱变化。故事则更加温和，使用客户的业务语言，不强制，可协商。

（7）周循环。一次计划一周的工作，在每周开始时开会，回顾上周进展，让客户挑选本周要完成的工作，团队确认和接受这些工作并估算工作量。

（8）季度循环。一次计划一个季度的工作，每个季度对团队、项目、进度进行一次回顾。在季度计划中确定主题，挑选对应这些主题的故事。

（9）松弛。在计划中包含一些进度落后时可以取消的小任务，也包含一些进度提前时可以增加的小任务。

（10）10分钟构建。在10分钟之内自动构建整个系统并运行所有测试，如果构建时间太长，人们可能就不愿意发起构建，导致失去测试和反馈的机会。

（11）持续集成。不超过2小时就对变更过的地方进行一次集成和测试。

（12）测试优先编程。在编写或改变任何代码之前先编写一个自动化测试，这种方法可以解决范围蔓延的问题。

（13）增量设计。最经济的设计策略是尽早做"大决策"和推迟做所有的"小决策"。

极限编程的基础实践可以在项目中起到立竿见影的作用，只要使用，马上就可以产生正面效果。这些实践之间没有先后顺序，可以从任何一个实践开始尝试。在掌握基础实践的基础上可以尝试扩展实践。扩展实践包括：真实客户参与、增量部署、团队连续性、收缩团队、根因分析、共享代码、代码和测试、单一代码库、每日部署、可协商范围的合同、依用付费、可持续节奏等。同时使用多个实践，可以产生综合效果。

4）极限编程方法中的角色

极限编程没有明确定义必须有什么角色，但通常会包括以下三种角色。

- 客户（Customer）：对应于 Scrum 的产品负责人。在极限编程中，客户负责编写用户故事，排列故事优先级，编写和执行验收测试用例。
- 编程人员（Programmer）：对应于 Scrum 的开发人员。在极限编程中，编程人员是一个宽泛的概念，负责设计、编码、编写单元测试代码等工作。
- 教练（Coach）和项目经理（Project Manager）：对应于 Scrum Master。教练负责团队正确地遵循极限编程的工作流程和实践方法，项目经理负责为团队排除障碍。

5）极限编程方法与Scrum方法的不同

虽然在实际工作中有的团队会把极限编程和Scrum两种方法融合在一起使用，但这两种方法具有明显的不同。

（1）迭代周期：Scrum和极限编程都采用迭代方式，但Scrum的周期一般是2~4周，极限编程的周期是1~3周。

（2）迭代任务：Scrum团队在一个冲刺中通常不接受任何需求变更；一旦在冲刺计划会上承诺了要完成的特性，直到冲刺结束，都不会接受变更。极限编程团队在一个迭代中，如果新的特性和原来的特性规模相差不大，在原来的特性还没有开始进行的前提下，可以用新的特性更换原来的特性。

（3）迭代任务的优先级：Scrum团队中的产品负责人会划分产品待办事项列表中待办事项的优先级，但Scrum团队的成员会自己决定他们以何种顺序来完成本迭代周期内的任务。相比之下，极限编程团队中的客户为所有任务都划分了优先级，极限编程团队会严格按照任务的优先级来工作。

（4）框架与实践方法：Scrum提供了一个详细的、易遵循的框架。极限编程还提供了一系列有效的实践方法。

4. 看板方法

看板是丰田生产系统中的一种信号装置，用于指示"拉动"生产系统中部件的移动。戴维·安德森（David Anderson）受到这个方法的启发，创建了软件项目中的看板方法，目前看板方法的应用已经扩展到组织的其他职能，如市场、销售和人力资源等。

看板方法适用于以下场景：需要快速交付，需求会频繁变更，需求的优先级经常发生变化，需要频繁发布工作成果，持续有新工作进入项目中，等等。使用看板方法需要进行价值流分析，建立输入节奏和交付节奏，设置在制品（Work In Progress，WIP）限值，并且通过回顾进行持续改进。下面概要介绍看板方法的工作流程，更多细节请参考戴维·安德森的著作《看板方法：科技企业渐进变革成功之路》（*Kanban: Successful Evolutionary Change for Your Technology Business*）。

1）第一步：把工作流可视化

如图4.6所示，首先识别价值流中的步骤，把这些步骤顺序写在看板中各列的顶端。开发项目中常见的步骤有开发、测试、部署、完成等。每一列中又可以分为两列，分别为正在执行和完成。在优化流程时，需要分析工作在每一列的"完成"子列中等待的时间。接着定义工作项，把每个工作项分别写在一张卡片上，贴在看板上相应的列中。工作项的颗粒度不要太大，通常保持在2天之内，这样便于展现出它的流动性。

步骤	就绪	分析	开发		测试		部署	完成
WIP限值	8	3	5		3		2	
状态			正在执行	完成	正在执行	完成		
工作卡								

图4.6 看板方法

2）第二步：建立拉动（Pull）系统

传统的工作方式大多为推动（Push）系统，也就是上一个环节完成之后推给下一个环节。而在拉动系统中，上一个环节即使完成了工作也不能推到下一个环节，而是留在本环节的"完成"子列中。下一个环节"手上腾出空"之后，会主动从上一个环节拉取工作。整个过程，只允许下端主动拉取，不允许上端主动推送。如图4.6所示，"开发"一列中的某个任务完成后，就被移入"开发（完成）"列中，之后就在这里一直等待。当后续的测试环节完成手上的工作、腾出能力后，会主动从"开发（完成）"一列中拉动工作。采用拉动方法，可以避免某个环节工作堆积或者需要同时并行开展太多工作的情况，这样可以始终集中精力做好当前少量工作。并行的工作越少，系统的流动性越快，因此这种方式可以提高过程的吞吐量，缩短周期时间，提高客户满意度，提高客户价值和商业价值。

3）第三步：设置WIP限值

WIP限值就是一列中最多可同时存在的工作数，当达到这个数值后，团队就不能从前面环节拉入工作。只有小于WIP限值时，才能拉动。设置WIP限值，可以让团队聚焦于认真完成已经开始的工作，而不是着急开始新的工作。

在图4.6中，第二行的数字表示各个工作环节的WIP限值，可以看出测试阶段的WIP限值为3，目前正好有3项工作，那么测试就不可以从前面的开发环节拉取任务。WIP限值的大小可以根据历史数据和产能规划来进行设置。WIP限值在设置之后可以观察一段时间，根据团队的实际情况进行调整。

4）第四步：发现瓶颈，优化流程

如果发现在一个环节堆积的工作达到WIP限值而且不再流动，团队中的其他成员就会一起来帮助这个环节，使得工作继续流动起来，这种大家一起来帮忙的方式也被称为"蜂拥"（Swarming）模式。对于流程中的瓶颈要进行持续观察，既要解决单点问题，也要系统分析，持续优化流程。

看板方法中通常采用提前时间（Lead Time）、周期时间（Cycle Time）和吞吐量等来跟踪过程绩效，请参考本书第9章。

4.5 增量方法和迭代方法

如图4.7所示，还有很多方法介于传统方法和敏捷方法之间，它们不像传统方法，在项目开始时就有稳定的需求和明确的范围，可以制订明确而详细的项目计划。它们会在项目执行过程中向客户提交成果，获取客户反馈，但不像敏捷方法那样频繁。敏捷方法通常在1~4周内就会交付一次成果，而这些中间方法的交付间隔可能更长一些，而且没有固定的周期，需要根据工作内容来确定。作者之一曾经管理过的一个在线采购系统开发项目就采用了位于中间位置的开发方法。整个项目分为两个增量，第一个增量涵盖国内业务，第二个增量涵盖海外业务。在第一个增量的开发过程中，又分为三次迭代。第一次迭代完成主干流程，第二次迭代补充分支流程，第三次迭代拾遗补漏和优化。

下面分别介绍增量方法和迭代方法，因为敏捷方法中也采用了增量和迭代的概念，所以此处介绍的是最初提出时的增量方法和迭代方法。另外，迭代方法和增量方法在实际应用中经常会同时出现，混合使用。如上面提到的案例，第二个增量海外模块开发是在第一模块的基础上进行的，同时得到一些新的反馈，这促使团队重新优化了国内模块，这些体现了迭代演进的概念。而在第一个增量的开发过程中及第二次迭代补充分支流程的过程中，又增加了新的业务逻辑和业务功能，这也包含了增量的成分。

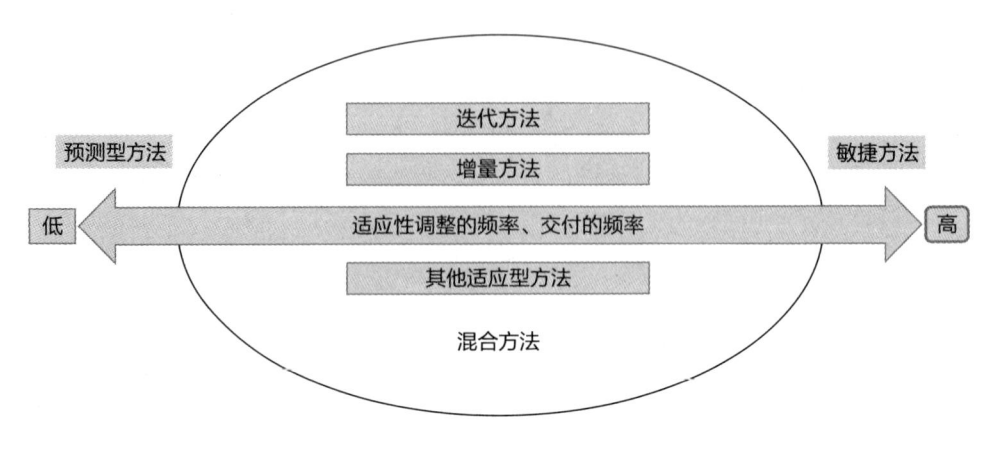

图4.7　开发方法的渐变过程

增量方法源于软件开发项目，目前也被应用在其他类型的项目中。增量开发最早由米尔斯（Mills）在20世纪70年代提出，弗雷德里克·P. 布鲁克斯（Fredrick P. Brooks）在其著作《人月神话》（*The Mythical Man-Month*）中描述了增量开发方法的深刻影响，从而引起了广泛的关注。

如图4.8所示，采用增量方法时，项目整体需求被分解为多个相对独立的模块。针对每个模块都要执行所需的技术步骤，通常包括分析、设计、开发和测试等。每个增量完成后交付的功能，将被添加到前面增量已开发的功能之上，不断重复，直到所有的模块都被开发完成，所有的需求都得以实现。在每个增量完成时，都要进行评审和回顾，得出的经验教训将被输入后续增量的开发中。

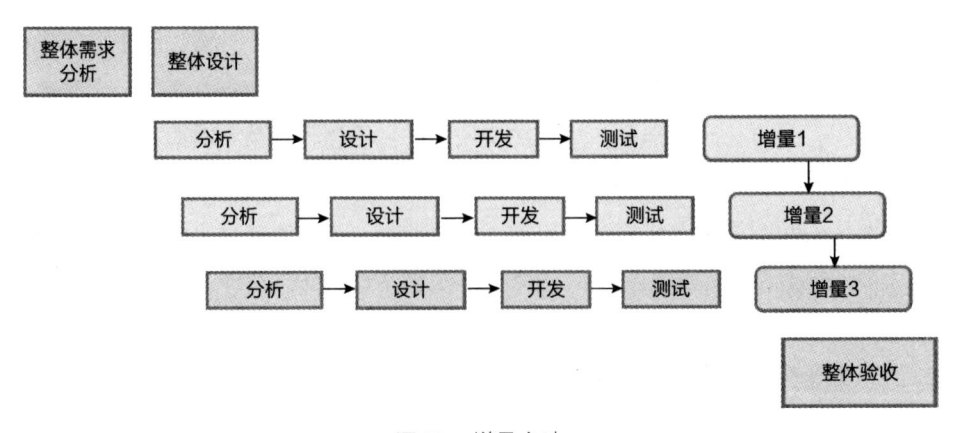

图4.8　增量方法

迭代方法的核心是学习，通过迭代不断澄清需求，通过迭代不断探索和优化技术。如图4.9所示，每次迭代都会走一遍完整的开发流程，对上一次迭代的工作进行补充完善。在第一次迭代中，对商业模型和需求进行了一定程度的分析，但仍然存在很高的不确定性，以此为基础，展开后续的工作，包括分析、设计、开发、测试和部署。第一次迭代的目的并不是为了交付价值，而是为了澄清需求，所以后续几个技术环节实现的内容并不多，部署的范围也很有限。根据部署结果，收集客户和干系人的反馈，根据反馈，补充商业模型和需求，再开始第二次迭代，同理再次收集反馈，根据反馈开展第三次迭代。通过多次迭代，团队对需求和技术的信心越来越高，从而有助于最大限度地确保所开发的产品满足客户和市场需求。在迭代方法中，每次迭代所需的时间并不固定，而且也没有短期快速交付的要求，如上面提到的在线采购系统开发项目的第一个增量中，三次迭代所花费的时间分别为3个月、2个月和1个月。

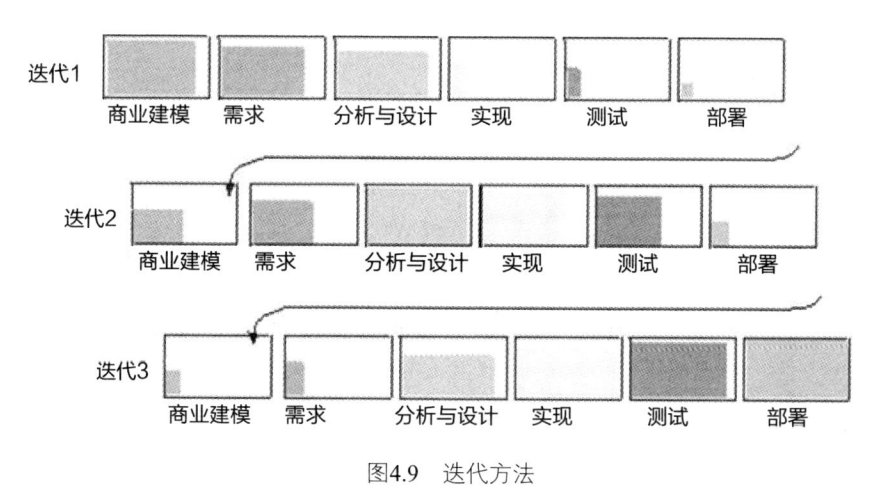

图4.9 迭代方法

4.6 混合方法

如果一个项目中某些部分的需求是明确而稳定的，而另一些部分的需求是不明确的、易变的，则可以在明确需求的部分采用预测型方法，而在需求不明确的部分采用适应型方法。图4.10展示了典型的混合方法的使用情况，左侧展示的是项目中不同的子项采用了不同的开发方法，右侧展示的是项目中不同的阶段采用了不同的开发方法。

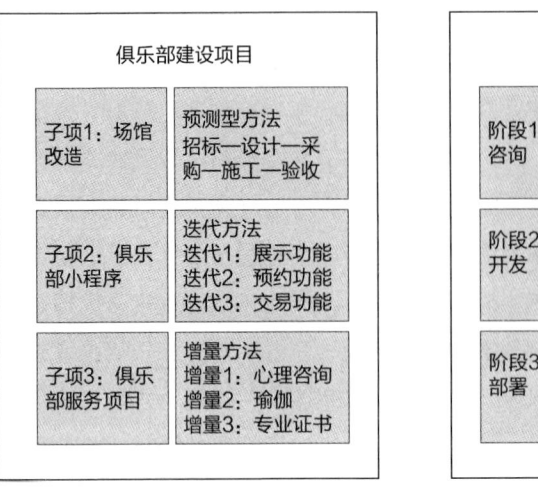

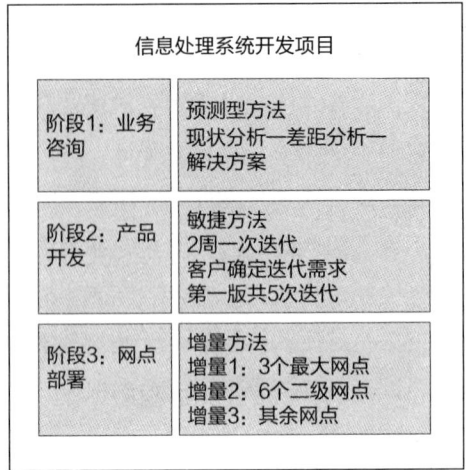

俱乐部建设项目		信息处理系统开发项目	
子项1：场馆改造	预测型方法 招标—设计—采购—施工—验收	阶段1：业务咨询	预测型方法 现状分析—差距分析—解决方案
子项2：俱乐部小程序	迭代方法 迭代1：展示功能 迭代2：预约功能 迭代3：交易功能	阶段2：产品开发	敏捷方法 2周一次迭代 客户确定迭代需求 第一版共5次迭代
子项3：俱乐部服务项目	增量方法 增量1：心理咨询 增量2：瑜伽 增量3：专业证书	阶段3：网点部署	增量方法 增量1：3个最大网点 增量2：6个二级网点 增量3：其余网点

图4.10 混合方法

4.7 交付节奏

"节奏"一词可以用在不同的场合。开发节奏和交付节奏不同，敏捷项目中通常采用"按节奏开发，按需要发布"的理念。本节所讨论的"交付节奏"中的"交付"一词，特指把开发成果投入使用，具体的说法有发布、上线、割接（Cut-over）和投产（Go-live）等。

采用传统项目管理方法，通常在项目结束时项目成果才能投入使用，采用迭代、增量、敏捷等适应型方法时，在项目中途即可形成可投入使用的成果，这些成果通常被称为"潜在可交付的产品增量"。虽然从特征上讲，这些成果可以投入使用，但客户可能有特定的商业策略，在这种策略的指导下来确定具体的交付节奏。有可能每个增量在创建之后马上就投入使用，也可能暂不投入使用，而是等待多个增量一起投入使用，或者等待某个特殊的机会时点，以期获得最大的商业价值。交付节奏可以分为一次交付、多次交付、定期交付和持续交付。

1. 一次交付

在项目结束时，把最终的产品一次交付使用。比如，一个数据中心的建设项目采用了预测型开发方法，与客户签署的是"交钥匙"合同。这个项目在所有工作都完成、所有交付成果都通过验收、具备了运营条件后一次交付给客户。采用这种方法，项目团队承担了最大的责任，必须一次做对所有的事情，否则交付之后如果发现缺陷，可能会导致投诉、罚款、美誉度下降等商业损失，而在采用了多次交付的项目中，前面交付中的缺陷有机会在后面交付中得以补救。

采用预测型方法的项目可以采用一次交付的方式，采用迭代、增量或敏捷方法的项目，在客户要求或其他可以带来好处的情况下，也可以采用在所有项目工作全部完成之后一次交付投入使用。此时，在项目过程中仍然有多次的内部交付，这些内部交付同样需要客户参与评估和提供反馈。比如，某公司在开发企业内部采购系统的过程中，采用了敏捷开发模式，每4周迭代一次，共计8个月完成了开发工作，第9~10个月为用户验收测试（User Acceptance Test，UAT）阶段，10个月后正式上线投入运行，这个项目采用的是按节奏开发、一次交付的模式。

2. 多次交付

多次交付指的是在项目过程中就把已经创建好的成果投入使用，每次交付之间的时间长度不等，间隔时间相等的被称为"定期交付"。采用预测型方法的项目也可以多次交付，如某个运营商的数据中心建设项目，由于投资高、规模大、工期长，采用多次交付的方法，既可以增加项目现金流，优化投资回收，又可以更好地识别和规避解决方案中的技术风险。该数据中心在同一平面上建设，项目发起人带领设计团队把工作分成两部分，首先完成第一期（第一部分）的建设工作，建设完成后交付使用。然后再开始第二期（第二部分）的建设工作，事后证明这样的分期交付策略非常明智，第二期吸取了第一期的经验教训，并复用了第一期的部分成果，只用了不到第一期一半的时间就建设完成，且成功投入运行。在城市轨道建设项目中，采用的是传统瀑布方法，同时经常会采用分段多次交付的方式。

采用增量开发方法的项目，在每个增量完成的时候就具备了交付的条件，可以实现多次交付的要求。如某个公司举行的全员项目管理培训，就可以采用增量开发和多次交付的方法。项目分为两个增量，第一个增量为针对管理层的培训，课程开发完之后就可以交付；第二个增量是针对员工的培训，在课程开发完成之后也可以交付。需要注意的是，不管是传统方法中的分期开发，还是增量开发，在项目期初的计划和设计阶段，必须进行整体上的考虑。数据中心的第一期和第二期会共用电源等公用基础设施，企业项目管理培训中对管理层的培训和对员工的培训必须保持衔接和统一。

采用迭代方法和敏捷方法，也可以根据需要采用多次交付。极限编程的扩展实践建议增量部署，认为这种分多次部署的方法可以极大地降低一次性大型部署的风险。

3. 定期交付

定期交付从语义上讲当然属于多次交付，把这种方法单独列出来，并与多次交付并列，是因为定期交付和敏捷方法直接对应，只有采用了敏捷方法的项目才具备定期交付的条件。Scrum方法的迭代周期固定，通常为2~4周，每次迭代完成后就具备了交付的条件；极限编程方法的扩展实践中建议在条件许可的情况下可以考虑每日部署。采用基于流的看板方法，戴维·安德森建议，可以通过计算持有成本、事务成本、协调成本等来建立合适的交付节奏，但看板方法也支持随需交付和临时性交付。

举例来说，某个购物平台的移动端应用软件就采用了定期交付的方式，产品团队根据业务部门圈定的需求每两周发布一次新的版本。再比如，某家银行的电子银行系统采用每月发布一次的节奏，需求管理则以每月23日为界，23日之前得到批准的需求将被列入下个月的开发计划。

4. 持续交付

持续交付指的是一个功能增量完成之后马上就投入使用，这种方法适用于软件和数字产品，通常采用小批量工作流，同时需要有自动化测试、持续集成和持续部署技术。这种方法的好处是可以快速响应客户需求、快速捕捉市场机会、快速实现收益、快速产生价值。大部分情况下，这种交付模式出现在产品生命周期中，在一个系统或产品通过项目生命周期得以开发完成并投入使用后，需要对其进行频繁的功能升级和缺陷补救等维护工作时，可以采用这种模式。

4.8　构建项目生命周期模型

在分析了项目的复杂程度，选择了合适的开发方法，确定了项目的交付节奏之后，就可以构建项目的生命周期模型。项目生命周期模型的构建主要包括以下几个步骤：

（1）采用通用的四个阶段建立基本框架。

（2）分析项目的复杂度，确定开发方法。

（3）根据所选用的开发方法对每个模块的执行阶段进一步拆分。

（4）本着价值最大化的目的，确定交付节奏。

（5）如果项目规模庞大或者工期较长，看一下采用混合方法的可能性。

（6）把以上内容都标注在项目生命周期模型上。

（7）标注技术评审点、管理评审点和商业评审点，这些评审点也可能会合并执行。

（8）与发起人、客户和团队等关键干系人进行沟通，达成共识。

（9）发布项目生命周期模型，作为后续制订计划和监督进展的基础。

下面举例说明。如图4.11所示，小马俱乐部建设项目采用了混合方法，各个子项使用的开发方法不同，图中五角星代表交付，菱形代表评审点。子项1"场馆改造"采用了预测型方法，其中采购阶段和施工阶段有交叠，每个阶段末尾都设置了阶段评审，施工阶段设置了内部里程碑评审，验收通过后一次交付使用。子项2"俱乐部小程序"采用了迭代方法，第一次迭代用的时间较长，后面两次时间缩短，后面两次除了增加延伸功能，也会对前面已经实现的功能进行优化。每次迭代结束时进行评审，通过评审后投入使用。子项3"俱乐部服务项目"采用增量方法，第一个增量心理咨询项目开发完成后即开始运营，因为这个项目可以采用网络形式，不依赖于场馆。第二个增量开发完成后不交付使用，与第三个增量一起等待场馆改造好之后一起交付。这个例子重在说明项目生命周期模型的框架。

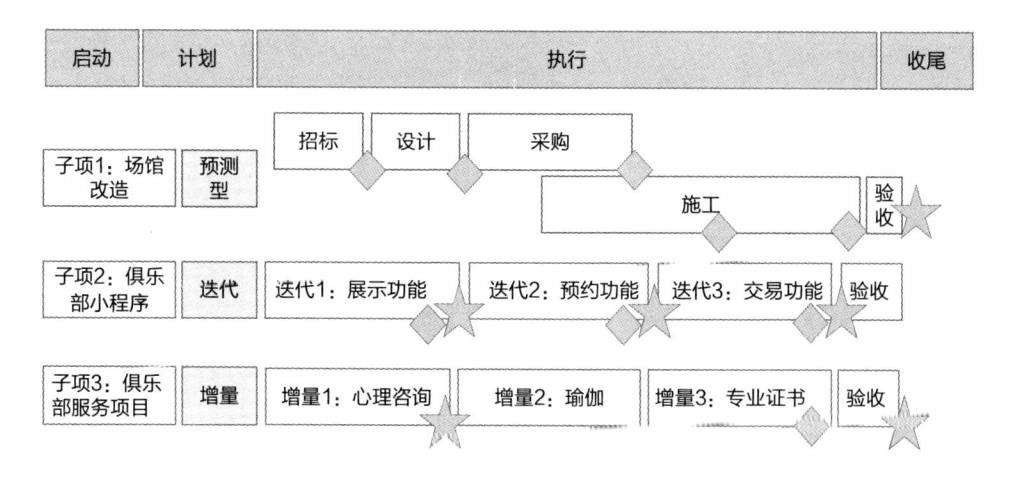

图4.11　小马俱乐部建设项目的项目生命周期模型

表4.2是另一个项目的举例，重在说明项目生命周期模型中需要包含的细节内容，需要说明的是，项目生命周期模型和其他项目管理工件一样，只有参考的框架，而没有标准的格式，一切以实用为目的，框架、内容、名称、格式等都应该根据企业文化、项目特征和客户要求等进行调整。

表 4.2 某产品开发项目的项目生命周期模型

阶段说明	1. 调研阶段	2. 立项阶段	3. 设计阶段	4. 加工阶段	5. 封装阶段	6. 测试阶段	7. 试用阶段
项目负责人	发起人	发起人、项目经理	项目经理	项目经理	项目经理	项目经理	项目经理
项目管理活动	发布项目任务书，组织人员开展项目调研	(1) 建立项目ID号 (2) 制订项目实施计划 (3) 设立项目绩效控制指标 (4) 确定参与人员和角色	(1) 监控项目进展、管理项目绩效（风险、问题、变更） (2) 项目成员绩效管理	(1) 监控项目进展、同前 (2) 分包商绩效管理 (3) 项目成员绩效管理	(1) 监控项目进展、同前 (2) 分包商绩效管理 (3) 项目成员绩效管理	(1) 监控项目进展、同前 (2) 分包商绩效管理 (3) 项目成员绩效管理	(1) 监控项目进展、同前 (2) 分包商绩效管理 (3) 项目成员绩效管理 (4) 管理项目验收 (5) 项目资料移交 (6) 项目经验教训总结 (7) 项目绩效、项目经理绩效、项目参与人员绩效评定
阶段负责人	市场部门人员	项目经理	设计工程师	生产工程师	封装工程师	测试工程师	技术支持工程师
阶段技术活动	编制项目可行性分析报告	(1) 确定实施方案和路线 (2) 编制WBS (3) 确定质量标准	(1) 电路设计 (2) 工艺分析 (3) 封装设计 (4) 测试计划	(1) 制作 (2) 测试	(1) 封装 (2) 测试	(1) 创建测试环境 (2) 整体测试 (3) 修补缺陷	(1) 请用户使用样品 (2) 响应用户问题 (3) 记录使用情况
阶段交付成果	项目可行性报告	项目实施计划	设计方案	参数测试报告	(1) 封装图 (2) 检查报告	成品综合测试报告	(1) 用户试用报告 (2) 产品修改记录 (3) 所有产品文件

	1. 调研阶段	2. 立项阶段	3. 设计阶段	4. 加工阶段	5. 封装阶段	6. 测试阶段	7. 试用阶段
阶段说明	发起人、客户经理、潜在技术专家一起评估可行性分析报告,从而决定是否选择项目	对项目计划进行评审,获得开发团队、市场部代表的批准	召集技术专家,举行设计评审会。如果评审通过,则进入下一阶段	(1)测试报告是否满足参数要求 (2)如果通过测试,进入下一阶段	(1)测试封装工艺和封装效果评审 (2)如果封装满足要求,则进入下一阶段	(1)召集专家评审、评测试结果 (2)如果通过评审,则进入下一阶段	(1)检查用户试用满意度情况 (2)举行专家评审会议,决定是否进行产品定型 (3)如果通过以上环节,则产品定型,项目结束
控制关口	(1)项目经理:确认项目目标是否可实现 (2)财务部门:评估项目资金使用计划	(1)客户经理:对需求信息进行澄清,反馈客户需求变化 (2)财务部门:建立项目资金使用计划,并开设相应的账户,发布资金使用规则	(1)客户经理:对需求信息进行澄清,反馈客户需求变化 (2)财务部门:记录反馈项目收支并反馈给项目经理 (3)专利部门:自主开发的保护	(1)设计工程师:提供技术指导 (2)客户经理:反馈客户需求变化 (3)财务部门:记录反馈项目收支并反馈给项目经理 (4)采购部门:供应商的选择、管理、争议处理、验收	(1)设计工程师:提供技术指导 (2)客户经理:反馈客户需求变化 (3)财务部门:记录反馈项目收支并反馈给项目经理 (4)采购部门:供应商的选择、管理、争议处理、验收	(1)设计工程师:提供技术指导 (2)客户经理:确认项目交付的产品是否为当初所需要的产品 (3)财务部门:同前 (4)采购部门:同前 (5)专利部门:申请专利	(1)设计工程师:同前 (2)客户经理:协调客户进行试用、验收项目产品 (3)财务部门:记录、跟踪,并出财务报告 (4)专利部门:申请专利 (5)制造部门:熟悉产品,为批量生产做准备 (6)销售部门:产品知识培训,为批量销售做准备
阶段支持							

本章情境思考题

小张所在的公司和客户签署了一个总价合同，为客户开发备件管理系统，小张被任命为项目经理。客户生产电气设备，备件用于产品的售后维修。客户已经请一家咨询公司对备件的业务流程进行了梳理，新流程得到了客户的认可，目前咨询合同已经执行完毕。

小张的公司需要根据咨询公司提供的流程来开发系统，合同价格也是以这个咨询方案为需求进行的粗略估算。小张拿到这个方案时，第一感觉就是流程做得太粗了，远远没有到可开发的级别；在走访了备件库房之后，发现很多子流程并没有包含在咨询方案中。客户非常重视该项目，要求小张的团队在客户现场办公，客户为此专门腾出了一间200平方米的会议室，同时从库房抽调了3名人员加入小张的团队，负责细化需求和测试验收。

思考： 如果你是小张，你准备采用哪种开发方法和交付节奏？你如何设计这个项目的生命周期模型？

第 5 章

传统项目的规划

项目经理和关键干系人应该先评估项目的复杂度，根据复杂度选择合适的开发方法，确定项目的生命周期模型。如果选择了预测型方法，则在项目规划阶段需要完成大量的规划工作，具体如本章所述。如果选择了敏捷方法，在项目规划阶段只制定框架性的路线图，在每个迭代开始时制订本迭代的工作计划，具体请参考本书第6章。如果选择了混合方法，则需要在项目的不同模块或子项中采用不同的规划方法。

传统方法采用重量级的规划方法，所以规划工作和规划文档都比较多。大部分的规划工作聚集在规划阶段完成，在执行过程中对阶段计划进行细化或调整，凡是涉及对已经批准的计划或基准的修改，都需要遵守严格的变更控制流程。本章主要讨论以下内容：

- 建立项目绩效基准。项目绩效基准主要包括范围基准、进度基准和成本基准，项目团队还需要对这些基准进行整合，形成综合的项目绩效基准。
- 制订和整合项目管理计划。需要对项目的各个方面进行规划，形成各个方面的管理计划，包括需求管理计划、范围管理计划、进度管理计划等，之后对这些计划进行整合，形成统一的项目管理计划。项目绩效基准也是项目管理计划的组成部分。
- 召开项目开工会议，宣讲项目目标，获得各方承诺。

图5.1说明本章在整本书中的位置，同时说明管理项目的基本路线。

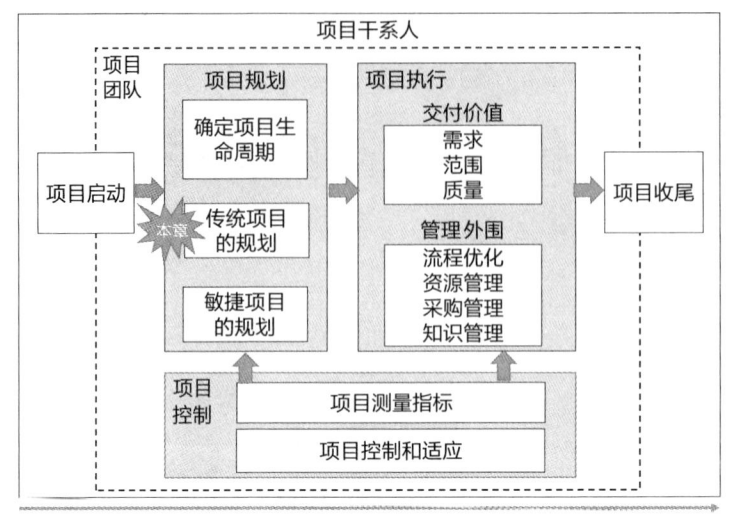

图5.1　融合传统方法和敏捷方法的项目管理路线图

5.1　渐进明细和滚动规划

项目本身具有独特性的特点，所以不论采用传统瀑布方法，还是采用适应型的敏捷方法，都不能消除项目本身所包含的不确定性。传统方法在项目前期做的规划工作多一点，敏捷方法在项目前期做的规划工作相对少一点，但是，不论是传统项目还是敏捷项目，都具有渐进明细的特征，因此在规划过程中都会不同程度地使用滚动规划技术。

- 渐进明细（Progressive Elaboration）：随着项目推进，信息越来越全面、准确和详细，项目计划应该根据这些信息不断改进和细化。
- 滚动规划（Rolling Wave Planning）：项目开始时制订项目整体高层级计划，每个阶段或迭代开始时制订本阶段或本迭代的详细计划。

举例来说，某个家装项目采用传统瀑布方法进行管理。项目分为需求阶段、设计阶段、采购阶段、施工阶段和验收阶段。在项目刚刚开始的时候，需求尚未完全确定，采购阶段的工作就无法分解得非常详细。随着需求阶段工作的完成，采购阶段的工作逐步细化。设计阶段结束后，采购阶段的工作进一步明细，此时可以确定主要的采购计划，还有一些零散的采购仍然需要在施工阶段进一步细化和确认。在施工阶段和验收阶段，可以通过变更控制流程提出对采购计划的修改或增补。以上这些都是采用传统瀑布方法管理项目时的正常现象。传统方法虽然主体上呈现线性进展方式，但仍然存在也必然存在渐进明细、滚动规划以及适应性调整的特征。

5.2 建立范围基准

范围可以分为产品范围和项目范围。产品范围是产品、服务或结果所具有的特性和功能，项目范围是为交付具有规定特性和功能的产品、服务或结果而必须完成的工作。范围基准是经过干系人批准的产品范围和项目范围，是项目团队开展工作、验收成果、控制范围的依据，也是考核项目范围绩效的标准。范围基准包括经过批准的项目范围说明书、工作分解结构（Work Breakdown Structure，WBS）和WBS词典。只有通过正式变更控制程序，才能进行基准变更。如图5.2所示，项目范围管理的过程可以简化为五个步骤。

图5.2 项目范围管理的过程

（1）收集需求。采用需求启发技术收集需求，形成需求文件，并创建需求跟踪矩阵。

（2）定义范围。项目团队确定如何实现项目需求，需要开展哪些工作，需要创建哪些交付成果，并把这些信息记录到范围说明书中。

（3）创建WBS。根据范围说明书对项目工作进行层级分解，形成WBS，并且编制WBS词典，对其中的每个工作包进行详细说明。批准的范围说明书、WBS和WBS词典共同形成了范围基准。

（4）确认范围。邀请客户和发起人对交付成果进行验收。

（5）控制范围。对范围变更或偏差进行控制，避免范围蔓延和镀金的现象。

其中，前三个步骤是为了建立范围基准，后两个步骤是为了对范围进行管控。本章着重介绍前三个步骤的关键工作、工具和文件，后两个步骤将在第7章"传统方法中的需求管理和范围管理"一节中进行讨论。

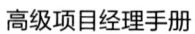

1. 收集需求

需求可以分为产品需求和项目需求。产品需求是产品、服务或结果为了满足商业需要必须达到的条件或者必须具备的能力。项目需求是项目实施过程中必须满足的要求，如装修项目中对噪声、气味等的限制性要求。收集需求需要采用需求启发技术，通过提问、引导、演示、分析、试用等方法，发掘干系人对于项目产品的需求，以期获得完整、正确的需求。下面介绍启发需求的几种常用方法。

1）头脑风暴

参会者不限项目团队成员，没有人数限制，由一位会议引导者组织会议，激发和鼓励参会者说出需求，会议上没有批评和评论，力图创建一种无拘束的自由氛围。头脑风暴不包含对观点的投票或排序，会议注重的是收集到的需求的数量，而把对需求质量的核实放到会后。

2）名义小组技术

这是头脑风暴的一种延伸。对参与会议的人数有限制，每个人在提出见解之前需要深思熟虑，向其他人解释自己的观点。所有观点收集完毕后，通过投票对观点进行排序，以确定优先级。相对于传统的头脑风暴方法，名义小组技术重视观点的质量，而不是数量。

3）亲和图

亲和图是一种群体共创方法，邀请所有参会者根据观点之间的自然关系，对收集到的大量观点进行分组，以便进一步审查和分析。

4）访谈

这种方法通过直接和干系人交谈来获取需求。提纲式访谈需要事先准备访谈提纲和问题，即兴式访谈根据现场情况提出问题，有经验的访谈者会结合使用提纲式和即兴式两种方法。访谈通常采用"一对一"的形式，有时也可以采用"一对多"或"多对多"的形式。访谈对象包括有类似项目经验的人、干系人、领域专家等。应在信任和安全的环境下开展访谈，以获得真实可信、不带偏见的反馈。通过访谈可以了解干系人的隐性和显性、正式和非正式的需求和期望，涉及保密信息时，访谈是一种合适的方式。

5）标杆对照

在组织内外寻找标杆产品，观察或试用这些产品，分析这些产品的优势和不足，从而启发本项目的产品需求。

6）焦点小组

由事先通过资格确认的干系人和领域专家形成焦点小组，由一位协调者引导会议，开展互动讨论，从而了解人们对产品、服务或结果的期望和态度。

7）引导式研讨

参与者包括关键的、跨职能的干系人，目的是快速定义不同职能的需求，协调干系人之间的差异。这种方法有助于建立干系人之间的互信关系，提升沟通效率，快速达成一致。相比单独的会议，把这些人叫到一起，可以快速发现和解决问题。

8）问卷调查

事先编写调查问卷，通过线上或线下渠道发送给潜在用户。当受众广、人员分布在不同的地域、需要快速完成调查时，这种方法很有效。调查问卷的编制、发放、收集、整理和分析都需要用到专业的统计学知识。

9）观察法

观察法也叫工作影子法、工作跟踪（Job Shadowing）法。外部观察法就是站在旁边看，参与型观察法需要参与到具体的工作流程中。当用户不愿意或者不能说出他们的需求时，可以采用观察法。

10）原型法

在正式建造产品之前，为干系人提供目标产品的工作模型，允许干系人对模型进行一些操作，而不是空谈抽象的概念，通过这种方法收集干系人反馈，启发干系人需求。故事板是原型法的一种具体形式，使用图像或图示来展示网页、屏幕或其他用户界面的导航路径。原型法支持迭代开发，通过原型不断完善和优化需求。预测型方法在收集需求时也可以采用原型法来启发需求。

2. 需求文件

获得干系人的需求之后，要对需求进行整理和讨论，达成共识，形成需求文件，可以按照从高层级需求到详细需求来组织需求文件的内容。需求文件通常包括业务需求、解决方案需求、功能需求、非功能需求、过渡需求（Transition Requirements）、对项目执行过程的需求和质量需求等。

传统方法中对需求进行基准化管理。在基准化之前，需求文件需要达到完整性、一致性、可度量、可测试、可跟踪的状态，在获得干系人批准之后，形成基准。对基准进行变更，需要走正式的变更控制流程。

根据使用场景和项目产品类型的不同，需求文件有不同的形式，下面是常见的几种形式。

1）业务需求文件

业务需求文件（Business Requirement Document，BRD）详细说明项目产品将要满足的高层级业务需求、产品将帮助客户解决的问题以及产品所提供的关键特性。BRD通常包括：

- 项目需求概述。
- 项目的背景和理由。
- 业务SWOT分析以及项目产品如何融入业务。
- 项目目标。
- 成功标准。
- 财务说明，包括项目的资金来源和成本效益分析等。
- 项目范围和边界。
- 功能需求和非功能需求。
- 高优先级需求。
- 业务流程模型。
- 业务用例。
- 假设条件和制约因素。
- 项目的人员要求。
- 进度计划和完工日期。
- 基础设施要求。
- 产品运营模式说明。

2）产品需求文件

产品需求文件（Product Requirement Document，PRD）说明产品将如何实现BRD中定义的需求，通过捕获系统的预期行为来详细概述系统的功能。PRD从用户的角度编写，让用户了解产品可以做什么，包括功能性需求，也包括非功能性需求，如可靠性、安全性和可扩展性等。PRD通常包括：

- 产品的目标。
- 功能。
- 用户体验流程和设计说明。
- 系统和环境要求。
- 假设条件、制约因素和依赖性等。

3）用户界面需求文件

用户界面需求文件（User Interface Requirement Document，UIRD）描述系统用户界面的外观，通常包括样板截图和线框图，让用户了解系统完成后的样子，通常由用户界面设计团队编写。

UIRD通常包括：

- 内容如何呈现给用户。
- 用户导航。
- 准备使用的颜色代码。
- 要显示的提示、小窗和建议等。

3. 需求跟踪矩阵

需求跟踪矩阵（Requirements Traceability Matrix，RTM）提供了在整个项目生命周期中跟踪需求的一种方法，有助于确保需求文件中被批准的每项需求在项目结束时都能够交付。需求跟踪矩阵将每个需求与业务目的和项目目标联系起来，有助于确保每个需求都具有商业价值。需求跟踪矩阵也为管理产品范围变更提供了框架。

对需求的跟踪主要包括以下方面：

- 某项具体需求与业务目的的关系。
- 某项需求与项目目标的对应关系。
- 某项需求与项目工作分解结构元素的对应关系。
- 某项需求在产品设计中的对应关系。
- 某项需求在产品开发中的对应关系。
- 某项需求在测试策略和测试场景中的对应关系。
- 从高层级需求到详细需求的拆分和追溯过程。

需求跟踪矩阵还会记录每个需求的相关属性，如唯一标识、需求的文字描述、收录该需求的理由、负责人、来源、优先级别、版本、当前状态等，表5.1是需求跟踪矩阵模板的示例。

表5.1 需求跟踪矩阵模板的示例

编号	需求描述	业务目的	项目目标	WBS元素	设计	开发	系统测试	UAT测试
2.1	登录界面	用户需要访问受保护的内容	创建最小可行产品	2.1.1	已完成	已完成	测试用例2001	

在需求跟踪矩阵的每个节点，都需要有对应的文档或记录作为证据，如设计文件、测试方案、测试报告以及与该需求相关的问题记录等。使用需求跟踪矩阵的好处包括：

- 保证每个细化的需求都和项目的整体业务需求相关。
- 确保需求文件中定义的每个需求最后都能实现。
- 可以据此对产品需求和范围的变更进行有效管理。
- 向干系人证明需求已经实现。

4. 范围说明书

范围说明书描述了团队为了实现已经定义的需求所需开展的全部工作，主要包含以下内容：

- 产品范围描述。逐步细化在项目章程和需求文件中所述的产品、服务或结果的特征。
- 可交付成果。可交付成果是项目过程产出的一系列独特且可核实的产品、服务或结果，可交付成果既包括技术成果，也包括管理成果，如项目计划、报告和登记册等。
- 验收标准。可交付成果通过验收必须满足的条件。
- 项目除外责任。明确说明哪些内容不属于项目范围，这有助于管理干系人的期望。
- 假设条件和制约因素。

某老年公寓改造项目的范围说明书

一、产品范围描述：通过国家验收和业主验收的老年公寓，三层，120个房间。

二、项目可交付成果描述：① 旧楼装修拆除；② 完成设计；③ 签署分包商；④ 施工。（备注：由于篇幅所限，此处只列出了1级交付成果，实际文档通常需要列出2级和3级交付成果）

三、验收标准：（备注：针对每个层级的交付成果都需要有具体的验收标准）

1. 旧楼拆除验收标准。

2. 设计方案验收标准。

3. 大楼内外装修验收标准。

4. 电气设备验收标准。

5. 安保系统验收标准。

6. 消防系统验收标准。

7. 闭路电视系统验收标准。

8. 网络系统验收标准。

9. 大楼停车场验收标准。

四、除外责任：本项目不包括家具、绿化、装饰；不包括计算机设备、人员管理信息系统。

五、制约因素：

1. 必须考虑老年人生活习惯。

2. 必须在8月1日前通过验收。

3. 不能扰民。

假设条件：相关部门继续为该项目提供支持。

5. WBS

WBS是对项目团队为实现项目目标所需完成的全部工作的层级分解。WBS组织并定义了项目的总范围，代表着经批准的当前项目范围说明书中所规定的全部工作。WBS最底层的元素被称为工作包。创建WBS的步骤包括：

（1）识别和分析可交付成果及相关工作。通过阅读范围说明书即可获得相关信息。

（2）确定WBS的结构和编排方法。确定每个层级拆分的方式。比如，可以按照时间顺序拆分（如阶段1、阶段2、阶段3；步骤1、步骤2、步骤3），可以按照结构拆分（如模块1、模块2、模块3），也可以按照其他适合的维度进行拆分，如专业。

（3）自上而下逐层细化分解。逐层拆分，每次拆分之后，要用100%原则进行验证，也就是，所有子项加起来要等于父项，既不能多，也不能少。

（4）为WBS中的所有元素分配标识编码。通常根据元素所处层级和分支为其委派唯一的编码，如1.1，1.1.1，1.1.2等。编码有利于实现精准而简单的沟通和管理。

（5）核实分解的颗粒度是否合适。确保工作包满足以下标准：①可委派给一个具体的人员或组织；②可以对工作包的进度和成本做出可靠的估算；③针对工作包有具体的验收标准；④通常工作包所需持续时间小于80小时，也有的组织要求小于40小时。

图5.3是某办公楼改造项目的WBS示意图。

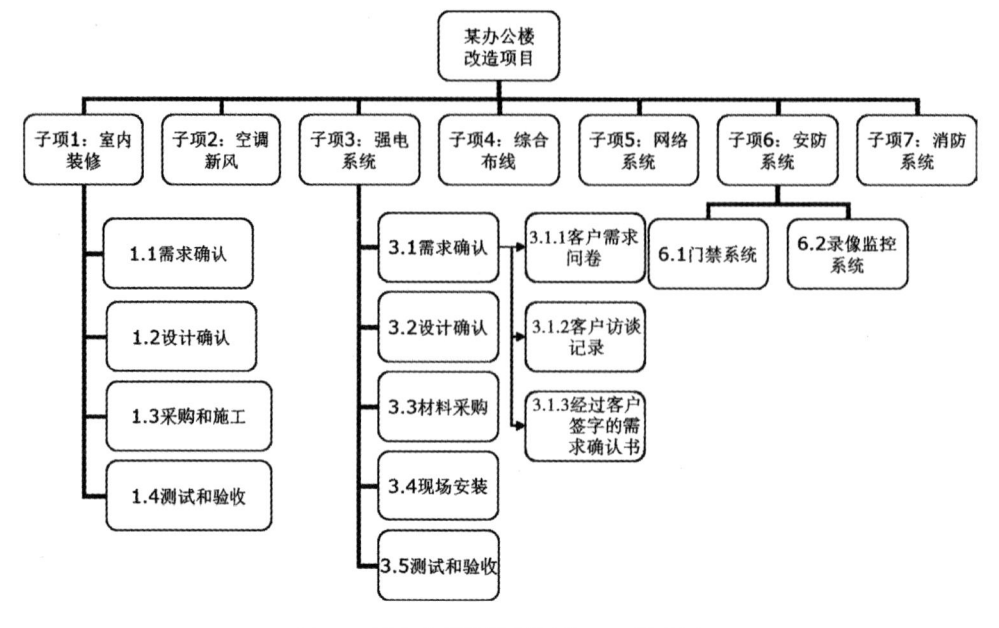

图5.3 某办公楼改造项目的WBS示意图

6. 控制账户

控制账户是WBS中设置的管理控制点，每个控制账户包括多个工作包。对于大型复杂的项目，WBS包含了太多的层级和太多的工作包，由项目经理自上而下管理各个层级显得不太现实，此时，在WBS的中间层级设置控制账户就非常必要。在这些控制账户上，收集和整合下属各个工作包的绩效数据，进行范围、成本、进度等多个方面的绩效测量。如果采用挣值分析方法，则需要收集控制账户中各个工作包的计划价值、挣值、实际成本，然后合计起来，评价该控制账户的绩效，如进度偏差和成本偏差。

7. WBS词典

WBS词典是WBS的支持文件，WBS词典针对WBS中的每个元素进行详细描述，当项目经理向成员委派工作包时，需要就WBS词典中的内容进行沟通，达成共同理解。WBS词典的主要内容包括：

- WBS的唯一标识符号。
- 对该WBS元素所需执行的工作的详细描述。
- 这项工作面临的假设条件和制约因素。
- 负责这项工作的组织、部门或人员。
- 对这项工作的进度要求或进度里程碑描述。

- 这项工作所包含的更小颗粒的进度活动。
- 这项工作所需的人力资源和实物资源。
- 对这项工作的成本估算。
- 对这项工作的质量要求。
- 这项工作的验收标准。
- 执行这项工作时可以参考的技术资料或文献。
- 客户合同中关于这项工作的具体要求。

经过分析和细化之后的项目范围说明书、WBS和WBS词典，在得到干系人批准之后就形成项目的范围基准，成为考核项目范围绩效的依据。对基准的修改必须遵循严格的变更控制流程。

5.3 建立进度基准

进度基准是经过批准的进度计划，包含项目和活动的基准开始日期和基准结束日期，团队据此安排工作。进度基准不能随意修改，如需变更，必须通过正式的变更控制流程。在项目控制过程中，把实际日期与基准日期进行比较，从而确定是否存在偏差。进度基准中通常会预留应急储备时间，用来应对风险。

可以用计算机软件如微软的Microsoft Project来创建进度模型。进度模型中包含更加丰富的信息，如活动的持续时间、活动之间的依赖关系、资源日历、资源负荷等。进度模型可以生成各种形式的进度计划，如甘特图、网络图、里程碑图等。

如图5.4所示，进度管理的过程可以简化为以下5个步骤，分别为：

（1）定义活动。将WBS底层的工作包进一步拆分为活动，并分析每个活动的属性。

（2）分析依赖关系。分析活动之间的依赖关系，并用网络图（如紧前关系绘图法）对关系进行表述。

（3）估算活动持续时间。采用合适的估算方法，确定每个活动的持续时间。

（4）优化网络图，制订进度计划。根据干系人要求或者合同要求，分析资源的可用情况和制约条件，对进度计划进行优化。获得干系人批准之后，形成进度基准。

（5）控制进度。在执行过程中，识别和管理进度偏差，根据需要采取纠正措施。

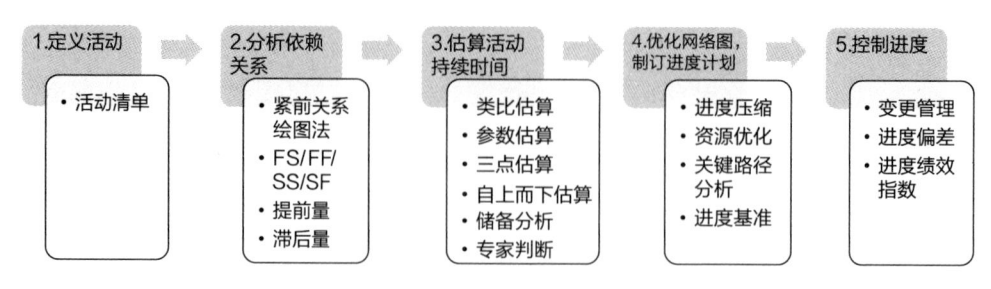

```
1.定义活动        2.分析依赖         3.估算活动          4.优化网络图,        5.控制进度
                  关系              持续时间            制订进度计划

• 活动清单        • 紧前关系         • 类比估算          • 进度压缩          • 变更管理
                  绘图法           • 参数估算          • 资源优化          • 进度偏差
                • FS/FF/          • 三点估算          • 关键路径          • 进度绩效
                  SS/SF           • 自上而下估算        分析                指数
                • 提前量          • 储备分析          • 进度基准
                • 滞后量          • 专家判断
```

图5.4　项目进度管理的基本步骤

前四个步骤旨在制订进度计划,形成进度基准,最后一个步骤对进度进行控制。本节讨论前四个步骤的关键工作、方法和文件,第5个步骤在第10章进行讨论。

1. 定义活动

定义活动是在WBS的基础上,把WBS底层的工作包进一步分解为颗粒度更小的活动,形成活动清单,通常需要邀请负责具体工作或有类似经验的成员参与分解。活动清单记录了每个活动的属性,包括活动的资源要求、强制性的进度要求、紧前活动、紧后活动等信息,便于展开后续的分析和估算。

2. 分析依赖关系

活动之间存在依赖关系,有些活动可以并行进行,有些活动必须串行进行,还有些活动可以局部重叠,可以用紧前关系绘图法(Precedence Diagramming Method, PDM)对这些关系进行分析和表述。在PDM中,用方框表示活动,箭线表示活动之间的关系,常见的四种关系分别为:

- 完成到开始(FS),只有活动A结束,活动B才能开始。举例:只有设备到货就绪(A),才能开始设备安装(B)。
- 完成到完成(FF),只有活动A结束,活动B才能结束。举例:只有课程讲解结束(A),课程的录制工作(B)才能结束。
- 开始到开始(SS),只有活动A开始,活动B才能开始。举例:在录制视频时要求,只有课程录制工作开始(A),课程讲解才能开始(B)。
- 开始到完成(SF),只有活动A开始,活动B才能结束。举例:只有售后服务(A)开始接手,项目组的工作(B)才能结束。

图5.5 是PDM网络图示例。图中活动E和活动G之间的关系是FS-2,表示活动E结束,活动G才能开始,另外,还存在两天的提前量。提前量是相对于紧前活动,紧后活动可以提前的时间量,也就是在活动E结束前两天,活动G就可以开始。图中活动A和活动B之间存在10天的滞后量,表示活动A结束后,需要等待10天,活动B才能开

始。滞后量是相对于紧前活动，紧后活动需要推迟的时间量，在这个时间量内不需要投入工作和消耗资源，如工程项目中等待水泥干燥的时间。

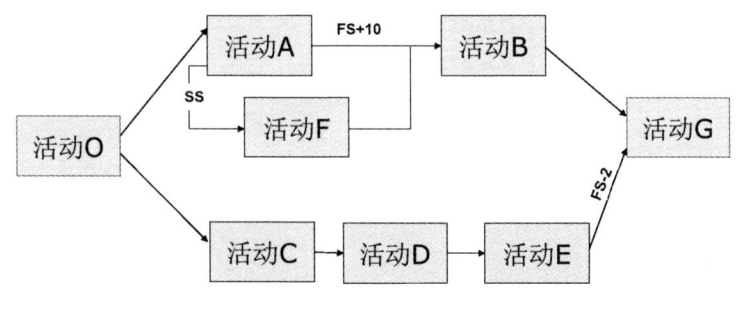

图5.5　PDM网络图示例

3. 估算活动持续时间

传统项目中常用的估算方法有以下几种，可以用来估算持续时间，也可以用来估算资源和成本。

1）类比估算

类比估算是一种粗略的估算方法，综合利用了历史信息和专家判断，在项目早期阶段或者在缺乏详细信息时使用。类比估算用过去类似项目或活动的数据来估算当前项目或活动的数据。比如，以前一个100平方米的家装项目耗时2个月，则当前100平方米家装项目的工期也估算为2个月；以前刷1000平方米的墙用了3天，则本项目中刷1000平方米墙的持续时间也估算为3天。类比估算的优点是成本较低、耗时较短，缺点是准确度较低。

2）参数估算

参数估算利用历史数据之间的统计关系，通过回归分析，创建数学公式或参数模型。在公式或模型中输入本项目的参数，得出本项目的估算值。比如，根据历史数据得出刷墙的时间=面积数÷速度×气温调节系数，其中，当前工人的速度为300平方米/天，当地的气温调节系数为0.9。此时，只需要输入面积数，就可以得出对刷墙时间的估算。

3）三点估算

三点估算源自计划评审技术（Program Evaluation and Review Technique，PERT），是基于三个数据点的估算，考虑了不确定性，提高了估算的准确性。三个数据点分别为最乐观值（t_O）、最可能值（t_M）和最悲观值（t_P）。可以通过分析大量的历史数据来识别三个数据点；当历史数据不充分时，可以通过专家判断来确定三个数据点。

三点估算计算公式为：

$$基于三角分布时，估算值 t_E = (t_O + t_M + t_P) \div 3$$

$$基于贝塔分布时，估算值 t_E = (t_O + 4 \times t_M + t_P) \div 6$$

4）自下而上估算

按照WBS结构自下而上进行估算、汇总或推导。首先，将活动进一步分解为步骤，对每个步骤的持续时间进行估算，推导出活动所需的时间。之后，根据活动的持续时间，推导出工作包所需的时间；根据工作包所需的时间，推导出项目所需的时间。当用自下而上方法对项目成本和资源进行估算时，可以采用自下而上逐层汇总的方式。当用自下而上方法对项目进度进行估算时，不能简单汇总，而是要分析活动之间的依赖关系，从而推导出上一层级所需的时间。

5）储备分析

项目储备分为应急储备和管理储备。应急储备是为了应对项目中的已知风险，具体的方法有百分比法、固定值法、定量分析法等。管理储备用来应对项目中的未知风险。比如，项目团队采用自下而上方法估算出的项目工期为100天，对风险进行分析后决定留取15天的应急储备，而公司PMO的规定中针对本类项目可以留取5%的管理储备，也就是5天，那么项目总持续时间就是100+15+5=120（天）。

6）专家判断

在项目管理的很多环节都需要使用专家判断的方法。专家指的是具备相关专业知识、具有相似项目经验、接受过专门培训、在特定领域具备敏锐的直觉和良好的判断的人士。在估算项目进度的时候，邀请的专家需要具备进度规划、管理和控制方面的知识，还需要具有项目所对应行业、学科和应用领域的经验，并且熟悉估算技术。可以邀请这些专家参加估算会议，也可以采用访谈等方式获取他们的专业建议。

4. 关键路径分析

每个活动的持续时间估算出来之后，放入进度网络图，就可以计算出网络图中每条路径的长度，其中，最长的那条路径就是关键路径。在简单的进度网络图中，一眼就可以看出哪条路径最长，而在比较复杂的网络图中，需要用正推法和倒推法来寻找关键路径。先计算出活动的最早开始时间、最早结束时间、最晚开始时间和最晚结束时间，然后算出每个活动的总浮动时间。总浮动时间为零的活动形成了项目的关键路径。

图5.6举例说明采用正推法和倒推法计算关键路径。首先按照图例，在每个活动的正上方标注这个活动的持续时间估算，然后采用能早则早的原则进行正推。在最早开始的活动（活动A、B、D）的左上角标注最早开始时间，三个活动都可以在项目开始后的第1天开始。活动B从第1天开始，持续时间为5天，所以在第5天结束。活动C前面只有活动B，所以活动B结束后活动C就可以马上开始，最早开始时间为第6天，持续时间为2天，所以在第7天结束。需要注意的是，遇到汇聚路径，如活动F，需要等待活动A和C都结束方可开始。以此类推，从左到右采用正推法算出每个活动的最早开始时间和最早结束时间。

最早开始时间	持续时间	最早结束时间
活动编码		
最晚开始时间	总浮动时间	最晚结束时间

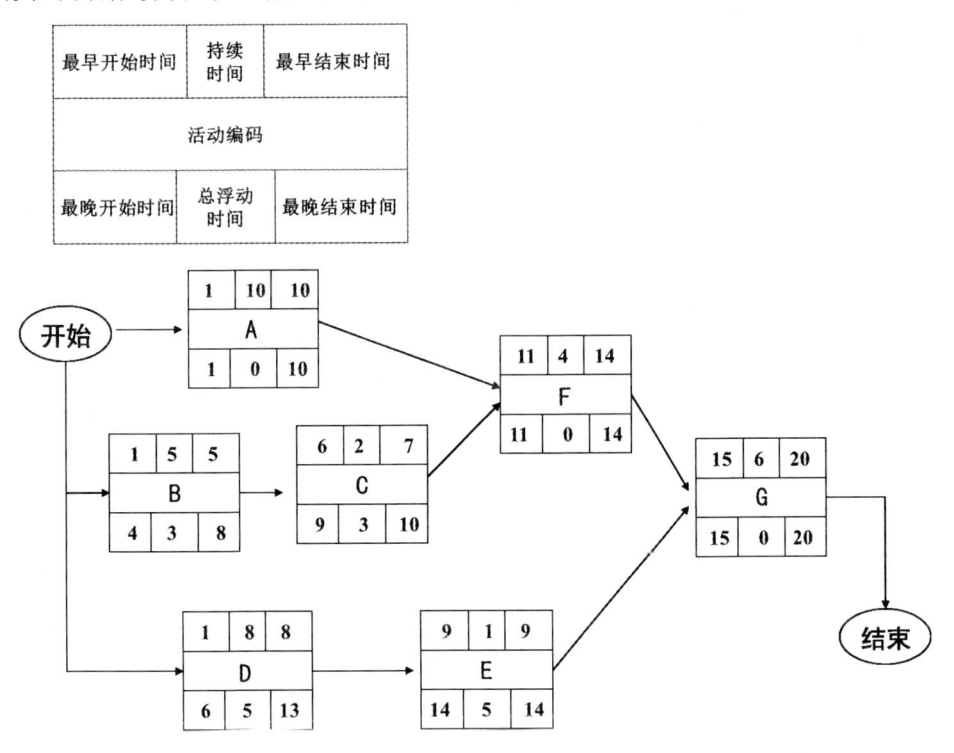

```
开始 → [1|10|10 A 1|0|10] → [11|4|14 F 11|0|14] → [15|6|20 G 15|0|20] → 结束
     → [1|5|5 B 4|3|8] → [6|2|7 C 9|3|10] ↗
     → [1|8|8 D 6|5|13] → [9|1|9 E 14|5|14] ↗
```

图5.6 关键路径计算过程举例

接下来采用能晚则晚的原则进行倒推，将网络图的最后一个活动（活动G）的最晚结束时间标注为第20天（和正推法得出的项目结束时间保持一致），采用能晚则晚的原则进行倒推，活动G的持续时间是6天，所以最晚需要在第15天开始工作。它前面的活动E只需在第14天完成工作即可，持续时间为1天，所以在第14天当天开始当天结束即可，以此类推，算出每个活动的最晚结束和最晚开始时间。

最后一步，用最晚开始时间减去最早开始时间，算出每个活动的总浮动时间。

比如，活动B的总浮动时间为3（4-1）天；活动A的总浮动时间为0（1-1）天。全部活动的总浮动时间计算出来之后，总浮动时间为零的活动形成了关键路径。本例中活动A—F—G组成的路径为关键路径。

关键路径是进度网络图中最长的路径，决定了项目的总工期。网络图中可能有一条关键路径，也可能有多条关键路径。项目团队在管理进度时需要额外管理关键路径上的活动，关键路径发生延误，项目的总工期就会发生延误。非关键路径上的活动在总浮动时间内发生延误不会影响项目的总工期。

5. 进度压缩

如果团队估算的项目总工期不能满足干系人的要求，就需要对进度进行压缩。进度压缩是对进度网络图进行分析、调整和优化的过程，在不缩减项目范围的前提下，缩短项目工期。进度压缩的主要方法有两种，即赶工和快速跟进。

1）赶工

赶工即通过增加资源来压缩进度，赶工应该针对位于关键路径上的活动，同时需要考虑这些活动是否具备"通过增加资源压缩进度"的特征。比如，对于刷墙的工作，增加工人可以压缩进度；而对于啤酒花发酵的环节，增加资源并不能压缩进度。赶工可能导致成本增加，所以在采用赶工方法时，需要考虑成本优化，也就是力图通过增加最小的成本，换取最大的进度压缩。赶工也可能导致风险增加，所以使用前需谨慎评估并做好风险应对规划。

2）快速跟进

快速跟进即把本来按串行顺序安排的活动改为完全并行或局部并行的方式来执行，以求缩短工期。比如，在安装大型通信设备的项目中，在硬件安装工作基本完成时（如只剩下安装门楣、绑线、打标签等工作），就可以同步开始软件安装工作。快速跟进主要针对关键路径上的活动展开，同时还需要考虑这些活动之间的关系是否允许并行或局部并行，通常外部依赖关系和强制性依赖关系都不允许快速跟进。比如，一款新药的研发，必须拿到监管部门的批文才能开始临床试验。快速跟进可能导致返工和风险增加，所以使用前需谨慎评估并做好风险应对规划。

6. 资源优化

资源优化是指对项目中活动的开始时间和结束时间进行调整，从而解决项目资源方面遇到的问题或满足资源方面的限制条件。

- 资源需求和供给不匹配。比如，某个活动需要2人，但目前只有1人。
- 资源的工作负荷过载。比如，小张在某一天被分配了需要16小时才能完成的工作。
- 项目成员负荷不均衡，出现突起突落。比如，根据进度计划，小张从周一到周三每天需要工作 12 小时，而周四和周五每天仅需要工作 4 小时。
- 项目对资源使用有限制性要求。比如，某项目规定每人每周的工作时间不能超过 45 小时。

常用的资源优化技术有两种，分别为资源平衡和资源平滑。采用资源平衡方法时，优先在活动的总浮动时间内进行调整，但根据需要也可能会突破总浮动时间，或者可能会调整关键路径上的活动，因此采用资源平衡技术时可能会为了解决资源问题而在工期上做出妥协，也就是可能会延长项目的总工期。采用资源平滑技术时，只可以在活动的总浮动时间内进行调整，因此项目总工期不会受到影响，但有可能资源问题并不能全部解决，或者对资源的限制要求并不能完全满足。

经过分析和调整之后的项目进度计划，在得到干系人批准之后就形成项目的进度基准，成为考核项目进度绩效的依据。对基准的修改必须遵循严格的变更控制流程。

7. 项目进度计划

项目进度计划（Project Schedule）也被称为项目进度表，其内容包括活动之间的关系、活动的持续时间、活动的计划开始日期和结束日期、活动所需资源、项目中的里程碑等信息。项目进度计划的呈现形式有甘特图、里程碑图和进度网络图。进度网络图表示了项目进度活动之间的逻辑关系，如本节前面展示的关键路径图，下面介绍甘特图和里程碑图。

1）甘特图

甘特图也称进度横道图，由亨利·甘特（Henry Gantt）发明。甘特图内在思想简单，以图示的方式通过活动列表和时间刻度形象地表示出活动顺序与持续时间。如图5.7所示，横轴表示时间，纵轴表示活动，横条表示活动从开始到结束的持续时间。

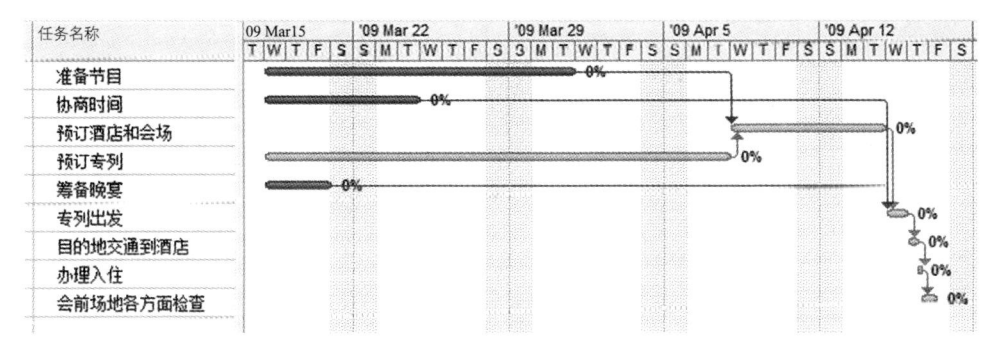

图5.7 甘特图举例

2）里程碑图

里程碑图简洁明了，只展示里程碑日期，也就是仅标示出主要可交付成果或一些关键事项的开始或结束时间。如图5.8所示，可以通过里程碑图快速、框架性地了解项目整体进度计划和进展情况。

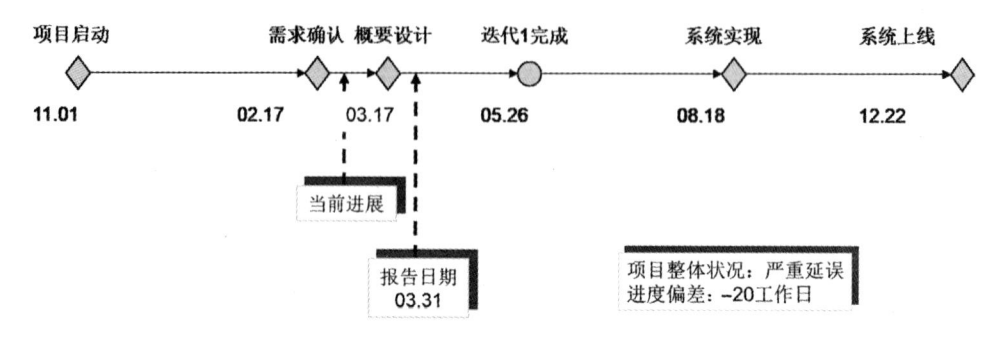

图5.8 里程碑图举例

5.4 建立成本基准

成本基准是经过批准的项目预算，也称完工预算（Budget at Completion，BAC），是考核项目成本绩效的依据。批准的项目预算需要进一步按照进度计划进行拆分，以确定每个时间段的批准预算，这样可以在项目执行过程中将实际成本和批准预算进行比较，得出当时的成本绩效，并根据情况及时采取纠正或应对措施。对成本基准进行调整，必须遵守严格的变更控制流程。如图5.9所示，项目成本管理的过程可以简化为以下三个步骤，前两个步骤旨在建立成本基准，第3个步骤对成本进行控制。本节主要介绍前两个步骤的关键工作、方法和文件，第9章将介绍控制成本中的挣值分析方法，第10章将讨论如何控制成本偏差。

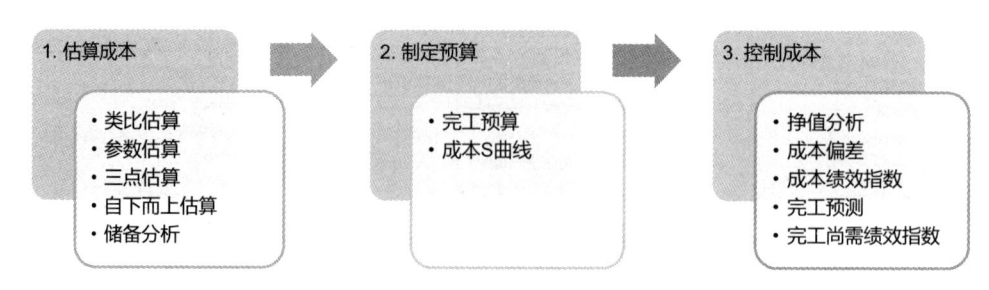

图5.9 项目成本管理的基本步骤

1. 估算成本

估算成本是对完成项目活动所需成本的量化评估，是在某特定时点，根据已知信息所做出的成本预测。在项目早期所做的估算，其准确度比较低，随着项目信息越来越丰富，项目实施细节被澄清，估算就会越来越准确，表5.2列出了三种常见的估算准确度级别。估算成本所用的方法与估算活动持续时间所用的方法相似，包括类比估算、参数估算、三点估算、自下而上估算和储备分析等，已经在前面一节做过介绍。

表 5.2　三种常见的估算准确度级别

名称	估算目的	估算方法	准确度	发生阶段
量级估算（Rough Order of Magnitude）	对项目成本所做的初步估算，以便决策层对项目进行初步筛选	类比估算	−25% ~ +75%	启动阶段
预算估算（Budget Estimate）	对项目成本所做的尽可能准确的估算，以便决策层为项目批复合理的预算	自下而上估算结合类比估算	−10% ~ +25%	规划阶段
确定性估算（Definitive Estimate）	随着项目信息逐步清晰而做出的估算，以便重新规划、调整和指导项目成本花费	自下而上估算	−5% ~ +10%	执行阶段

2. 制定预算

项目的成本估算被批准后，加上管理储备，就形成了项目预算。应急储备用来应对项目的已知风险，管理储备用来应对项目的未知风险。应急储备由项目团队根据对项目风险事件的识别和评估来决定留多少，管理储备通常按照组织或者PMO的规定进行预留。项目团队可以根据需要动用应急储备，但动用管理储备必须走正式的审批流程。项目的成本基准是用来考核项目成本绩效的依据，其中不含管理储备。对成本基准进行调整，必须遵守严格的变更控制流程。

项目的成本基准需要按照已经批准的项目进度计划进行分配，表5.3是一个示例，该项目的工期为6个月，项目成本基准为117万元，表格中的数字是对应工作每个月的批准预算，到完工时的预算为117万元，BAC等于成本基准。根据表中累计值一行作图，可以得出项目成本的S曲线（见图5.10）。成本S曲线是开展挣值分析的基础。挣值分析将在本书第9章进行详细介绍。

表5.3 某项目的成本基准　　　　　　　　　　　　　　　　单位：万元

月	1月	2月	3月	4月	5月	6月
CA1	1	2	3	4	2	1
CA2	1	2	3	4	2	1
CA3	2	3	5	8	3	1
CA4	1	2	3	4	2	1
CA5	1	3	6	4	2	1
CA6	1	2	3	4	2	1
CA7	1	2	3	4	2	1
CA8	1	2	3	4	2	1
当月	9	18	29	36	17	8
累计值	9	27	56	92	109	117

注：CA（Control Account），控制账户。在大型项目中，WBS中为了管理的便利，在WBS中人为设置的控制点。由于控制账户对更小的工作包进行管理，项目经理只管理到控制账户的层级。

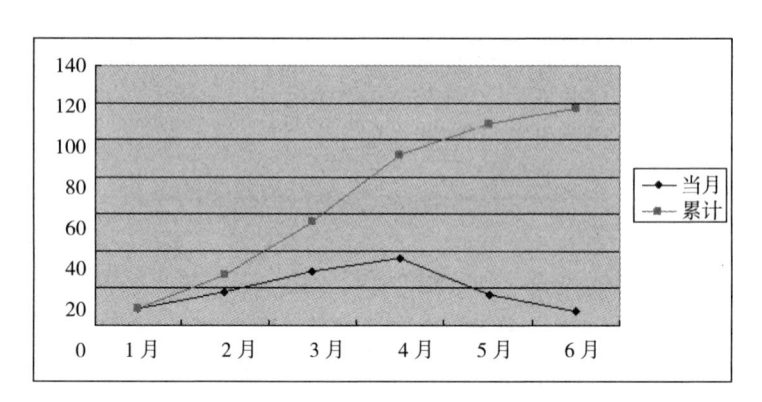

图5.10　某项目成本的S曲线

经过分析和细化之后的项目成本计划或项目成本的S曲线，在得到干系人批准之后就形成项目的成本基准，成为考核项目成本绩效的依据。对成本基准的修改必须遵循严格的变更控制流程。

5.5　项目整体绩效基准

前面分别介绍了项目的范围基准、进度基准和成本基准，可以把三个基准整合在一起，形成项目整体绩效的基准。挣值分析就是一种考核项目整体绩效的方法，可以同时测量项目进度绩效指标和成本绩效指标。如果不使用挣值分析，则可以把项目各方面的绩效进行测量，然后通过计算或整合，得出项目整体绩效。表5.4是某项目整体绩效报告。

表 5.4 某项目综合绩效测量报告

方面	基准	偏差说明	绩效指标	备注
范围	范围基准（范围说明书、WBS、WBS词典）版本 1.0	三个工作包不符合验收标准。有偏差，程度低，在容忍范围内	70分：黄灯	派技术员指导，返工，1周内完成整改
进度	进度基准版本 1.2	低，有进度偏差，但不在关键路径上，不影响项目总工期	90分：绿灯	接受，不整改
成本	成本基准版本 1.0	无偏差	90分：绿灯	各分包均为总价合同
整体	范围权重：0.3 进度权重：0.5 成本权重：0.2		84分：绿灯（70×0.3+90×0.5+90×0.2=21+45+18=84）	

注：
红灯——60分以下，超出干系人容忍范围。
黄灯——60~80分，不含80分，有偏差，但在干系人容忍范围内。
绿灯——80分及以上，没有偏差，或者存在微小偏差，不影响项目总工期和总成本。

5.6 整合项目管理计划

一份完整的项目管理计划除了包括以上三大基准，还需要包括对所采用的生命周期模型的说明和其他各个方面的计划。这些内容要进行有效整合，避免相互之间的冲突。整合完成的项目管理计划需要得到客户、项目团队、发起人和其他关键干系人的批准方可正式发布。

下面列出了一份完整的项目管理计划可能包含的内容，在实际项目中需要根据项目特征和干系人要求进行裁剪。其中，（1）~（2）项描述了项目的生命周期和开发方法，可参考本书第4章内容；（3）~（6）项为项目基准，可参考本章第2~4节内容；其他内容将在此做简要介绍和举例。

（1）项目生命周期说明。

（2）开发方法说明。

（3）范围基准。

（4）进度基准。

（5）成本基准。

（6）项目整体绩效基准。

（7）需求管理计划。

（8）范围管理计划。

（9）进度管理计划。

（10）成本管理计划。

（11）质量管理计划。

（12）人力资源管理计划。

（13）实物资源管理计划。

（14）沟通管理计划。

（15）风险管理计划。

（16）采购管理计划。

（17）干系人参与计划。

（18）变更管理计划。

（19）配置管理计划。

1. 需求管理计划

需求管理计划描述项目团队如何识别、分析、记录和管理项目需求与产品需求，主要内容包括：

- 采取什么方式收集需求。
- 采取什么方式整理、评估和选择需求。
- 采取什么方式记录和跟踪需求。
- 需求优先级排序的方式。
- 需求的接口人或负责人。
- 需求文件的格式和管理。
- 需求跟踪矩阵的格式和管理。
- 需求变更的管理程序。
- 如何确认需求的实现。
- 如果是基于客户合同的项目，如何管理合同中已经定义的需求和需要在项目中继续细化和发现的需求。

- 是否有与需求相关的测量指标,以及如何使用。
- 需求管理过程用到的相关工具、模板、流程、查对单等。

某俱乐部接待大厅改造项目的需求管理计划

一、项目生命周期模型

本项目采用瀑布式的生命周期模型,即需求收集工作主要集中在需求收集阶段,该阶段完成时形成项目需求文件。之后,该需求文件不得随意变动,增减和修改都需要经过项目经理的书面确认。

二、需求收集

需求收集工作在项目经理带领下,由俱乐部成员配合完成。调查需求的对象主要以俱乐部客人为主,另外,建议项目团队适当调查其他俱乐部的成员,听取他们的看法;建议团队调查尚未参加俱乐部的潜在客户,听取他们的看法。

需求收集采取两种方法:第一种方法是书面调查问卷,问卷的编写应该全面,并且为填写问卷的客户提供礼物。客户填写问卷时,要强调这是大厅装修的需求问卷,不是满意度评价,引导客户客观地填写问卷。第二种方法是举行活动,邀请客户和潜在客户来到俱乐部参加活动,就大厅改造出谋划策。

在收集需求的过程中,客户可能会提出和装修没有关系的需求,如对于服务的需求、对于产品的需求等,对于这些需求,项目团队应该仔细认真记录下来,归纳之后转交给负责服务提升的项目团队。

在收集需求的过程中,项目团队需要整理俱乐部收到的所有投诉,这些投诉也应该在项目中得到考虑。

要确定需求收集活动的截止日期。

三、需求评估

所有收集到的需求都应参与评估,评估由项目经理组织。需求优先级按照投票数排列,其中,现有客户的需求要优先考虑。如果有些客户的需求在本次改造中不能包括,项目团队要采取合适的方法与这些客户进行沟通,以免引发潜在不满。

需求评估完成后,要把本项目实现的需求清楚地列在项目需求表中;把本项目不考虑的需求列入未来项目需求中。

四、需求管理

尽管本项目采取了集中收集需求的做法,但在项目实施过程中,我们仍然欢迎所有相关人员提出新的需求。对于好的建议,在条件允许的情况下,将在本项目中考虑；如果条件不允许，则纳入未来项目考虑。增加新的需求，均需经过项目经理书面确认。

五、需求跟踪和检查

列在项目需求表中的需求，要逐条在项目中得到落实。项目经理负责逐条核对需求的落实情况，发现偏离，需马上提出纠偏措施，同时需要把逐条落实的过程记录下来。需求跟踪的几个主要环节包括设计落实、材料落实、施工落实、验收确认。

例如，如果项目需求表中有一个需求：大厅需增加香薰设施。则需要在设计图纸中找到对香薰设施的设计和布局；在材料采购单中，要检查该设施是否被采购，以及采购回来的设施是否符合要求；在实施过程中，要对香薰设施的安装进行检查和验收。

2. 范围管理计划

范围管理计划描述项目团队准备如何管理范围，包括如何定义范围、拆分工作包、确认范围、控制范围变更等。主要内容包括：

- 如何编写项目范围说明书，包括目的、步骤、模板和常见问题说明。
- 如何创建 WBS。
- 如何批准范围基准。
- 如何维护范围基准。
- 如何接收和批准已完成的可交付成果。
- 如何度量范围绩效。
- 如何管理范围偏差。
- 如何管理范围变更。
- 范围管理所需的模板、工具、方法等。

某俱乐部接待大厅改造项目的范围管理计划

一、制定详细项目范围说明书

在收集各方需求之后，应就需求进行分析讨论，最后确定哪些是本项目将要实现的需求，哪些将在以后考虑。针对本项目将要实现的需求，项目团队应制作方案建议书。在此过程中，团队要遵循以下原则：

- 确定方案时，需要征询客户代表、施工方、材料采购人员、物业管理人员等干系人的建议。
- 确定方案时，需要综合考虑大厅设计主题思想、成本和工期的要求，同时考虑施工队实际的工艺水平。
- 不要拘泥于传统的方案，可以想办法引入新的思想和观点。多去其他俱乐部走访，查看国内外俱乐部视频，和有国内外健身经验的客户交谈。
- 方案确定下来之后，需要得到俱乐部总经理的最终签字。签字之后的方案不得随意变更。

二、创建WBS和WBS词典

为了确实保证施工过程中没有漏项，杜绝返工，项目团队在实施阶段采用WBS形式来管理项目范围。根据总经理批准的项目实施方案，把所有工作按照结构化的方式列举出来，张贴在大厅墙面。每个小组的任务也需要小组长制定详细的WBS进行张贴。任何成员发现WBS中存在漏项都有责任向项目经理提出。

对于WBS中的关键任务需要提供WBS词典，对任务的材料要求、工艺要求、施工人员的要求、验收要求提出明确规范。在开工之前向任务负责人提供WBS词典，明确了解任务要求后再开始施工。对于哪些任务需要提供WBS词典，由项目经理决定。

三、维护和批准项目范围基准

本项目中，项目范围说明书由俱乐部总经理批准，项目WBS和WBS词典由项目经理批准。以上文件批准之后就形成了项目范围基准，施工过程中，任何人未征得相关批准人的书面同意，不得随意更改。

四、项目可交付成果的验收

项目中的任何任务完成之后，都需要经过验收。如果WBS词典中对任务验收有明确说明，则根据说明进行验收。如果没有，则走项目每日成果验收流程。由项目经理和施工负责人进行每日例行验收。经过验收之后，才可以进行下一工序。尤其是隐蔽工程，必须得到书面正式验收之后才能封口。项目实施大体完成后，组织初验；全部工作完成后，组织终验；通过客户代表体验和环保检测后，项目成果正式移交。

五、项目范围变更

为了把握大厅整体设计风格，控制进度、成本和质量，本项目对范围进行严格控制，不允许随意增加任何未经批准的工作，也不准随意删减工作。一旦发现偏差，必须迅速采取纠偏措施。

但是，本项目鼓励项目团队及所有干系人本着改善效率、追求卓越的目的，提出任何有利于俱乐部利益的变更。这些变更经过管理层评估之后，如果决定采纳，将由总经理和项目经理签字，发布正式变更通知。

3. 进度管理计划

进度管理计划描述项目团队准备如何估算工期、创建进度计划、管理进度偏差等，主要内容包括：

- 是否使用软件工具来创建进度计划（进度模型），如果采用，对软件进行简要说明。
- 项目中采用的进度管理方法，如关键路径法、关键链法、挣值分析法等。
- 计算单位说明，如小时、天、周等。
- 如何把 WBS 的工作包拆分为活动。
- 如何分析活动之间的依赖关系。
- 如何估算活动或项目的持续时间，项目中推荐使用的估算方法。
- 如何对项目进度进行优化。
- 如何预留和管理风险储备。
- 如何建立进度基准和确定进度控制临界值。
- 如何维护进度基准。
- 如何度量进度绩效。
- 如何管理进度偏差。
- 如何管理进度变更。
- 进度管理过程中需要用到的模板、工具、方法等。

某原材料管理程序改造项目的进度管理计划

一、项目进度模型的创建

本项目在创建项目进度模型的时候采用的方法论为关键路径法，使用微软公司的Microsoft Project软件工具。

二、项目进度模型的创建

项目进度模型中将明确每项活动的负责人，活动负责人需要在每个工作日后（午夜12:00之前）更新活动完工时间。模型中活动进度更新设置了权限，任务负责人只有权更新（和修改）所负责活动的实际进展信息，而无法更新所负责活动的计划时间，对其他活动只有查看权限而无更新权限。

三、估算方法和储备预留方法

虽然项目使用关键路径法，但在对各个项目活动进行估算时，需要识别活动持续时间的三个值，即最可能值、最乐观值和最悲观值，使用基于贝塔分布的三点估算法。因为这种估算方法已经采取了保守估计，考虑了风险，因此不在活动层面设置额外的应急储备时间。

四、时间计量单位的说明

项目中对每个活动的估算、规划及控制详细到0.5个工时。一个工时表示一个人一个自然小时。一个工作日表示8个工时。一周表示5个工作日，共计40个工时。

五、组织程序链接

项目中所有活动的编码均服从工作分解结构中的编码规则，并延续工作包的编码。在组织内部就本项目的活动进行沟通时，可以使用活动编码作为依据。

六、进度控制临界值

根据干系人要求，项目控制临界值规定如下：

- 跨阶段偏差为重大偏差。
- 关键路径上的活动的进度偏差超出阶段风险预留百分比，即为中等偏差。
- 非关键路径上的活动的进度偏差超出阶段风险预留百分比，由项目经理和团队来进行评估，根据对阶段完工和项目总工期的影响来确定偏差的严重程度。
- 偏离基准计划中的参数的10%为进度控制临界值。

七、绩效审查制度

本项目使用挣值管理方法来管理项目进度绩效和成本绩效。因此，需要在每日工作状态更新中，任务责任人填写当日工作完成百分比。进度模型将自动计算出活动的进度偏差（Schedule Variance，SV）和进度绩效指数（Schedule Performance Index，SPI）。

确定完成百分比的规则：一律采用0/20/50/80/100原则。其中，各个阶段的估算由任务责任人根据自行设置的内部里程碑来确定。项目经理对此进行抽查。

用于考核进展和进度管理的控制账户：项目经理每周在小组层面上进行进度绩效审查。每个小组即为一个控制账户。但是，小组组长需要每天考核各个任务的进展绩效，并根据需要采取纠正措施。

八、报告格式

项目经理每月向项目外部干系人提交项目工作绩效报告，其中包含测量进度的指标，如项目SV、SPI、趋势分析、偏差分析以及对未来工期的预测。

小组长每周五下午向项目经理提交工作绩效信息，包括小组工作的SV、SPI、趋势分析、偏差分析、整改措施和对未来工作的预测。

任务责任人每天通过项目管理信息系统向进度模型提交任务实际进展信息。如需提交额外信息，由任务责任人编写报告，会同其他要报告的信息，在每个工作日结束时，通过电子邮件形式发送给小组长，并设置自动接收反馈功能，以避免信息丢失。

4. 成本管理计划

成本管理计划描述项目团队准备如何管理估算成本、制定预算和控制成本偏差，主要内容包括：

- 采用的计量单位，如人民币元、美元、人天。对于材料成本可以采用货币值，也可以采用材料的计量单位，如吨、立方米等。
- 精确度。描述估算成本时如何取整，比如，某个项目中规定估算成本时精确到千位即可。
- 准确度。说明对活动进行成本估算时所要求的准确度，以及允许留出的应急储备的金额或人天数。
- 如何与组织程序进行链接。根据 WBS 的框架和对各元素的编号，与组织当前已有的会计系统建立链接，确保在估算成本、制定预算和控制预算时保持统一。
- 确定成本控制临界值。通常用百分比的形式来表示临界值，在临界值范围内的成本偏差不需要采取措施。
- 度量成本绩效的规则。如何在项目中使用挣值分析法来管控成本绩效。
    - 项目的 WBS 中是否设置控制账户，如果设置，分别是哪些。
    - 如何确定挣值，如采用加权里程碑法、固定公式法、完成百分比法等。
    - 如何跟踪成本绩效，如何计算项目完工估算（Estimate at Completion，EAC）。
- 对项目融资方案的说明。
- 如果涉及跨国贸易，说明处理汇率波动的方案。
- 如果涉及客户合同或采购合同，说明对合同成本风险的处理措施。
- 组织对成本管理的治理要求。
- 成本管理过程中用到的工具、方法、模板等。

某原材料管理程序改造项目的成本管理计划

一、计量单位说明

项目中人力资源的投入按照人天来估算和监控。具体每个人天的费率根据人员岗位和技能不同而不同，项目团队明确各岗位各种人力资源投入的技能级别，由项目行政助理按照公司当年统一费率进行核算。

项目中采购成本按照货币金额进行估算、监控和核算。外购人力资源全部采用总价合同，但项目团队需要记录外购人员实际在项目中投入的人天数，在项目结束时测算单位人天费率，为将来项目决策提供依据。

项目中境外采购全部以人民币或美元进行结算。项目中人力资源投入在估算、监控和核算时精确到0.5个工时。项目中采购支出精确到人民币0.01元或0.01美元。

二、成本估算的准确度

项目成本估算应该根据项目当前已有的信息，采取合适的估算方法。不同阶段对成本所做估算的准确度不同，项目团队在每次完成估算后，需要专门说明估算的准确度，并且根据准确度预留相关的应急储备资金。

三、组织程序链接

项目中所有的支出，在填写报销单或者支付申请时，必须提供项目编号、所执行任务的WBS编码、所在控制账户的账户编号等信息，并需有项目经理签字，否则财务部门不予受理。

四、成本控制的临界值

各控制账户只要有成本偏差就需要向项目经理报告，并经过商讨后确定是否采取纠正措施。项目层面上允许的偏差为±1%，超出1%就需要与发起人进行协商，并采取纠正措施。

五、成本绩效的度量规则

本项目在控制账户的层面上实施挣值分析。各控制账户负责人每周提交挣值报告及分析结果。

六、项目经理在成本管理中的注意事项

- 项目经理需要根据项目WBS确定需要采购的产品数量、种类和规格，同时应该在公司采购部门的帮助下，进行采购询价等活动，确定采购产品的成本。
- 项目经理需要制定所采购服务的工作范围说明书，并通过独立核算对所采购的服务进行预先估算。和产品采购合同一样，通常采取固定价格的合同

形式减少实施过程中的成本超支风险，同时应该对进度延误有相关的处罚条例。
- 公司内部人员的费率由财务部门根据上年度相关管理费用进行分摊核算；对于外聘人员的费率，采购部和人力资源部有可供参考的市场指导价格。项目经理根据项目WBS确定各类人员的技能、级别、在项目中的耗时。项目中，按时收费人员的实际成本和项目进度有很大的关系。当项目成本中此类人员的费用所占比例较大时，项目经理要在实施过程中严格控制进度，减少延误。
- 通常根据对项目风险的评估，留取适当比例的风险储备时间。

5. 质量管理计划

质量管理计划描述项目团队如何实施适用的质量政策、程序和指南以实现质量目标，包含项目需要遵循的行业标准与准则，以及项目管理团队为实现项目质量目标所需的活动和资源。质量管理计划的主要内容包括：

- 项目采用的质量标准。
- 项目的质量目标。
- 质量管理相关的角色与职责。
- 需要质量审查的项目可交付成果和过程。
- 质量控制和质量管理活动。
- 项目使用的质量工具。
- 与项目有关的主要程序，如不合格产品的处理程序、纠正措施程序，以及持续改进程序等。

某原材料管理程序改造项目的质量管理计划

一、质量方针和责任

我公司有明确的质量方针政策和成熟的质量管理体系，并且有专门的质量保证部门，负责质量方针政策的制定和维护、质量管理体系的建立和改进等工作。对公司业务运作流程中的每个环节，他们都会组织制定专门的质量标准和流程，并定期对流程的实施情况进行审核。对通过国家相关部门检查的产品或软件功能，一般都会有相关的国家标准对其进行规范管理。

本项目严格遵循公司的质量方针政策，并需要参考客户公司的质量方针政策。具体来说，如果项目中的工作都被包含在我公司的质量管理范围之内，则由公司质量保证部门的人员按照公司质量管理流程统一进行管理。但是，对于项目中特定的质量标准，则由专职的项目质量保证专员负责项目中质量标准的确定、质量管理计划的建立，并在实施过程中通过质量检查等手段保证项目的整体质量。在项目团队组织结构中，项目质量保证专员来自公司质量保证部门，直接向项目指导委员会报告，他们按计划检查项目团队中所有相关工作的质量。

二、质量保证

本项目的质量保证活动包括：

- 保证采购原材料、设备的质量。
- 保证项目产品的质量，包括产品的功能。
- 保证项目实施过程。
- 对环境、健康和安全的保证。

三、质量检验标准

对每个被检查的环节都应该有一个具体的检验标准。对有些关键环节的检验标准则需要技术人员、客户甚至聘请专家事先确定。对于过程的检查，使用过程查清单。

四、对质量检验结果的管理

质量检验结果、质量检验文件、质量偏差整改计划等相关文件均由质量保证专员统一保管并与相关责任人沟通。

6. 人力资源管理计划

人力资源管理计划说明如何组建项目团队、管理项目团队和解散项目团队，主要内容包括：

- 确定项目团队组织结构，如全职团队、兼职团队、项目型组织、矩阵型组织等，可以通过组织结构图来表达。
- 估算资源，确定所需人力资源的专业、级别和数量。
- 确定获取资源的方法，如内部招募、外部招募、外包等。
- 编制每个角色工作描述，包括角色、职责、能力要求、授权等。
- 培训策略。计划开展哪些培训，以及出现何种情况将考虑安排培训等。
- 团队建设策略。计划开展哪些团队建设活动，以及出现何种情况将考虑安排团建等。
- 人员雇用和遣散方案。说明人员将在什么时候、什么情况下到岗或离开项目，根据需要说明所需的雇用合同或其他协议。

- 奖励计划。项目中设置哪些奖励，获取奖励的条件或标准，奖励发放的时间和计划等。
- 对员工安全、工会协议、劳动法、劳动合同、组织人事制度等的考虑。
- 资源管理过程中需要使用的工具、模板、方法、流程（如请假流程）等。

某原材料管理程序改造项目的人力资源管理计划

一、综述

项目中人力资源的管理由项目经理负责，具体方法请参考我公司项目管理指导办法中相关过程描述、我公司人力资源管理相关政策。对于人员的调入调离均需得到相关职能部门经理的同意和认可。人员在项目期间的工作由项目经理负责安排和协调，并由项目经理在项目期间对成员进行绩效评估，评估结果将发送给职能部门作为参考，发给PMO备案。

二、角色和职责

（1）项目执行主管：项目执行主管代表我公司的管理层与客户的项目执行主管保持沟通，支持、监督项目执行，负责项目整体目标定位，为项目组提供支持和指导，并应项目经理要求协调相关资源。

（2）项目经理：与客户项目经理一起共同建立或完善项目计划，确保项目按期、保质进行；与客户项目经理一起负责组织协调项目各方的合作关系；负责调度、安排我公司的项目参与人员与资源；与客户项目经理一起定期向项目领导小组汇报工作进展，确保项目阶段性可交付成果的按期提交。

（3）项目经理助理：服从我公司项目经理的调度和安排，作为我公司的单一联络接口人与客户联络；在客户及我公司项目组之间传递、派发项目文档并确保文档质量。

（4）业务顾问：领导需求分析、流程细化、用例编写。负责在流程细化、业绩衡量及决策支持体系等方面给出有效建议并与对方业务顾问达成一致。

（5）系统架构师：负责需求控制和系统架构的建立，使之满足客户的业务需求。系统架构师对技术方案的合理性与有效性负有责任，是项目的主要技术负责人。

三、人员招募

本项目中所有开发人员均采用外包的形式。

四、人员遣散

成员所负责的项目工作结束后，将由项目经理正式发布遣散书和项目绩效考核结果。

五、培训计划

项目中将集中组织客户业务培训和技术方案培训，并展开持续在岗培训，培训时间表由项目经理安排，全体成员都必须参加。

六、奖励政策

项目团队每月进行一次小组绩效考评，根据考评结果进行小组奖励。

七、合规性

项目团队在人员招聘、奖励、加班等工作环节都需遵守相关法律和规定。

八、安全考虑

项目经理应该与公司EHS部门保持紧密联系，应保证项目团队成员在安全的环境中工作，并定期邀请EHS部门对项目环境进行审查。

7. 实物资源管理计划

实物资源管理计划说明项目团队将如何估算资源、获取资源、保管资源、使用资源及控制资源。实物资源管理计划需要与组织的物流系统和采购流程保持一致。实物资源管理计划的主要内容包括：

- 资源估算的方法和使用说明。
- 资源获取的途径。
- 资源获取的时间要求。
- 资源保存和领取的方式。
- 资源使用过程的监督。
- 资源问题的管理等。

某俱乐部接待大厅改造项目的实物资源管理计划

一、综述

项目资源主要分为人员、设备和材料。关于项目人员的管理将在人力资源管理计划中说明，本计划只说明项目实物资源的管理。本项目资源管理的目的是保证质量，保证及时供货，减少破损，降低成本。本项目中大部分实物资源管理的责任将通过分包合同转移给分包商，但项目经理和团队仍有责任从项目整体角度出发对资源进行有效管理。

二、资源估算

项目团队在项目范围基本确定之后就应该迅速开展资源估算，根据估算结果与各分包商和材料供应商签订合同。在合同条款中应该明确说明对于材料不足和材料过剩的处理原则。资源估算的过程、依据和结果应该作为项目文件妥善保管，以备审查。

三、资源获取

项目团队应该根据项目进度计划与各分包商和材料供应商确定货物到场时间，在合同中对到货时间进行明确说明。所有货物的运输过程及运输风险均由供货商负责。资源应该根据需要及时到场，过早到场和延迟到场的情况都要尽量避免。

四、资源管理

资源到场后的管理均由各分包商和供货商负责，应该派专人在现场管理，避免破损和遗失。如果发现错料、缺料，现场人员应该迅速联系厂商处理，避免延误项目工期。由项目团队负责的资源，如作业场所、电梯、电源等，根据现场作业的要求，提前提出，由项目团队督促资源及时到位。

五、控制资源

项目经理应该及时跟踪项目进展，预判资源方面的问题，如订货量不足、订货错误、货物供应延误等，及时采取措施，采用商务策略，利用人际关系技能，处理问题，最大限度地降低对项目质量、工期和成本的影响。

8. 沟通管理计划

沟通管理计划描述项目团队将准备如何传递信息，包括对沟通活动和沟通工件的定义。沟通活动包括会议、演示、会谈等，沟通工件包括项目文件和报告等。沟通管理计划定义了项目中计划开展的正式沟通，而非正式的沟通很难事先规划，但应给予鼓励。另外，项目经理还需要根据情况，及时展开临时沟通，而不能拘泥于沟通管理计划中定义的内容，比如，收到客户投诉，项目经理就应该迅速策划与客户的沟通。频繁的沟通对项目有好处，但过多的沟通会占用团队的工作时间，项目经理需要在这两个方面之间把握平衡。沟通管理计划主要包括以下内容：

- 干系人的沟通需求。
- 需沟通的信息（What）。
- 沟通的原因和目的（Why）。
- 沟通的时间和频率（When）。
- 发送者（Who）。
- 接收者（Whom）。
- 沟通渠道和技术（How）：电子邮件、新闻稿、社交媒体等。

- 保密信息的管理方式。
- 上报步骤/升级流程。
- 通用术语表。
- 报告清单和会议计划。
- 报告模板、会议指南、网站或信息系统使用指南。
- 来自法律法规、技术、组织政策等的制约因素。

某原材料管理程序改造项目的沟通管理计划

一、综述

项目中的沟通管理由项目经理负责，提倡开诚布公的沟通，避免信息阻隔、信息屏蔽和信息过滤等现象。项目团队需要学习专业的沟通技术，提高沟通的效率和效果。

二、对外沟通渠道

我公司项目团队与客户的正式沟通均由项目助理负责，项目助理是项目正式的单一对外沟通接口，负责发送和接收文档和信息、组织安排会议并发送会议文件。

三、正式沟通制度

项目中采取项目进度周报和项目周例会方式展开例行沟通。项目中鼓励团队内外的非正式沟通，但非正式沟通仅限交换意见，不得形成任何决议。正式沟通的具体安排见下。

1. 项目进度周报

我公司项目经理将在每周五下午5:00前向客户的项目经理以电子文档形式提交项目进度报告，内容包括：

- 项目状况汇总。
- 本周工作回顾（上周待解决问题落实情况）。
- 未来两周的滚动规划。
- 待解决问题清单。
- 每个项目核心成员本周主要的活动内容。
- 客户责任，项目进度报告的定期审阅与电子邮件方式的确认。

2. 项目例会

会议时间：由双方的项目经理根据实际情况共同协商，原则上在每周三举行。

会议发起方式：待双方项目经理确定时间、地点后由我公司项目经理在会议召开前两天通过电子邮件发出会议邀请。

会议参加人员：双方的项目经理，双方业务与技术的核心成员或代表。

会议内容：
- 上次项目例会决议落实情况。
- 面临的问题及解决办法。
- 下阶段工作重点及要注意的问题。

四、问题升级

项目实施中问题的及时解决对于保证项目进度、成本、质量及客户满意度至关重要。问题升级的目的并非问责具体责任人，而在于使项目双方的管理层意识到问题的存在和严重性，从而能够协调资源，确保问题的及时、正确和高效解决。

正式交流中未能解决的问题首先需要双方成员以电子邮件方式分别升级到各自组长，由组长对问题进行评估、协商缓冲时间并寻找解决办法。如果在缓冲时间内问题未能得到解决，由双方的组长根据问题对项目影响程度协商升级或暂时搁置。如果决定升级，需将问题及紧迫程度描述以电子邮件方式升级到各自的项目经理。

五、通用术语

项目中的沟通应该尽量使用通用术语，以减少误解。常用术语的定义如下，并将逐步更新。术语表更新由项目助理负责。

- SOW：工作说明书（Statement of Work）。
- PMP：项目管理计划（Project Management Plan）。
- RUP：统一软件过程（Rational Unified Process）。
- N/A：不适用（Not Applicable）。
- 开发：创作软件产品的所有活动。
- 供方：指我公司。
- 需方：指具体项目的需求方，在此指客户公司。
- 质量体系：质量要素需要达到的目标以及在开发过程中必须采取的措施。
- 可靠性：软件按照设计要求，在规定时间和条件下不出故障，持续运行的程度。
- 效率：为了完成预定功能，软件系统所需的计算机资源的多少。

9. 风险管理计划

风险管理计划描述项目团队如何开展风险识别、评估、应对和监督活动，主要内容包括：

- 风险管理战略。描述项目中将采用的风险管理的整体策略和方法。
- 方法论。确定用于开展本项目的风险管理的具体方法、工具及数据来源等，如是否采用定量风险分析方法（如蒙特卡洛分析）。
- 角色与职责。确定每项风险管理活动的领导者、支持者和团队成员，并明确他们的职责。
- 资金。确定开展项目风险管理活动所需的资金，并制订应急储备和管理储备的使用方案。
- 时间安排。确定在项目生命周期中实施项目风险管理过程的时间和频率，确定风险管理活动并将其纳入项目进度计划。
- 风险类别。说明如何对识别出的单个风险进行分类，通常会在本计划中提出项目适用的风险分解结构（Risk Breakdown Structure，RBS）。对风险进行分类，便于在应对的过程中对同类风险进行集中处理。
- 干系人的风险偏好。针对每个项目目标（如工期、成本、质量），把干系人的风险偏好表述成可测量的风险临界值。处于临界值之内的风险，干系人是可以接受的，超出的则不可接受。比如，项目工期为12周，干系人的临界值为±1周，那就表示工期为11～13周，干系人都能接受。
- 对干系人风险承受能力的定量描述，对风险概率和影响的分级进行定义，如怎样确定风险的影响程度为高、中或低。
- 概率和影响矩阵。通过该矩阵，综合考虑风险的概率和影响两个方面，从而确定风险的优先级排序。
- 风险管理过程所需要的模板、工具、表格等，如风险登记册、风险燃尽图、风险报告等。

某厂原材料管理程序改造项目的风险管理计划

一、风险管理的责任

所有成员和干系人都应该积极主动参与项目风险的识别、评估、应对。项目经理对项目整体风险负有责任，任务负责人对所承担的任务风险负有责任。

二、风险管理的方法

- 本项目采用定性风险分析方法，在进行风险识别和评估时，要查阅公司以往项目资料，避免重复出现以往项目出现过的问题。

- 识别风险时需要邀请以往有类似项目经验的人员参与。
- 评估风险严重程度时，需要邀请客户和其他关键干系人参与，听取他们对严重程度的判断，邀请他们一起参与风险的应对。
- 对于严重程度较低的风险暂时不采取应对措施，但应持续监控。
- 当项目中发生风险事件时，项目团队要根据项目风险应对计划采取行动，但可能需要根据当时的实际情况对应对措施做适当的调整。
- 如果发现风险应对措施不见效，应向上升级，及时开展风险审计。
- 所有识别到的风险都应录入风险登记册，要注明风险的提出者，在项目收尾时予以表扬。

三、时间安排

项目团队按照每周一次的频率对风险登记册进行审查，调整风险事件的优先级，去除已不复存在的风险事件，增加新出现的风险事件，重新审查风险事件发生的可能性和可能会造成的影响，重新审查风险应对计划。

四、风险概率和影响的定义以及概率影响矩阵

以下是在和干系人沟通的基础上确定的风险概率和影响定义，以及概率影响矩阵，适用于本项目整个生命周期中的风险管理活动。

影响级别定义如下：

- 很高/5——工期延误、成本超出40%以上。
- 高/4——工期延误、成本超出30%~40%。
- 中/3——工期延误、成本超出20%~30%。
- 低/2——工期延误、成本超出10%~20%。
- 很低/1——工期延误10%以内；成本超出10%以内。

概率级别定义如下：

- 很高/5——以前发生过5次。
- 高/4——以前发生过4次。
- 中/3——以前发生过3次。
- 很低/2——以前发生过2次。
- 低/1——以前发生过1次。

本项目的概率影响矩阵如图5.11所示。

概率		影响				
		很高 5	高 4	中 3	低 2	很低 1
	很高 5	高 25	高 20	高 15	中 10	中 5
	高 4	高 20	高 16	中 12	中 8	低 4
	中 3	高 15	中 12	中 9	低 6	低 3
	低 2	中 10	中 8	低 6	低 4	低 2
	很低 1	低 5	低 4	低 3	低 2	低 1

图5.11　本项目的概率影响矩阵

五、风险登记册（见表5.5）

表 5.5　风险登记册

项目主要风险应对计划								
优先级	编号	风险事件描述	类型	可能性（高/中/低）	影响（高/中/低）	可能受影响的WBS元素	应对措施	负责人/部门	计划解决日期

项目次要风险清单（观察清单）					
编号	风险事件描述	类型	可能性（高/中/低）	影响（高/中/低）	说明
	（略）				
项目整体风险程度	□很高　□高　□中　□低				
应急储备计提方法	□总成本的 □7%　□5%　□3%　□1% □固定金额：_____。				

10. 采购管理计划

采购管理计划描述项目团队将如何管理采购，包括如何与采购部门协作、如何招标、如何签署合同、如何与供应商合作、如何管理供应商关系、如何关闭合同等，主要内容包括：

- 如何确保采购活动与项目进度计划保持一致。

- 开展重要采购活动的时间表。
- 用于管理合同的采购测量指标。
- 与采购有关的干系人角色和职责；如果执行组织有采购部，项目团队拥有的职权会受到的限制。
- 可能影响采购工作的制约因素和假设条件。
- 司法管辖权和付款货币。
- 是否需要编制独立估算，以及是否应将其作为评价标准。
- 风险管理事项，包括对履约保函或保险合同的要求，以减轻某些项目风险。
- 优先选择的供应商清单。

某项目的采购管理计划

一、项目团队的采购权说明

项目团队有权决定项目中的哪些工作通过采购获取；项目团队有权提出采购预算要求；项目团队有权参与采购过程。

二、项目团队和采购部门的合作

以下是对项目团队和采购部门的职责的概要描述（见表5.6），实际工作过程中双方应该友好协商，除了公司特定授权，在其他事件上都应该开展无边界合作，以项目利益为主要出发点。

表5.6　项目团队和采购部门职责描述

项目团队职责	采购部门职责
确定采购事项	开展招标活动
编写采购工作说明书	建立和管理评标委员会
对潜在供应商进行评估	提供采购文件模板
参与合同谈判	对合同内容进行评审和把关
监控合同执行	签署合同
审查付款条件，向财务部门提出付款申请	协助项目团队管理供应商
记录供应商执行违约情况并保存证据	对供应商资质进行持续监控，及时发现风险

三、标准采购文件

- 招标文件。
- 合同。
- 供应商评价打分表。

四、合同类型

本项目只能采用固定价格合同。

五、选择标准（见表5.7）

表 5.7　选择标准

标　准	得　分	打分方法
价格	3	对比独立估算
技术方案	4	技术小组专家打分
项目管理方案	1	管理小组专家打分
项目团队	1	人员资质
成功案例	0.5	案例数量和金额
合作历史	0.5	采购部门打分
供应商资信	一票否决	第三方评估
合计	10	

11. 干系人参与计划

干系人参与计划描述项目团队如何管理干系人，如何找到正确的干系人，并且让他们积极参与到项目活动中，促成项目的成功。主要内容包括：

- 对项目干系人的定义。
- 干系人来源。说明参与本项目的内部部门、客户单位、供应商、协作单位、监管单位等。
- 如何识别和分析干系人，包括方法、时间频次、形式、参与人员等。
- 对关键干系人参与度的评估。
- 调动干系人参与的策略，包括额外的沟通计划。
- 需要干系人参与的活动的时间表，包括具体工作项，如提供数据、提供反馈、做出决策等。
- 监督和评估干系人参与的实际情况和效果。
- 干系人管理过程中使用的工具、方法、模板等，如权力—利益方格、干系人参与度评估矩阵、干系人登记册等。

表5.8展示了某项目干系人管理计划中关于调动干系人参与度的内容。

表 5.8　干系人参与计划示例

干系人	期望参与度	当前参与度	调动策略	效果跟踪
爱丽丝	领导	抵制	请发起人与之谈话，3月5日之前	
布鲁斯	支持	抵制	项目经理与之沟通，3月5日之前	
黛安娜	支持	支持	维持现有沟通计划	
弗兰克	支持	不知晓	邀请弗兰克参加3月3日的非正式会议	

12. 变更管理计划

变更管理计划描述项目团队将如何管理项目过程中出现的变更，描述在整个项目期间如何正式提交、评估、审批、采纳和执行变更请求，对变更控制委员会（Change Control Board，CCB）的建立和运行进行定义，记录CCB的角色、职责和权限，并说明如何实施变更控制系统。如果项目中包含了采购，变更管理计划还要包含关于如何处理与卖方相关的变更；如果项目是基于客户合同执行项目，变更管理计划需要包括如何处理客户合同变更。变更管理计划的主要内容包括：

- 对变更的定义。
- 变更控制流程，包括提出变更、评估影响、评审变更等环节，可参考本书第10章的描述。
- 对CCB成员的职责、行为准则、责任等的说明。
- CCB决策机制说明。
- 变更临界值，说明哪些变更由项目经理和团队自己决策，哪些需要提交给CCB，哪些需要客户或发起人参加，哪些需要提交给公司层级。
- 涉及供应商合同变更处理的规则和步骤。
- 涉及客户合同变更处理的规则和步骤。
- 变更管理过程中用到的软件、工具、模板、方法等，如变更日志。

某项目的变更管理计划

一、综述

项目中发生的变更，不论大小都需要走变更流程。项目经理对变更流程负责。所有的变更申请都需提交给项目经理，从变更申请被提交开始，就需要在变更日志中进行登记和跟踪。计划内变更在固定的时间（每周五上午）召开变更会议，紧急变更请在提交时做出说明，项目经理根据情况决定是否举行临时评审会议。已经被否决的变更，原则上不再进行重复审议。

二、变更管理的范畴

- 纠正措施和缺陷补救措施：为使项目工作绩效重新与项目管理计划一致而进行的有目的的活动；为了修正不一致产品或产品组件的有目的的活动。
- 预防措施：为确保项目工作的未来绩效符合项目管理计划而进行的有目的的活动。
- 新增需求：在需求文件得到批准之后，项目干系人提出的新需求，包括范围的增减、质量要求的改变、工期的调整等。
- 受控文档变更：对正式受控的项目文件或计划等进行的变更，以反映修改或增加的意见或内容。

三、变更管理流程（见图5.12）

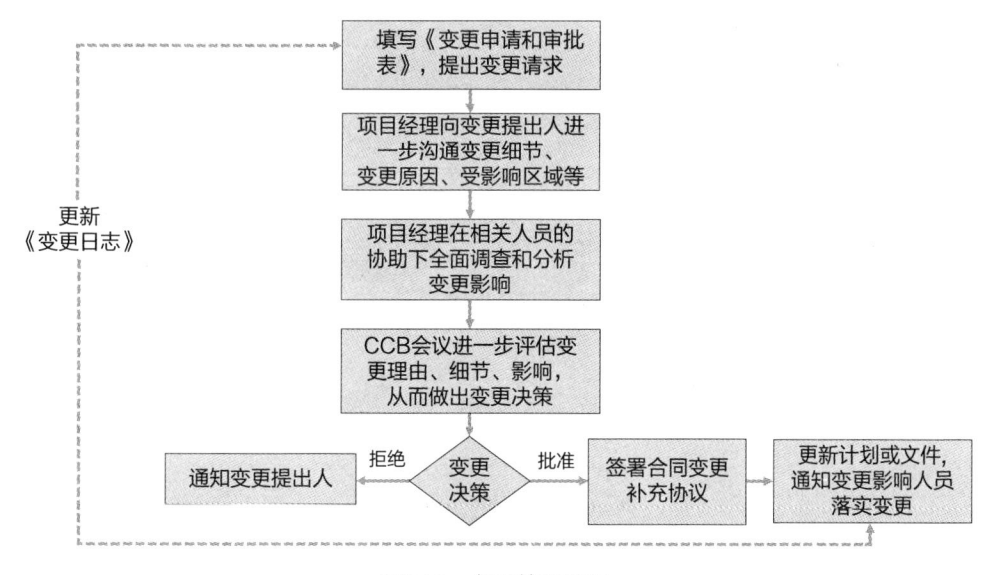

图5.12　变更管理流程

四、变更控制委员会（见表5.9）

表5.9　变更控制委员会

姓　名	角　色	责　任	授　权
老张	发起人	CCB主任	对变更做出最终决议
老李	高级用户代表	对变更引发的收益影响做出评估	对变更进行表决
老杨	技术负责人	对变更引发的技术影响做出评估	对变更进行表决
老李	商务经理	对变更引发的商务影响做出评估	对变更进行表决

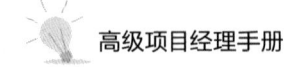

13. 配置管理计划

配置管理计划描述项目团队将如何对项目中的工件进行管理，包括对相关信息的记录和更新，从而保证各工件之间的协调一致，使得最终的项目产品、服务或结果能够被正确地创建出来，并正确地投入使用或发挥作用。

配置管理计划需要明确定义对哪些工件进行管控，这些被管控的工件一旦发生变更，必须走正式的变更控制流程。如果项目中用到采购或者分包，则需要在配置管理计划上进一步明确配置管理的模板和流程，使得买卖双方采用一致的配置管理过程。

某项目的配置管理计划

一、人员

本项目中与配置管理有关的人员包括项目经理、配置管理员、开发人员、CCB人员，具体如表5.10所示。

表 5.10　与配置管理有关的人员

职　　位	人员列表
项目经理	
配置管理员	
开发人员	
CCB 主席	
CCB 成员	

二、配置项选择标准

本项目在选择将哪些工件纳入配置项时考虑了以下几个标准：

- 主要包括需求文档、设计文件、程序代码、数据、工具等。
- 会被两个以上的项目成员共同使用。
- 会随着项目的开展而发生变化。
- 是项目重要的工作产品。
- 一些工件之间关系密切，比如，修改A就会影响B。

三、配置项列表（见表5.11）

表5.11 配置项列表

序号	基 线		配 置 项
1	功能基线		软件研发任务书
2	分配基线		软件需求规格说明
			软件接口需求规格说明
3	设计基线	概要设计基线	软件概要设计说明
			软件接口概要设计说明
			数据库概要设计
4		详细设计基线	详细设计说明
			接口详细设计
			数据库详细设计
5	测试基线	编码和单元测试基线	单元测试报告
			单元测试说明
			源代码
6		集成测试基线	集成测试说明
			集成测试报告
			可执行程序
7	配置项测试基线		程序员手册
			用户手册
			产品规格说明
8	产品基线		对外发布的产品

四、基线的变更

当发生下列情况时，需要对基线进行变更：

- 在基线中增加一个配置项。
- 在基线中删除一个配置项。
- 配置项的名称发生变化。
- 配置项的编号发生变化。
- 配置项的来源发生变化。
- 配置项的版本发生变化。
- 配置项的验收标准发生变化。

当发生上述情形时，项目经理应编制相关的变更请求，经CCB批准后方可实施变更。

五、配置管理报告

项目中定义的配置管理员需要在下列三种场合提供配置管理报告：

- 每周提供当前的配置管理记录。
- 基线确认和验收前提供待确认或验收的配置管理记录。
- 变更发生前提供受影响基线的当前配置管理记录。

六、配置管理工具的地址和使用方式介绍

……

5.7 项目开工会议

在项目计划阶段即将结束、项目执行阶段即将开始之时，举行项目开工会议（Kick-off Meeting）已经被证明是一项良好的实践。项目开工会议通常由项目经理主持，参会者包括客户、项目团队、供应商以及其他干系人，应该邀请实际参与项目工作的人员和有权做出项目决策的人员参加会议，这些人员缺席可能导致会议不能起到预设的效果，如某些工作无法落实，某些事项无法确定。相反，如果邀请了不参与项目实际工作并且没有决策权的人员参加会议，可能导致会议混乱、拖沓和浪费时间。

项目开工会议的目的是向项目团队和干系人宣讲项目目标，传达项目计划，明确角色和职责，动员热情参与并获取承诺。小型项目可能采用非正式的形式来举行项目开工会议，大型项目可能需要采用正式的形式，工期较长的项目可能需要在每个阶段开始的时候都举行一次开工会议，因为各个阶段的参与人员可能不同。以下列出项目开工会议可能包含的内容，实际工作中还需要根据项目特征和干系人要求进行调整。

- 介绍：项目经理自我介绍（5分钟）。
- 项目目标和背景（10分钟）。
- 项目范围：项目将提供的最终成果（10分钟）。
- 项目进度计划：包括项目生命周期模型和关键里程碑（10分钟）。
- 项目角色和职责：项目团队中的关键角色、客户关键角色、供应商关键角色、其他关键角色（20分钟）。
- 项目团队章程：协作方式、基本规则等（10分钟）。
- 项目关键风险（10分钟）。
- 讨论和问答环节（20分钟）。

- 各方代表做出承诺（每人 3 分钟）。

项目团队和干系人对项目的目的、范围、进度、风险等建立了共同理解之后，才有可能在后续项目执行过程中开展顺畅的协作。开工会议是与团队和干系人共享项目信息的最好时机，会议要确保所需的人员都参与进来，并鼓励他们积极承担责任。很多项目问题都是由于没有召开项目开工会议或者开工会议召开不成功而造成的，如项目计划执行不下去、客户方面没有明确的项目对接人、供应商不能与项目团队紧密协作、其他部门的人员不配合项目工作、团队成员没有意识到项目的重要性等。因此，不论以何种形式，项目经理都应该设法举行有效的项目开工会议。对于虚拟团队来说，如果有机会举行一次面对面的会议，那就把项目开工会议安排成面对面会议。

本章情境思考题

小张被委派负责一个溜冰场重建项目。这个溜冰场已经使用了20多年，各种设备都已经老化，三年前决定闭馆重建。一家承包商拿到了这个项目，计划一年内完成重建工作，但最后这个项目失败了。三年后业主决定重新招标，小张的公司以低价拿到了这个项目。在审查了上一个分包商留下的烂尾工程后，小张发现的主要问题有：

- 制冷系统用的是铜制管道，部分裸露的铜管被人切断偷走了。
- 溜冰场地基是斜的，东西斜差有近1米，较深的一侧不能结冰。
- 上一个供应商在浇筑混凝土的时候，部分区域用水稀释了，加过水的一端裂纹蔓延。

目前，小张的项目需要在一年内完成，相比上一个分包商，小张的项目更为复杂，因为需要先把烂尾工程留下的无用东西拆除清理。本项目中，业主要求拆除氟利昂制冷系统，替换为盐水制冷系统。因为这个项目的造价太低，小张的公司很难盈利，所以小张的公司向客户提出了建设加运营的合作模式。

思考：作为基础建设类项目，小张决定采用传统瀑布方法来管理该项目，请你帮助小张制订项目计划。注意，任何项目都需要邀请领域专家、客户和团队骨干等干系人一起制订计划，这样做不仅有助于提高计划的质量，而且可以使执行过程更加顺畅。

第 6 章
敏捷项目的规划

项目经理和关键干系人应该先评估项目的复杂度，根据复杂度选择合适的开发方法，确定项目的生命周期模型。如果选择了传统预测型方法，则在项目规划阶段需要完成大量的规划工作，具体如本书第5章所述。如果选择了敏捷方法，则需要采用本章所述的规划方法。如果选择了混合方法，则需要在项目的不同模块或子项中采用不同的规划方法。

采用敏捷方法的项目，因为项目的变数太多，所以在项目早期的规划工作较少，只提出方向性和框架性的规划，详细规划发生在项目执行过程中。本章介绍的规划工作既包括项目早期的框架性规划工作，也包括项目执行过程中的详细规划工作。图6.1说明本章在整本书中的位置，同时说明管理项目的基本路线。

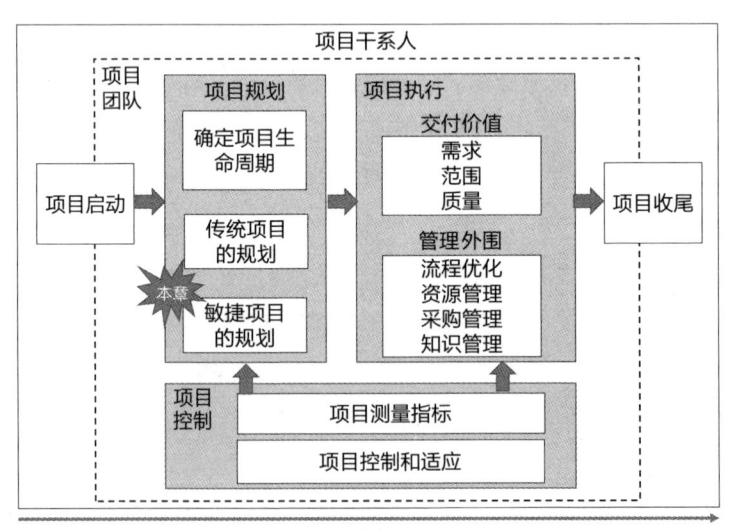

图6.1 融合传统方法和敏捷方法的项目管理路线

6.1 敏捷规划的层级

对敏捷规划自上而下的分层方法主要有两种。第一种方法把敏捷规划分为六个层级，如图6.2所示。

- 战略规划：说明组织的商业目标，并将其付诸实施。
- 产品组合规划：为了实现战略，选择开发哪些产品。
- 产品规划：开发的产品需要实现哪些需求，具备哪些功能。
- 发布规划：本次发布需要交付哪些功能。
- 迭代计划：本次迭代准备开发哪些功能。
- 每日计划：今天要完成哪些工作。

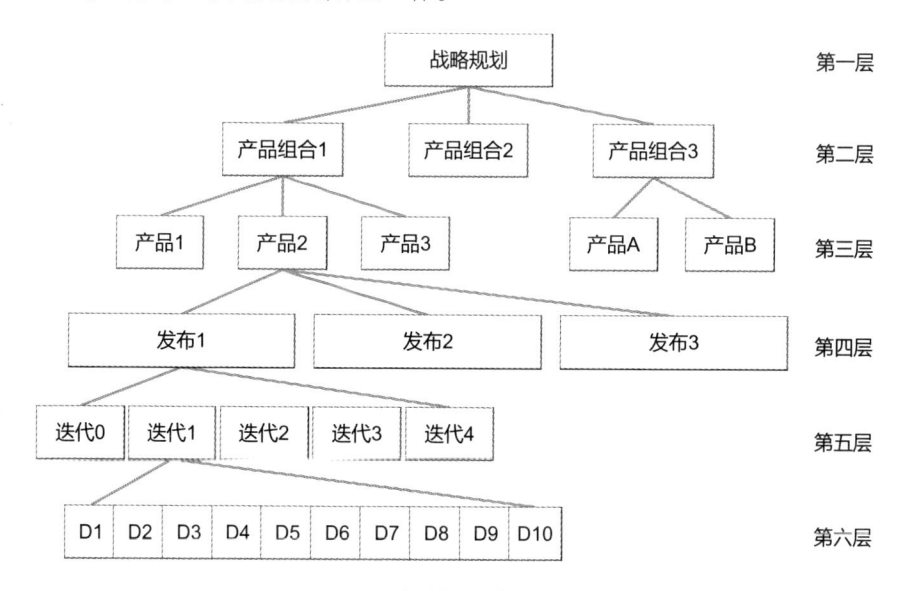

图6.2 敏捷规划的六个层级

在以上的六个层级中，战略规划和产品组合规划主要由组织的决策层完成，产品规划和发布规划主要由产品负责人和关键干系人一起完成，迭代计划和每日计划主要由项目团队自己制订。发布规划的长度通常为3~6个月，迭代计划的长度通常为2~4周。

第二种方法是把敏捷规划分为五个层级，所有五个层级都在项目层面。如图6.3所示。

- 产品愿景。
- 产品线路图。

- 发布规划。
- 迭代计划。
- 每日承诺。

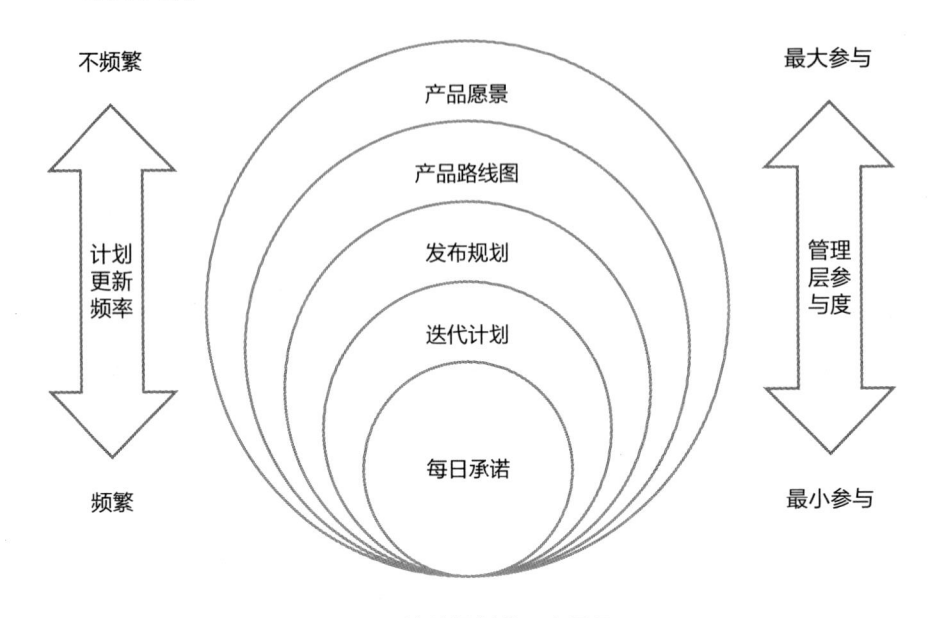

图6.3 敏捷规划的五个层级

五个层级的计划自上而下更新的频率逐渐增加，愿景层级的计划由于是高层级的，所以较少更新，而到了每日承诺，则需要每天更新。自上而下管理层的参与度逐渐降低，产品愿景必须有管理层参与，并且需要获得他们的批准。到最下层的每日承诺，则管理层基本不再参与，由开发团队在迭代计划的指导下，通过每日站会的形式自己做出承诺。下面依次介绍这五个层级。

1. 产品愿景

产品愿景（Product Vision）是对产品期望的高层级综合描述，包括目标市场、用户、产品差异化、主要收益等。产品负责人带领创建、沟通和维护产品愿景。一份清晰而鼓舞人心的产品愿景可以激励团队、客户和其他干系人，同时形成对前进方向的共同理解。另外，产品愿景还可以帮助产品负责人决定产品中应该包含哪些功能和不包含哪些功能。

产品愿景板是构建产品愿景的一个工具，由敏捷专家罗马·皮克勒（Roma Pichler）提出。产品愿景板是一种可视化工具，可贴在墙上，时刻提醒项目团队和干系人。产品愿景板的内容包括目标群体、需求、关键功能和商业目标等。图6.4是产品愿景板示例。

产品名称：某 PMO 俱乐部周末沙龙			
愿景陈述：（一句话描述谁将受益，如何受益）项目管理人员将得到解决实际问题的建议和心理疏导。			
目标群体： ● 乙方项目经理 ● 乙方项目总监	需求： ● 处理紧张的客户关系 ● 缓解来自客户的压力 ● 让工作快乐	产品特征： ● 深度会谈（Clearness Committee）模式 ● 行动学习	商业目标： ● 俱乐部会员费 ● 教练费

图6.4 产品愿景板示例

产品愿景板在项目早期可以让团队和干系人关注高层商业逻辑，而非纠结于具体设计和实施细节。产品愿景板不仅可以校验产品的市场需求、客户价值和商业价值，而且为包括投资人、客户、团队在内的所有关键干系人构建明确的前行方向和积极的前行意愿。

2. 产品路线图

1）产品路线图的概念

产品路线图（Product Roadmap）立足于产品愿景，展示了产品开发演进路径中的高层级时间框架，包括了里程碑、关键事件、审查点和决策点，告诉团队成员和干系人项目将通过哪些步骤到达目的地。产品路线图是高层级的计划，为制订进一步的计划提供了框架和依据，主要包含发布节点和每次发布的主要目的和功能。每次发布包含的更为具体的功能则在发布层的规划过程中确定。产品路线图也是项目团队和组织管理层以及其他干系人进行沟通的重要工件。

产品愿景和产品路线图属于产品战略的组成部分。产品路线图是一个动态的文档，需要随着市场趋势和客户偏好的变化而变化。虽然敏捷方法倡导"拥抱变更"，但并非对变更不做管理。对产品愿景和产品路线图的变更需要经过充分的讨论，并且需要得到管理层和出资人的认可，以确保修改后的产品战略仍然具有商业意义，并满足组织的投资回报预期。

在敏捷项目中，由产品负责人制作产品路线图，显示预期的可交付成果序列。在创建产品路线图时，对需求、工作量、优先级、完成时间的估算不要求也无法做到精确，这些内容随着项目的开展而不断细化和调整。在项目执行过程中，产品负责人通常需要根据项目团队的实际成果和外部因素的变化重新规划路线图。图6.5是产品路线图示例。

发布 1Q1	发布 2Q2	发布 3Q3
Web App 用户管理 工资表模块	安卓 App 报告模块 数据总表	ios App 请假模块

图6.5　产品路线图示例

通过产品路线图，产品负责人概述了产品的功能、产品的演进过程和潜在的发布日期。作为一份高层级的、指导性的文件，产品路线图需要有一定的包容性，能够包容一些幅度不大的变更，能够涵盖产品的正常演进。

产品路线图在产品开发过程中起着重要作用，包括：

- 作为项目团队制订更详细工作计划的依据。
- 确保每日工作持续对齐商业战略、聚焦目标。
- 帮助确定任务的优先级。
- 理解当前开发进展情况。
- 作为解决团队冲突、达成共识的重要参考。
- 增进团队内部与外部之间的透明性。

2）工具介绍：影响地图

影响地图（Impact Mapping）由乔基科·阿德兹克（Gojko Adzic）提出，是一种战略规划工具，可用于制定产品路线图和确定产品功能，如图6.6所示，影响地图的思维结构为"Why-Who-How-What"。

- Why：我们为什么做这些？我们试图达成什么业务目标？业务目标通常跟用户数、业务量、转换率、客单价、复购率等指标挂钩。
- Who：为了达成目标需要考虑哪些人？谁能对产品产生影响？谁会阻碍产品的开发？谁是产品的消费者或用户？谁会被产品所影响？
- How：这些角色如何帮助或阻碍项目达成目标？期望这些角色产生的影响是什么？只列出对目标最有帮助的影响，而不是试图列出所有角色的所有影响。需要注意的是，这个层级讨论的影响指的是角色的业务流程，而不是软件产品的功能。业务发起人负责对角色及其影响进行优先级排序。
- What：我们需要做什么？作为组织或交付团队，我们可以做什么来支持影响的实现？这个层级的内容应该在迭代过程中逐步完善。需要注意的是，并非所有列出来的产品功能都需要交付，而是要对其进行优先级排序。

第 6 章 敏捷项目的规划

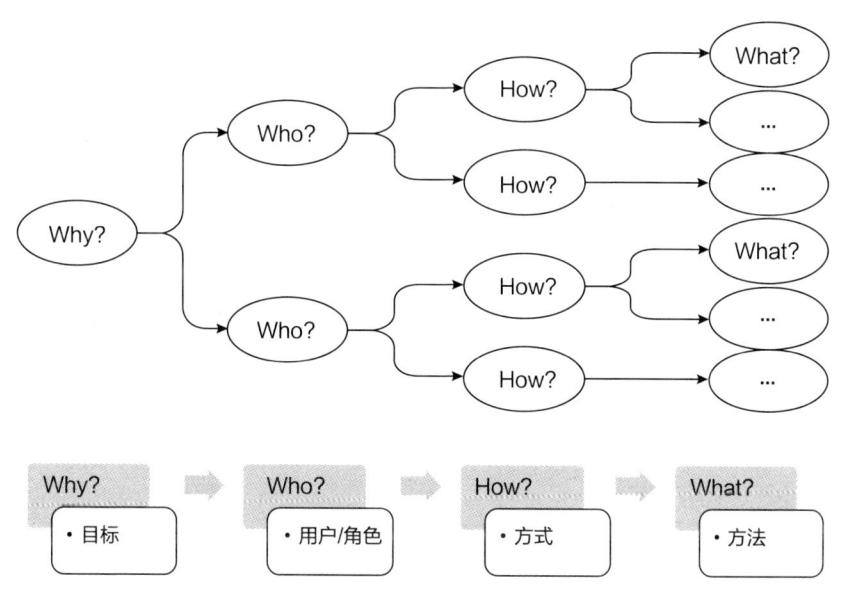

图6.6 影响地图

图6.7 是影响地图示例。影响地图有助于确定产品需要包含哪些功能，并且根据优先级将功能分配到产品路线图的各个发布中，需要注意的是，和敏捷方法的其他工具一样，影响地图也应该根据情况的变化进行及时更新，以确保其有效。

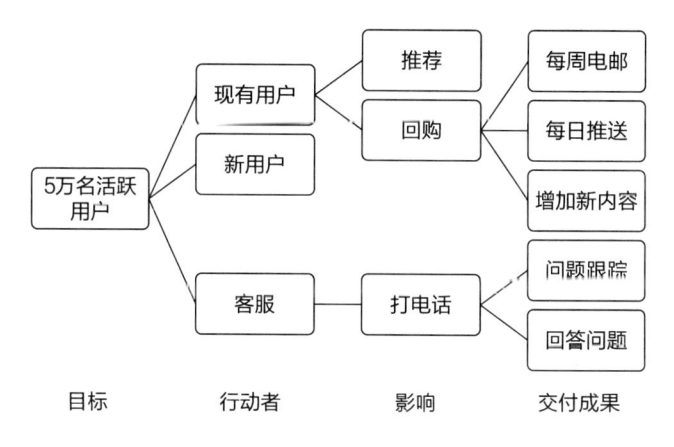

图6.7 影响地图示例

影响地图有助于开展以下工作：
- 帮助项目团队寻找和决定为达成目标，产品所需的功能与特性。
- 对产品的某个特性如何有用、如何支持目标做出直观的描述，可以据此分析优先级。

- 影响地图是团队讨论的工具，通过影响地图分析，可以发现不同干系人的偏见及其对交付成果的影响。
- 避免在构建产品的过程中迷失方向，或者被某些强势的人挟持，或者被某些看似诱人的功能带偏方向。
- 影响地图是动态的，可以及时发现新因素的出现，及时发现已经过期失效的因素，随时提醒团队和干系人进行更新，并就更新进行及时沟通。
- 避免在开发过程中的过度开发和范围蔓延。
- 可以根据影响地图，向客户和其他干系人报告项目进展。
- 基于影响地图，可以识别成本太高且不可能完成的业务想法，并且立即停止。
- 影响地图为业务发起人提供了全局视图，可以促进发起人和团队之间的信任与合作。
- 影响地图有助于项目团队和干系人的沟通。让成员始终明晰产品愿景和目标，让干系人始终明晰团队在做什么，以及为什么做这些，在项目团队和业务团队之间搭起了可见的桥梁。
- 对于客户项目来说，项目团队和客户一起编制影响地图，可以增进了解，促进客户对需求的深入了解和优先级排序，避免客户基于地位而提出无价值或价值不大的需求。

3. 发布规划

1）发布规划的概念

发布规划（Release Plan）描述产品路线图中所定义的每个发布版本的主题、功能、特性或故事。发布规划的目标是为有关项目范围、进度和资源的问题确定适当的答案。发布规划不仅关注功能，还关注进度、资源和成本，如此才能获得预期的商业成果。基于明确定义的发布规划，团队能够更有把握地预测版本交付的时间计划（不同的敏捷方法对产品功能的称呼不同，有的称为"功能"，有的称为"特性"，有的称为"故事"，为简单起见，本书后续根据场景选择其中一个较为合适的称呼）。

发布规划包含本次发布的目标、发布日期、按优先级排序后的产品待办事项列表（特性或用户故事的列表）。每次发布，团队交付一个可工作的软件给客户使用，满足客户的期望和目标，实现预期产品价值。

通常来说，一个发布规划可能会覆盖3~6个月的时间长度，可能会包含3~12次迭代。在有些环境中，对发布的要求更为频繁，甚至每次迭代结束后就要进行发布。一次迭代所实现的功能要具有真正的商业价值，在满足这个条件的基础上，发布的时间越短越好，功能可以快速投入使用，快速获得投资回报。

制订发布规划主要有两种方式：一种是先定义本次发布的商业目标以及为此要交付的主要功能，然后再来推算完成本次发布需要多长时间；另一种方式是先确定一个日期，然后再根据团队的能力来评估在这个日期前可以完成哪些功能。每次发布都可以看作一个单独的项目，以价值为驱动，对项目的三角约束（范围、进度和成本）进行最佳的平衡。如果发布的时间很短，但交付的功能不具有价值，发布也不能算作成功。如果交付的功能很有价值，但是发布时间太长，错失了市场机遇，发布也不能算作成功。

在对一次发布的三角约束进行平衡时，要识别主要的驱动因素。如果项目干系人一致认为发布是日期驱动的，那就意味着必须在特定日期前发布，日期不能妥协，相对而言，所实现的功能是可以协商的。如果项目干系人一致认为发布是功能驱动的，那就意味着这次发布所包含的功能不能妥协，发布日期可以协商。

为了制订一个切实可行的发布规划，需要对本次发布所包含的特性（或用户故事）进行估算，同时，还需要对团队的速度或能力进行估算。如果是已经有合作经验的团队，则根据最近的表现来确定速度。如果是初次合作的团队，则需要搜寻历史数据，据此做出一个初步的估算，并在后续根据实际数据进行调整。需要注意的是，应该在团队层面对速度或能力进行评估，而不能根据单个团队成员的速度进行推导。估算发布时间的基本公式为：

完成一次发布所用的时间=本次发布所包含的所有用户故事的工作量估算之和÷团队的速度

在项目开始之初，可以对上述公式中的三个变量进行调整，以达到干系人的期望。可以缩短或延长发布的时间，可以减少或增加发布所包含的功能，可以调整团队组成或增加培训来提高团队的速度。

在制订发布规划的时候，需要确定迭代的长度，以及本次发布大约包含几次迭代。通常来说，迭代的长度保持在2~4周，但具体是几周，需要根据项目情况进行确定。确定迭代长度需要考虑的因素包括需求变化的频率、需求优先级变化的频率、需要确认和反馈的程度等。敏捷专家建议可以先尝试2周的迭代长度。确定了发布的时间长度和每次迭代的时长之后，就可以知道本次发布包含多少次迭代。

有的发布规划会制订得详细一些，会确定每次迭代的目标和包含的主要功能。

而有的发布规划则制订得粗略一些，把每次迭代的目标和功能放在每次的迭代计划中。详细的做法使得实现发布目标更具有可操控性，但是灵活度低一些，而且后续会饱受频繁调整的困扰。粗略的做法增加了灵活性，也不需要太过频繁的调整，但同时也增加了对未来的不确定性。总之，计划的颗粒度取决于团队的信心。

一种折中的方法就是先确定最初几次迭代的目标和具体功能，而后面的迭代则采用滚动规划的方法，也就是随着前面的迭代的完成，再陆续细化后续迭代的目标和所包含的功能。

制订发布规划需要召开一个专门的发布规划会议，在这个会议上需要进行大量的讨论和分析。要对已经纳入本次发布规划的功能进行优先级排序，作为制订迭代计划的依据。发布规划会议通常采用群体共创技术，过程采用可视化工具，如图6.8所示，产品经理在墙上张贴发布规划框架，包括每次迭代的时间点，产品负责人把高优先级的卡片放到本次发布的第一次迭代中，第一次迭代的能力填满之后接着放入第二次迭代，以此类推。如果不准备对后续迭代进行细化，则完成第一次和第二次迭代之后，把所有剩下的卡片放入后续的大空间内即可，之后再持续滚动规划。发布规划阶段讨论的特性或用户故事都是粗颗粒度状态，需要后续细化。

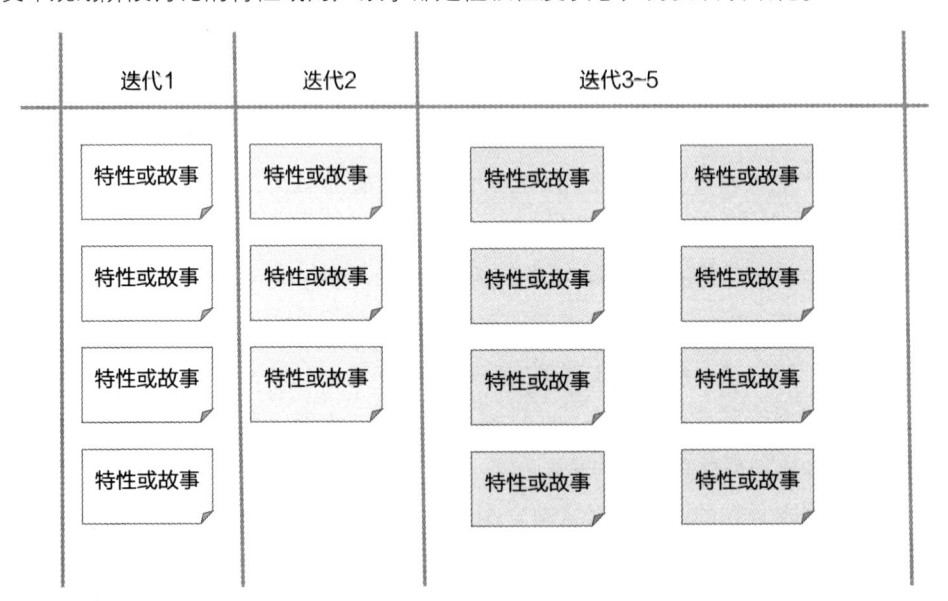

迭代1	迭代2	迭代3~5	
特性或故事	特性或故事	特性或故事	特性或故事
特性或故事	特性或故事	特性或故事	特性或故事
特性或故事	特性或故事	特性或故事	特性或故事
特性或故事		特性或故事	特性或故事

图6.8 制订发布规划

与采用软件工具相比，可视化的卡片方式更加直观明了，冲击力也更强。发布规划会议结束之后，最好的方式就是把卡片继续保留在墙上，让团队和干系人随时都能看到，随时对计划进行思考。

一份发布规划通常包含：①本次发布的特性列表；②团队成员及技能与团队能力描述；③已经确定的迭代周期的长度；④前几次迭代的目标和主要特性。

2）工具介绍：用户故事地图

用户故事地图是敏捷项目中使用的工具，适用于比较复杂的软件开发项目，用于从整体角度出发结构化地描述软件产品的需求，并有助于制订发布规划。杰夫·巴顿（Jeff Patton）在《用户故事地图》一书中对这种工具有详细的说明。

和产品待办事项列表（Product Backlog）相比，用户故事地图更加生动和立体，可以说用户地图结合了用户故事、产品待办事项列表、WBS、用户旅程等工具的优势。

用户故事地图从用户的角度出发描述需求，识别最有价值的需求，目的是升发出最受客户喜欢的产品，通过产品真正解决客户的问题，为客户创造价值。该工具采用用户故事的方式来描述需求，也就是从用户的角度出发，描述实现某个功能可以为用户带来的好处。

如图6.9所示，产品待办事项列表只有一个维度，将需求自上而下按照优先级高低排列，同时，排在上面的条目颗粒度小一些，便于在接下来的迭代中开发，排在下面的条目颗粒度大一些，等快要开发的时候再进行细化。用户故事地图有两个维度，横向是用户旅程，也就是用户使用该产品时与该产品互动的顺序行为。比如，一个在线购物平台产品，用户旅程中的关键行为包括登录、搜索、加入购物车、结账、跟踪派送、评价。这些行为是大颗粒的，也被称为骨架。用户故事地图的纵向是对每个关键行为的细分，如"搜索"会继续拆分为：输入关键词—输入商品图片—对拟购商品拍照—商品按照相关度排序—浏览相关产品的关键信息—浏览各个产品的详细信息—查看推荐商品—存入兴趣清单等。每个关键行为都做类似的拆分，可以一步拆分为可开发的小颗粒，也可以像WBS一样，先拆分为中间层级的颗粒，再将中间层级的颗粒继续拆分。

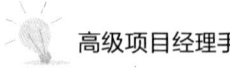

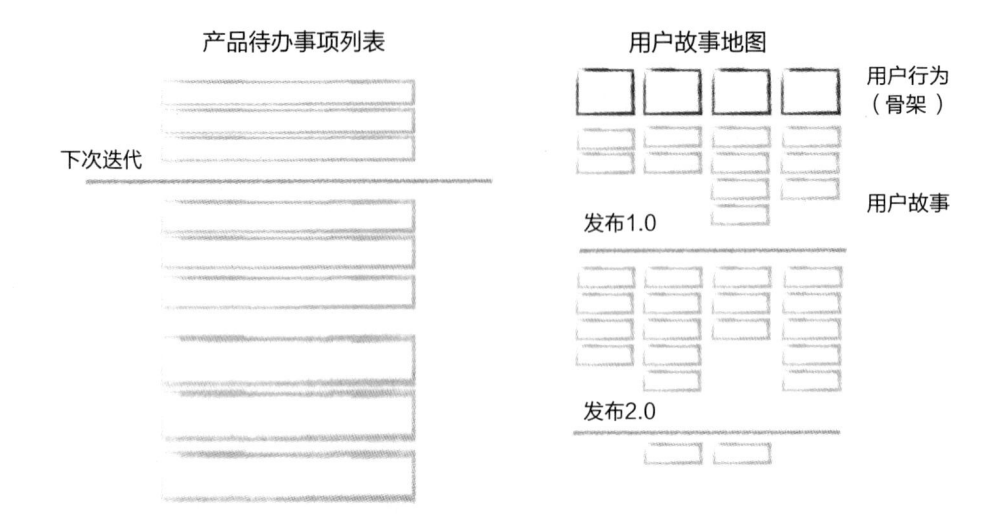

图6.9 产品待办事项列表与用户故事地图对比

拆分完成之后，在用户故事地图上纵向排列优先级。比如，在搜索行为下，优先级高的功能为输入关键词、浏览关键信息、浏览详细信息。所有用户故事的优先级都确定以后，就可以确定发布规划，优先级高的用户故事被纳入第一次发布，中等优先级的用户故事被纳入第二次发布，低优先级的用户故事在以后的发布中考虑。

用户故事地图是一个有效的可视化共创工具，因为用户故事地图需要描述产品与用户交互的全过程，所以需要邀请主题专家、工程师、用户界面设计师、客户服务人员、产品负责人等多个跨职能的干系人参与。和产品待办事项列表相同，用户故事地图也是动态的，随时拥抱变更，随时根据干系人的反馈对用户故事进行调整，对优先级进行排序。

4. 迭代计划

迭代计划（Iteration Plan）描述敏捷项目团队在本次迭代承诺完成的工作，迭代结束时，团队提交潜在可交付产品增量（Potential Shippable Product Increment，PSPI）。在Scrum方法中，每个迭代被称为冲刺（Sprint），因此迭代计划也被称为冲刺计划。

制订迭代计划时需考虑团队的速度和能力。

1）速度

速度（Velocity）这个度量值最初出现在极限编程方法中，后来在Scrum方法中得到广泛应用。速度是一次迭代中完成的所有用户故事以及其他待办事项的故事点数的总和。这个总数只包括迭代中根据DoD100%完成的用户故事或事项的故事点，那些没有全部完成的用户故事或事项，即使完成了99%也不能算进来。

在每次迭代结束后，把在这次迭代中团队完成的故事的工作量（如故事点数）加起来得到的总数就是这次迭代的速度，如30个故事点/迭代。

2）能力

能力（Capacity）是团队在一次迭代中能够完成的故事的工作量之和，可以用不同的方式来度量，可以是故事点，也可以是故事数。

速度和能力是高度相关的两个度量值，速度是能力的输入项，一个团队在上一次迭代的速度是30个故事点，那么在下一次迭代的能力就可能也是30个故事点，但不同的是，速度说的是过去的绩效，能力是对未来的预测。当预测未来能力的时候，可能需要取过去三次迭代速度的平均值，同时还要考虑新的迭代中的变动因素，如公共假日、个人休假、人员变动等。

3）迭代计划会议

制订迭代计划通常要举行迭代计划会议，项目团队一起参加会议，共同制订迭代计划。参加迭代计划会议的人员包括产品负责人和所有开发人员，如分析师、程序员、测试人员、数据库工程师、用户交互设计师等。

对于迭代周期为4周的项目来说，迭代计划会议的时间盒通常设为8小时。如果迭代周期缩短，则迭代计划会议的时间也随之缩减。敏捷方法认为重量级的规划会议浪费时间，会牺牲团队真正用于开发的时间。但同时也需要注意，如果规划不充分，可能导致后期工作目标模糊、节奏混乱、效率低下，团队需要在这两个方面保持平衡。

为了提高迭代计划会议的效率，通常需要事先进行产品待办事项列表的优化。另外，如果发布规划中包含了关于迭代目标和功能的描述，则可以在此基础上进行调整和优化，而不需要从零开始。

迭代计划会议的第一项议程是从产品待办事项列表中依照优先级挑选用户故事，确定本次迭代的目标。第二项议程是把用户故事拆分为任务，创建迭代待办事项列表。团队负责拆分任务并做出工作量估算。确保本次迭代的工作量和团队的能力相匹配，为此，可以和产品负责人进行协商。敏捷方法倡导可持续的工作方式，不提倡为了突击某个目标进行的加班加点。在对用户故事进行估算时，采用的是故事点或理想人天，对任务进行估算的时候采用的是理想小时。在迭代计划会议过程中，团队会就技术问题展开讨论，如产品的设计、软件的架构、实现功能所用的技术、是否有可以复用的代码等，这些讨论会对开展工作带来好处。

迭代计划会议通常采用在墙上贴卡片的方法，让所有的人员都公平地参与进来。完成一个用户故事需要多个任务，团队把分解出来的任务写在卡片上，贴在对应的用户故事后面。在会议结束之后，可以把墙上的结果输入计算机中，形成电子表格。

在迭代计划会议上，只拆分任务，不分配任务。分配任务要等迭代开始之后，由成员自己去认领属于自己的任务，一次只认领一到两项任务。在已经认领的任务完成之前，不能再去领取新的任务。这么做有很多的好处，比如，人们会更加积极地工作，因为任务不是他人强迫布置的，而是自发领取的。还有一个好处是，避免个人工作积压影响团队整体绩效。如果是事先分配任务，那么某个成员可能会一下子领到过多任务，但由于各种原因，他的进展非常缓慢，一直在第一项任务上徘徊，他手上的其他几项任务成为瓶颈，大家都在等着他的工作成果。遇到这种情况，团队就很被动，即使大家都愿意去帮助他，也获得了他的同意，如果此时项目经理想撤回他手上的任务，重新分配给其他人，则免不了要伤和气。如果采用完成一项任务再领一项任务，则避免了这种情况，如果某个成员的速度慢，那么他就不会承揽更多的任务。

迭代计划包含本次迭代的目标、要完成的用户故事，以及每个用户故事拆分之后的任务列表。迭代目标是对本次迭代中完成的功能的概要性说明。

在Scrum方法中，迭代被称为Sprint，迭代计划通常体现为冲刺待办事项列表（Sprint Backlog）的形式，其中，包含Sprint目标（为什么）、本次Sprint从产品待办事项列表中选出来的工作条目（什么）以及交付增量的可操作计划（如何）。图6.10为Sprint Backlog任务板。

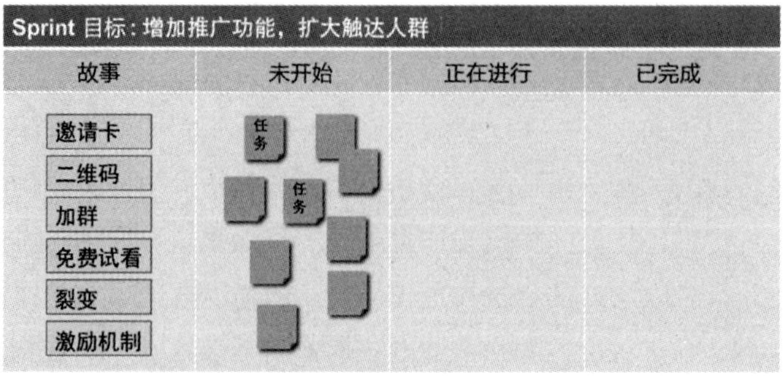

图6.10　Sprint Backlog任务板

5. 每日承诺

团队成员利用每日站会对彼此做出小的承诺，发现问题，并确保团队工作顺利进行。每日站会时间盒长度不超过15分钟。通常团队站在任务板或看板跟前开会，团队中的任何人都可以主持站会。

在基于迭代的敏捷方法（如Scrum方法）中，每个人都轮流回答下列问题：

- 上次站会以来我都完成了什么？
- 从现在到下一次站会，我计划完成什么？
- 我碰到的障碍（或风险或问题）是什么？

在基于流（Flow）的敏捷方法（如看板方法）中，将注意力集中在团队的产出上，团队从右到左对看板进行评估：

- 我们还需要做些什么来推进这一工作？
- 有人在做看板上所没有的事情吗？
- 作为一个团队，我们需要完成什么？
- 工作流程是否存在瓶颈或阻碍？

在每日站会上，团队成员回答的问题（我计划做什么），就形成了团队的每日承诺。站会是为了发现存在的问题，而不是解决它们，有问题可以在站会之后召开另一个会议。每日站会不是状态报告会议，而是作为团队进行自我组织和相互承诺的会议。每日站会可能会产生同侪效应（Peer Effect）。同侪在一起会有两方面的效果，一方面同侪团队更易于形成相互竞争的氛围；另一方面，同侪之间更易于相互交流、支持和影响。

6.2 产品待办事项列表

产品待办事项列表是所有工作的有序列表，其中的条目被称为PBI（Product Backlog Items）。这些PBI通常包括以用户故事形式表示的业务需求，另外，还有技术需求和非功能需求（Non-Functional Requirement，NFR）等。

产品待办事项列表的编制和优化是产品负责人的工作，当然他需要听取来用户、团队和其他干系人的意见。产品待办事项列表的创建是渐进式的，并不需要在开发之前把所有的用户故事都编写好，只需要为接下来的迭代准备好足够详细的故事即可。

对产品待办事项列表的优化也被称为梳理或细化，目的是形成开发工作的有效输入，通常通过会议的形式进行，会议内容包括：

- 详细的需求分析。
- 把大的故事拆小。
- 估计新的用户故事。
- 重新估计已有用户故事。
- 改进有不合要求的用户故事。
- 添加用户故事的验收标准。
- 排列用户故事优先级。
- 深入研究用户故事，以便进行长期技术规划。

通常，在接近迭代中部或结尾时，团队会抽出专门的时间，和产品负责人一起举行不受打扰的研讨会，来研究上面列出的工作，作为对后续迭代的支持。如果举行了产品待办事项列表梳理会议，则后续迭代的计划会议会变得简单高效，产品负责人和开发团队可以从清晰、被良好分析过并被认真估算过的PBI入手。如果没有举行产品待办事项列表梳理会议，则后续迭代计划会议就很可能出现疑问、困惑、缺漏、新发现等，这种情形会导致计划会议拖沓低效，而不完善的计划势必又会影响后续的开发工作。

1. 用户故事、史诗和主题

1）用户故事

用户故事（User Story）是描述需求的一种形式，从最终用户角度描述其渴望得到功能。用户故事起源于极限编程的计划游戏（Planning Game）环节。极限编程没有把用户故事作为一个单独的实践来说明，而是作为计划游戏中的一个环节。在相同时期，极限编程提出了另一个与用户故事对应的工具"故事卡片"（Story Card）。

一个完整的用户故事必须包含的三个要素（3W）：

- 角色（Who）：谁要使用这个。
- 活动（What）：要完成什么活动。
- 商业价值（Why）：为什么要这么做，这么做能带来什么价值。

用户故事的描述语句为：

As a <Role>, I want to <Activity>, so that <Business Value>.

翻译成中文就是：

作为一个<角色>，我想要<活动>，以便<商业价值>。

举例:

作为一个<电商网站的注册用户>,我想要<把商品放入购物车中>,以便<我能够将多个商品统一提交订单>。

作为一位<顾客>,我想要<当商品送达时收到一条短信>,以便<我可以马上去拿>。

作为一名<音乐网站的用户>,我想要<为自己喜欢的歌曲创建歌单列表>,以便<我收听自己收藏的不同类别的歌曲>。

2)史诗

史诗(Epic)是一个大颗粒的需求,在一次迭代中无法交付,需要拆分成多个小的用户故事,通常需要多次迭代才能交付。

3)主题

主题(Theme)是更大颗粒的规划元素,主题把具有相同商业目的一组用户故事放在一起,形成一个主题。主题把产品需求和商业目的及商业战略联系起来,确保所有的需求具有明确的战略意义,同时确保产品的商业目的通过主题分解而能够具体落实下去。在极限编程的方法和"季度循环"的实践中提到,每个季节规划中,客户挑选一个或多个主题,并确定主题之下所包含的用户故事。

主题、史诗和用户故事的关系如图6.11所示。

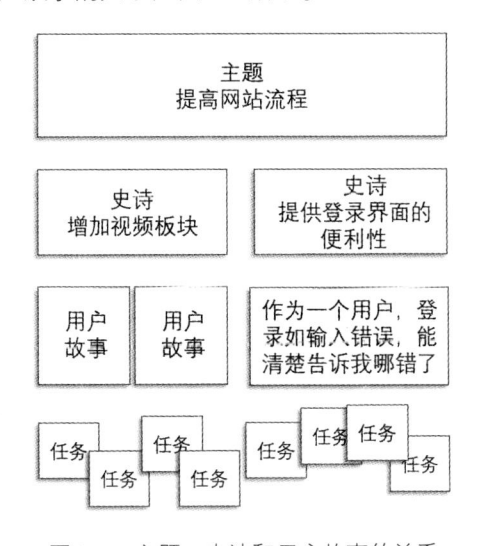

图6.11 主题、史诗和用户故事的关系

用户故事是从最终用户的角度编写的简短需求或请求。史诗是大量的工作,可以分解为许多较小的用户故事。主题是推动实现共同目标的用户故事或史诗的集合。用户故事在一次迭代中完成。一般来说，团队每月要完成十几个或几十个故事。史诗用的时间长，团队一个季度完成几个史诗。主题通常需要一个季度或几个季度才能完成。但需要注意的是，关于史诗和主题，在不同的组织中有不同的定义和用法，孰大孰小并没有绝对的定义，只要项目团队和干系人达成统一即可。读者也可阅读敏捷大师迈克·科恩（Mike Cohn）对此的解释。

2. 3C原则

罗恩·杰弗里斯（Ron Jeffries）于2001年提出用户故事的3C特征，也被称3C原则。

- 卡片（Card）：在小卡片上写用户故事的简短描述。
- 对话和交谈（Conversation）：用户故事的细节来自目标用户、团队、产品负责人、相关干系人等之间的交流沟通。
- 确认（Confirmation）：通过验收测试确认用户故事被正确完成，如测试用例，一般写在卡片背面，使用"Given..., When..., Then..."的格式。

3. INVEST原则

比尔·威客（Bill Wake）于2003年提出用户故事的INVEST原则，这个原则重在说明创建用户故事的规则，目的是确保尽早且频繁地交付可工作的软件功能。INVEST原则提炼了有效用户故事的特征，便于记忆和查对。

- 独立（Independent）：用户故事不要彼此依赖，如果存在依赖关系，则一个用户故事是无法单独完成的，必须等依赖的那个故事完成它才能完成。
- 可协商（Negotiable）：故事卡片是一种提醒，不是命令，也不是合同条款，是可以协商的，团队成员应该基于此与产品负责人展开对话，而不是把故事卡片看作确定性的需求或强制性的要求。
- 有价值（Valuable）：明确说明用户故事可以给客户带来的价值，如节省成本、降低风险、增加营收或其他，同时说明价值如何支持产品目标。
- 可估算（Estimable）：用户故事需要有足够的细节，使得团队可以估算开发工作量。根据估算结果，安排迭代计划；同时根据估算结果，产品负责人测算每个故事的投入产出比，从而更合理地安排优先级。
- 小（Small）：用户故事应该足够小，可以在一次迭代中完成，但也必须能够产生可使用的软件功能。越小越便于快速交付，快速获取反馈，快速实现价值。
- 可测试（Testable）：用户故事中要包含清晰的验收标准。如果没有验收标准，开发人员没法编写测试用例，产品负责人没法评判这个故事是否开发完成，团队和产品负责人之间可能出现理解偏差。

4. DEEP原则

INVEST原则说的是对每个用户故事的要求，而DEEP原则说的是对产品待办事项列表的要求。罗曼·皮希勒（Roman Pichler）在其著作《敏捷产品管理与Scrum》一书中提到："创造客户喜欢的产品，我们使用四个字母的缩写DEEP来描述一个好的产品待办事项列表的特点。"

- 详略得当的（Detailed Appropriately）。排在产品待办事项列表顶部的用户故事将在下一次迭代中执行，所以这些故事应该被充分定义。在产品待办事项列表中，越靠近上面的事项，颗粒度越小，描述越详细，从上到下颗粒度逐渐变大，描述也变得更加粗略。
- 做过估算的（Estimated）。产品待办事项列表中的条目都经过了估算。靠近顶部的条目估算得更加准确一些，而排在后面的条目只是进行了粗略的估算。随着项目的进展，会对后续条目进行分解和重新估算，逐步提高准确度。
- 逐渐涌现的（Emergent）。产品待办事项列表不是静态的，而是在持续不断地变化。随着项目的进展，越来越多的信息和知识被识别，用户故事可能会被增加、移除、调整或者被重新安排优先级。
- 排列优先级的（Prioritized）。在产品待办事情列表中，越有价值的故事，优先级就越高。在任何时候，团队总是会选择列表中高优先级的条目来执行，这种做法可以使产品交付的价值最大化。

DEEP原则在产品待办事情列表梳理过程中非常有用，要对条目进行评审和修改，包括添加细节、进行估算和排序等。对待办事项列表进行梳理的目的是使列表中的条目保持更新，并确保为冲刺规划会议做好准备。

5. MoSCoW方法

MoSCoW是一种常用的优先级排序方法，来自动态系统开发方法（Dynamic Systems Development Method，DSDM），用来帮助干系人理解特定需求或用户故事对于一个发布的重要性，有的时候会结合用户故事地图使用。该方法把需求分为四个等级，分别为M、S、C和W，具体如表6.1所示。

表 6.1 MoSCoW 方法的四个等级

优先等级	用户故事
M（Must have）	必须有：必须包含在当前的发布中。这些需求是强制性的，没有不行
S（Should have）	应该有：这些需求不是强制性的，但是高度渴望的
C（Could have）	可以有：这些需求如果满足会很好
W（Won't have）	不必有：当下可以不去满足，但是将来可以加入

6. Kano模型

Kano模型由狩野纪昭（Noriaki Kano）教授和他的同事提出，该模型通过对用户进行问卷调查，确定需求的优先顺序，目的是准确地满足需求，确保客户满意。如图6.12所示，Kano模型将需求定义为五类，优先级从高到低依次为：必备属性、期望属性、魅力属性、无差异属性和反向属性。

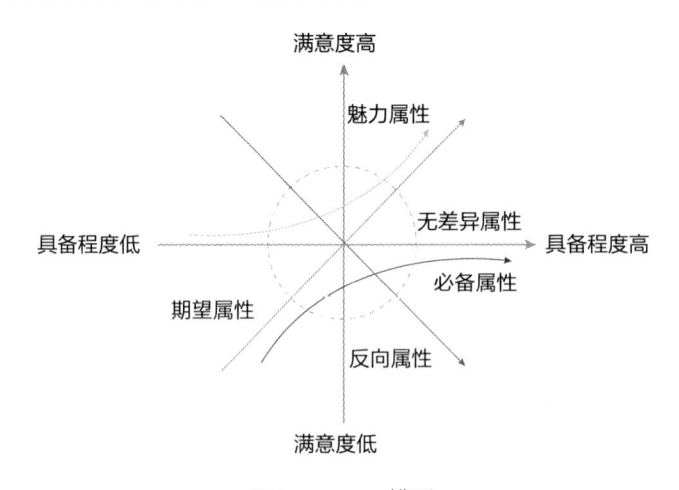

图6.12 Kano模型

- 必备属性（Must-be Quality）：必须有的需求，基本需求，保健因素。做好了，客户认为理所应当；做得不好，客户会非常不满意。
- 期望属性（One-dimensional Quality）：单向的需求，关键需求。做得越好，客户越满意；做得越不好，客户越不满意。
- 魅力属性（Attractive Quality）：兴奋型需求，激励因素，增值需求。做得越好，客户会越满意；做得不好，客户也不会太抱怨。
- 无差异属性（Indifferent Quality）：中性的需求，不重要的需求。做得好与不好，客户没有太大感觉。
- 反向属性（Reverse Quality）：做得越多，客户越不满意。

7. 相对量级 / 相对权重

相对量级 / 相对权重方法由卡尔·魏格斯（Karl Wiegers）博士于1999年提出，用来排列优先级。一个功能或特性的优先级与它提供的价值成正比，与它的成本及实施相关的技术风险成反比。在考虑收益、惩罚、成本和风险后，能提供最大益处的功能或特性拥有最高的优先级。

这一方法依赖于专家判断而不是调查问卷。对每个功能或特性使用1~9的权重，通过专家判断获得权重数值。相对量级的关键因素包括以下四个。

- 收益：拥有这个功能的好处，反映功能如何体现价值。
- 惩罚：缺少这个功能的坏处，反映功能缺失时客户体验到的消极感受。
- 成本：完成这个功能所需的花费，反映实施该功能的实际成本。
- 风险：开发这个功能所产生的风险，反映实施功能的挑战。

开发各个功能的风险相差不多时，可以忽略风险因素，如表6.2所示。总价值为收益和惩罚之和，也就是实现这个功能带来的好处，加上不实现这个功能带来的坏处，之后按照百分制算出价值百分比。估算出每个功能所需花费的成本后，同样算出各个功能占总成本的百分比。优先级系数等于价值百分比除以成本百分比。

表6.2 相对量级法举例

功能	相对收益	相对惩罚	总价值	价值百分比	成本估算	成本百分比	优先级系数
A	8	6	14	42%	32	53%	0.79
B	9	2	11	33%	21	34%	0.97
C	3	5	8	25%	8	13%	1.92
总计	20	13	33	100%	61	100%	

如果考虑风险因素，则需要在价值的基础上扣除风险带来的损失，如表6.3中"总价值（2）"一列，总价值（2）=总价值（1）-风险估算，接着算出总价值（2）的百分比，然后用这个数字除以成本百分比，得出新的优先级系数。

表6.3 考虑了风险的相对量级法

功能	相对收益	相对惩罚	总价值（1）	总价值（1）百分比	成本估算	成本百分比	优先级系数	风险估算	总价值（2）	总价值（2）百分比	风险优先级系数
A	8	7	15	44%	5	31%	1.42	−1	14	52%	1.68
B	5	3	8	24%	3	19%	1.26	−1	7	26%	1.37
C	9	2	11	32%	8	50%	0.64	−5	6	22%	0.44
总计	22	12	34	100%	16	11%		−7	27	100%	

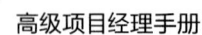

8. 经济优先级

对主题和史诗等大颗粒需求的优先级，可通过财务指标进行评估，包括投资回报率、净现值、内部收益率、回收周期等。

9. 加权最短作业优先

唐·赖纳特森（Don Reinertsen）在其著作《产品开发流程的原则》一书中提出了加权最短作业优先（Weighted Shortest Job First，WSJF）方法，之后其他方法论在此基础上进行了调优。WSJF是从经济角度出发对特性、史诗等进行排序的方法，那些能在最短时间内交付最大价值的工作应该拥有最高的优先级。计算优先级的公式为：

$$WSJF = 延迟成本 / 持续时间$$

WSJF值越大，优先级越高。举例来说，如果功能A实现后每月可以产生10万元的收益，延误两个月交付，延迟成本就是10×2=20（万元）。到开发出来所持续的时间为2个月，则WSJF=20÷2=10。另外，一个功能B具有同样的延迟成本，但需要持续3个月，WSJF=20÷3=6.7。那么应该先开发功能A。因为优先级是相对顺序，所以可以采用相对量值，不一定需要计算延迟成本具体是多少。

在规模化敏捷框架（Scale Agile Framework，SAFe）中计算WSJF时：

延迟成本=用户价值和商业价值+时间紧迫性+降低风险和促成价值

持续时间=作业的规模

计算的时候，每个因素都采用相对估算法，数值范围为：1、2、3、5、8、13、20。可根据图6.13计算WSJF。WSJF得分越高，功能优先级越高。

功能	用户价值和商业价值	时间紧迫性	降低风险和促成价值	延迟成本	作业的规模	WSJF
	+	+	=	÷	=	
	+	+	=	÷	=	
	+	+	=	÷	=	

图6.13　WSJF排序计算

10. 风险—价值方格

该方法也被称为风险—价值矩阵，用于排列优先级顺序，同时考虑风险和价值。如图6.14所示，横轴表示价值，纵轴表示风险，把空间切分为四个象限，项目团队评估每个功能、特性或用户故事的价值和风险，然后把它放入合适的象限。根据所在象限的不同，进行排序，顺序由高到低依次为：高价值/高风险、高价值/低风险、低价值/低风险。而处于低价值/高风险象限的用户故事一般就不开发了。首先处理高价值/高风险的功能，可以尽快降低项目整体风险，同时具有更高的成本效益，因为越放到后面，高风险引发的连带影响越大，处理的成本越高。

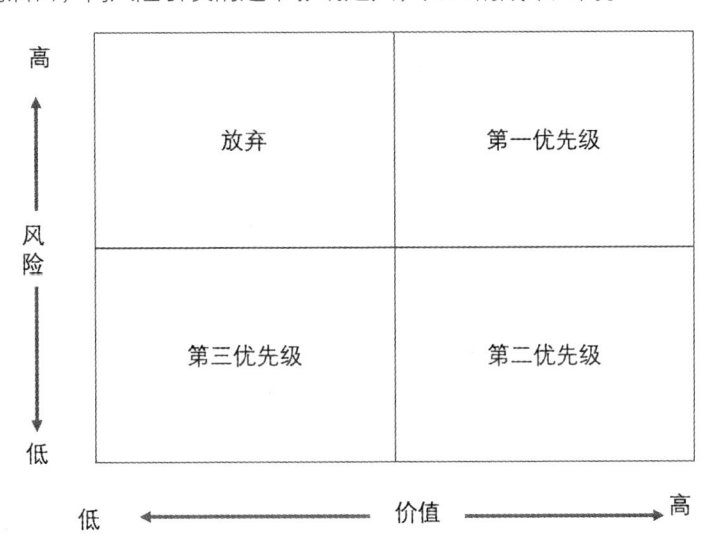

放弃	第一优先级
第三优先级	第二优先级

（纵轴：风险，由低到高；横轴：价值，由低到高）

图6.14　风险—价值方格

11. 其他优先级排序方法

除了上面介绍的优先级排序方法，团队还可以使用自己熟悉或偏好的方法，只要证明这种方法是有效的、被干系人接受的，就可以继续使用。下面列出了一些其他可用的方法。

- 虚拟货币法（Monopoly Money）：发给参与者一定数量的虚拟货币，用来购买某种特性，根据获得货币值的多少来确定优先级，获得货币多的特性对应的优先级就高。
- 100点法（100-Point Method）：每位参与者拥有100个点数，用来给他支持的特性投票，按照获得的点数来排列优先级，获得点数最多的特性对应的优先级最高。
- 点投票法（Dot Voting）：每位参与者拥有一定数量的点（贴纸），贴在自己支持的特性区域，按照获得点（贴纸）数量排列优先级。

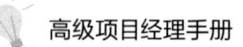

6.3 估算方法

从项目有商业意向开始，就要对项目成本进行估算，以备投资人评估投入产出比，从而做出明智的投资决策。由于敏捷项目在早期存在很大的不确定性，所以对项目成本的估算应该是渐进和持续的。项目早期只在项目层面上做出量级估算，确定发布规划时，对本次迭代的成本有了更为确定的估算，而在每次迭代中，则需要在故事和任务层面上做出进一步的估算。需要注意的是，不管哪个层面上的估算都只是一种预测，而不是承诺，不是必须遵守的标准，也不是考核的依据，团队应该在获得更详细的信息或者发现环境变化时，及时调整估算，在做这些的时候，把价值最大化放在首位。

在对用户故事进行估算时的注意事项有：

- 估算应该由团队完成。
- 不太精确的估算也没问题。
- 不要花太多时间展开没有必要的讨论，如争论到底应该是 7 个还是 8 个故事点。
- 估算的精确度随故事规模的增加而降低，如采用斐波那契数列 1，2，3，5，8，13…
- 保持诚实的估算，不因为压力或诱惑而低估或高估。

1. 相对估算

相对估算是敏捷方法中常用的一种估算方法。可用来估算用户故事，也可以用来估算任务，估算的时候不对每个工作进行单独估算，也不会使用绝对的时间单位（如小时、天）。相对估算针对工作量的相似程度，对多项工作进行比较和分组，如工作A比工作B大，工作C比工作B小。绝对估算则是单独对每项工作进行估算，采用的是具体的时间单位，如某项工作预计需要8小时。

相对估算快速、简单且没有压力，具体的好处包括：①没有采用具体的时间单位，避免了在估算的时候去探索没有必要的精确性；②避免了估算与承诺的混淆，估算只是估算，并不是对于工作所用时间的承诺；③在进行相对估算的时候，人员所面临的压力要小一些。

2. 故事点估算

故事点（Story Point）是一种用于描述用户故事、技术需求、非功能需求或任务等的总体规模的度量单位。故事点是一个相对的概念，可以体现多个用户故事工作量之间的相对大小或倍数关系。故事点估算属于相对估算，本项目的一个故事点和另一个项目的一个故事点没有可比性。

两种常用的故事点估算方法是：

- 在将要处理的用户故事中，从团队认为最小的那些用户故事里面选择一个，设定它为 1 个故事点。其他用户故事与这个用户故事进行比较，得出故事点数。
- 选择一个基本处于中等规模的用户故事，然后给它分配一个大致处于取值范围中间的点值。其他用户故事与这个用户故事进行比较，得出故事点数。

3. 理想日估算

理想日（Ideal Day）估算是指在假设工作过程不存在任何干扰（如会议、电子邮件、电话、培训、请假等）的情况下，对完成一项工作所需时间的估算。具体的估算单位可以用天数，也可以用小时数。一般来说，对用户故事的估算单位使用天数，即理想日；对任务的估算单位使用小时数，即理想小时。理想日估算的特点是：

- 理想日更容易解释，故事点更加抽象。
- 理想日估计更容易开始。
- 理想日便于预测进度。
- 理想日迫使人们直面那些浪费时间的活动。

与理想日相对的概念是耗用日（Elapsed Day），是指在日历或时钟上显示的流逝天数。比如，一项工作的理想日估算为6小时，但由于安排了会议、培训和其他活动，所以需要耗用2个工作日，也就是16小时。

4. 宽带德尔菲方法

20世纪70年代，巴利·玻姆（Barry Boehm）提出宽带德尔菲方法（Wideband Delphi）估算技术，属于专家判断法，利用集体智慧，需要反复多次才能得出结论。相对于传统的德尔菲方法，宽带德尔菲方法有更多面对面的沟通交互。宽带德尔菲估方法的步骤如下：

（1）产品负责人和开发成员讨论某一用户故事，直至所有问题都得到澄清。

（2）开始估算，每位参与者对此用户故事所需工作量估算一个值，写在卡片上，先不告诉别人。

（3）所有人都估算好了之后，大家同时展示卡片，给所有人看。

（4）估算值最高和估算值最低的参与者解释自己估算的依据，大家一起进一步讨论澄清。

（5）循环第2~4步，直至估算值接近。

5. 计划扑克

2002年，詹姆斯·葛莱宁（James Grenning）在其论文中提出计划扑克（Planning Poker）方法。2005年，迈克·科恩发布《敏捷估算与计划》一书，计划扑克方法开始逐渐流行。计划扑克方法是宽带德尔菲方法的变体，采用这种方法需要准备实物的专用扑克牌，扑克的点数以斐波那契数列为基础进行调整，通常为0，1/2，1，2，3，5，8，13，20，40，100，∞。

计划扑克方法的步骤如下：

（1）产品负责人和开发成员讨论某一用户故事，直至所有问题都得到澄清。

（2）每位参与者对所需工作量估算一个值，选一张扑克，先不告诉别人。

（3）所有人都估算好之后，大家同时亮扑克。

（4）估算值最高和估算值最低的参与者解释自己估算的依据，大家一起进一步讨论澄清。

（5）循环第2~4步，直至估算值接近。

6. 亲和估算

亲和估算（Affinity Estimation）可以将大量的故事进行快速的粗略估算。如果项目刚刚开始，产品待办事项列表还没有被估算过，正在准备制订发布规划，那么采用亲和估算就非常合适。亲和估算的步骤如下：

（1）静默，进行相对大小的调整。首先在墙上画一条水平线，左端写上"小"，右端写上"大"。产品负责人向团队提供用户故事，团队默默地确定用户故事的相对大小。团队在水平线上按升序排列故事，过程中可能需要重新排列，直到整个团队对排序结果满意为止。这一步骤是"无声"执行的，以保持过程快速且避免冲突。

（2）讨论，根据需要重新排序。在这一步骤，团队成员之间可以展开讨论，就每个事项的设计、执行、问题等充分沟通，对于不清晰的需求可以与产品负责人进行沟通。基于沟通，团队可能需要重新安排步骤1中确定的顺序。

（3）将故事放入正确的栏中。此时，需要把墙上的水平线分成5个栏目，如果采用T恤尺寸方法，依次为很小、小、中、大、很大。如果采用变形的斐波那契数列，依次为0，1，2，3，5，8，13。团队现在将故事放在适当规模的栏中，如图6.14所示。

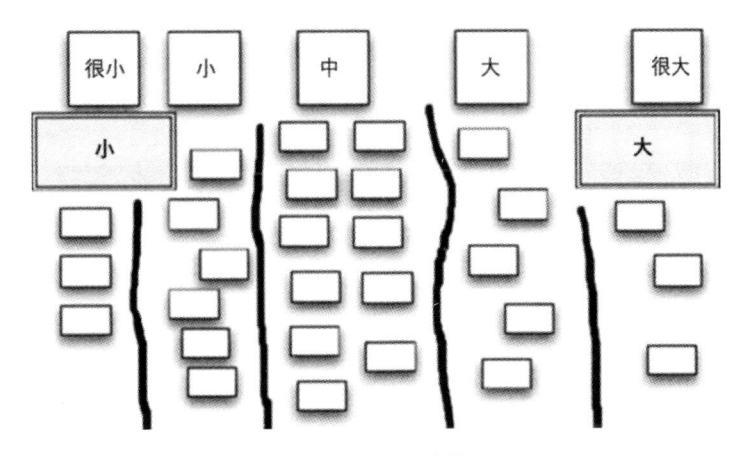

图6.14 亲和估算

7. 不同的估算方法的使用场景

通常来说,亲和估算适用于对大颗粒的需求(如主题、史诗)进行估算,也适用于同时对数量众多的用户故事进行估算。在对迭代中的用户故事进行估算的时候,需要采用故事点估算。对迭代中具体的开发任务的估算需要采用工时估算。图6.15可作为参考,在不同场景中使用不同的估算方法。

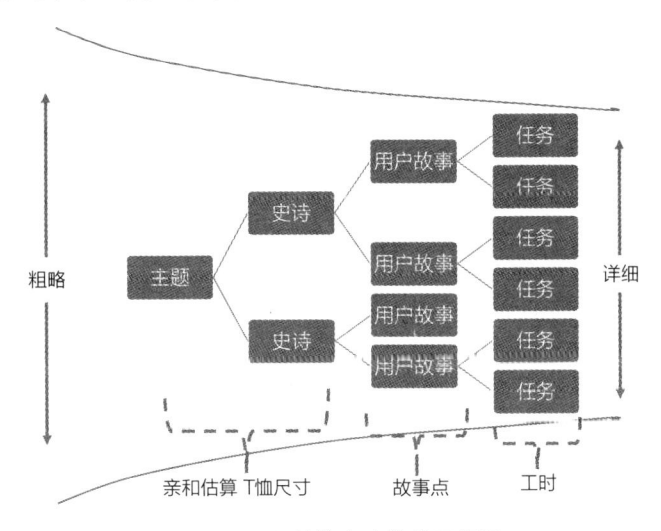

图6.15 不同估算方法的使用场景

8. 学习曲线

学习曲线又叫经验曲线或生产时间预测曲线,是由赖特(Wright)于1936年发表的研究结果。他根据大量资料的分析研究发现,飞机生产数量的递增与单位产品的平均直接工时成反比,即当累计产量较小时,平均直接工时较大;累计产量较大时，平均直接工时较小，这种现象叫作"学习效应"。学习曲线就表明了累计生产量和累计平均单件生产时间之间的这种关系。

在项目管理中考虑学习曲线体现在，当团队增加新成员之后，在进行估算时，要考虑这些新手的学习曲线，一开始他们的速度可能达不到预期。

本章情境思考题

小张公司属于初创高科技企业，小张是项目经理，公司的产品是工厂专用的机器人。目前遇到的问题就是所有的项目都无法通过客户的验收。产品已经部署到客户现场并开始工作，但是由于老出故障，所以无法通过客户的验收。目前公司一共有6个项目，客户好像串通好了一样，都不验收。针对现场出现的故障，公司的解决方案是先派工程师去现场检修，如果修不好，则给客户重新发货，替换有故障的产品。

客户不满意的地方主要有：①产品灵敏度不高，这主要是和竞争对手的产品相比较得出的结论；②产品的故障率太高；③工程师到现场的速度太慢，因为公司目前还没有在各地建立分支机构。

公司现在的财务情况很吃紧。为了拿下订单，签合同时把尾款压了40%，现在6个项目的尾款都收不回来，公司的资金已经周转不开了，供应商已经来找老板谈判。所以，项目部领导给小张下了命令，这个月必须通过客户的验收。领导让小张底气足一点："公司的产品是不好，但是价格低，公司产品价格是20万元/个，竞争对手产品价格是100万元/个，用20万元的价格希望享受100万元产品的体验，怎么可能呢？"听着好像很有道理，但作为项目经理，小张还是没有底气和客户这么说。其实，公司产品在研发过程中就发现了很多问题，但急着上市，老板说，要采用敏捷方法进行开发，先让产品跑起来，让客户提反馈，然后根据反馈改进。就这样，产品就上市了。销售人员实力很强，一年就签下了6个订单，结果到现在全都在贴钱。

思考：在上述案例中，你认为老板提出的敏捷开发思路有问题吗？如果你是小张，你怎样制订这个产品的开发计划？

第7章

项目执行：交付价值

一切管理皆为铺垫，客户真正愿意买单的是通过管理而高效创造出来的有价值、高质量的产品或服务。在项目执行阶段，项目经理或项目管理团队需要管理好外围事务，确保团队成员可以全神贯注于技术、生产、开发等直接创造价值的核心工作。本章描述核心工作的管理，第8章描述外围工作的管理。图7.1说明本章在整本书中的位置，同时说明管理项目的基本路线。

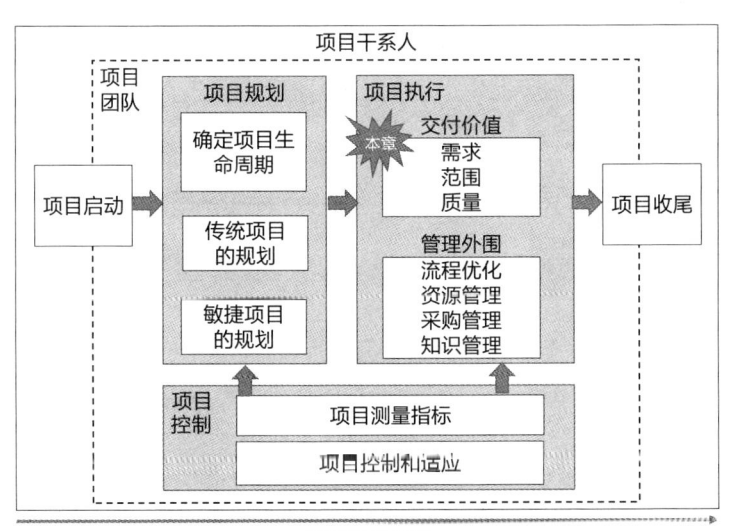

图7.1 融合传统方法和敏捷方法的项目管理路线

7.1 价值管理

项目的目的是交付价值，包括客户价值、商业价值和社会价值等。客户价值是使用项目成果后给客户带来的好处，商业价值是项目组织或项目投资者得到的回报，社会价值是在执行项目和使用项目产品过程中给社会带来的好处，如增加就业等。

价值是指某种事物的作用、重要性或实用性。价值具有主观性，同一个事物，对有些人有价值，对另一些人可能没有价值，如一款游戏软件。所以，当规划价值、设计价值、交付价值和评估价值的时候，要从不同干系人的多角度出发。

相对于价值，收益更加具体，指的是项目产品或服务投入使用后为干系人带来的好处。比如，项目交付的一个代驾软件平台产品，作为代驾司机角色的用户，使用产品可以赚得额外的收益；作为委托寻找代驾司机的用户，使用产品可以避免酒后驾车的危险；作为产品的投资者，通过收取佣金也获得了收益。收益既包括有形收益，也包括无形收益。有形收益包括货币资产、股东权益、固定设施、市场份额等，无形收益包括商誉、品牌认知度、舒适度等。上述代驾软件平台产品的例子中，司机赚到的钱属于有形收益，代驾委托者由于享受代驾服务而可以从容地与朋友喝酒则是无形收益。

可交付成果是项目过程中和项目结束时产生的产品、服务或结果，是实现价值和收益的载体。项目成果（Outcome）所表达的意思更为广泛，指的是项目所创造出来的所有东西，包括可交付成果，也包括由于使用可交付成果而创造的收益和价值。

1. 价值管理路线

在整个项目生命周期和产品生命周期中需要对价值进行管理。价值管理路线如图7.2所示。

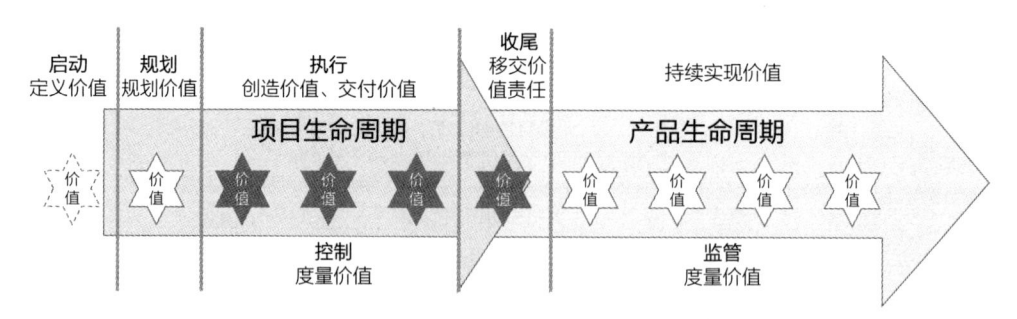

图7.2 价值管理路线

1）项目启动

通过商业论证来预测项目的未来价值，通过收益管理计划说明项目价值实现的时间点、量值、责任人。敏捷项目可能采用轻文档的商业模式画布或精益创业画布。如图7.2中虚线六角形所示，此时的"价值"尚属于概念或模糊状态。

2）项目规划

以价值最大化为驱动来制订项目计划，传统项目中寻找分期交付的机会，敏捷项目中通过制订发布规划确定最合适的发布时点，对项目收益管理计划进行细化。如图7.2中实线的白色六角形所示，此时的"价值"虽然基本确定，但尚未实现。

3）项目执行

开始执行创造项目价值的活动，并在计划的时点上交付价值。如图7.2中实心六角形所示，此时的"价值"已经实际交付。

4）项目控制

度量项目所交付的价值是否符合预期，并且根据情况采取纠正或适应性行动，包括更新商业论证文件，更新收益管理计划，以及决定是否继续向项目投入资源和资金，如何最大化利用剩余资金等。此时，需要对图7.2中每个实心六角形所代表的价值进行测量，识别与预期的差距。

5）项目收尾

把项目产品移交给事先定义的接收单位，如运维部门、生产部门或客户单位，同时把继续实现价值的工作也移交出去，由产品生命周期根据收益管理计划继续监管产品价值的实现。有些敏捷项目采用"持续团队"的做法，在本项目结束后，由原来的项目团队继续对产品进行维护或开展后续项目。如图7.2中所示，收尾阶段之后的白色六角形表示产品投入运营后将持续交付的价值。

2. 尽早交付价值

不必等全部产品完成，提早交付部分产品有助于项目价值最大化。采用传统瀑布方法的项目也在寻找尽早交付价值的机会。分期交付是常见的做法，如城市地铁项目的交付，并不一定要等待整条线路全部就绪才投入使用，通常都是分段交付，这样可以提早实现用户价值、社会价值和商业价值，提前开始项目的投资回收。

采用敏捷方法的项目，在每次迭代完成之后就具备了潜在的可交付成果，项目投资者或用户可根据商业策略和市场情况确定投入使用的时点，尽早交付不仅可以提前实现价值，而且可以及时获取反馈，优化后续产品功能，提升价值。

3. 客户互动

传统项目采用前瞻性的方法确定需求，执行过程基于确定的需求假设，采用自上而下分解、自下而上组装的模式，过程中更多是内部层级、环节和角色之间的互动，而对客户和外部环境的反应较少。在敏捷方法中，项目团队全程与客户互动，采用由外到内传递需求和由内到外展示成果的双向互动模式，项目团队持续对新信息做出反应，从而确保功能的设计更贴近客户的真实需求。产品本身没有价值，只有满足了需求才有价值。

4. 最小可行产品

最小可行产品（Minimum Viable Product，MVP）的概念是埃里克·莱斯（Eric Ries）在《精益创业》里提出的，是指开发团队通过提供MVP获取用户反馈，并在MVP上持续快速迭代，直到产品到达一个相对稳定的阶段。MVP对于创业团队或创新产品来说很重要，可以快速验证团队的目标，快速试错。

MVP的价值在于为后续的产品迭代开发提供了基础，MVP不是最终产品，不会包含全部功能。MVP的理念强调在开发过程中的持续学习。理念的创始人埃里克·莱斯将MVP定义为一个新产品的版本，该版本允许团队以最少的努力收集关于客户的最大量的经验证的信息。MVP强调的是拿出一个真实、能用的产品让客户使用，然后观察客户对这个产品真实的互动行为和态度。这种方法得来的信息比空谈得来的信息要真实和有用得多。

采用MVP方法需要遵循B-M-L-I（Build-Measure-Learn-Iterate）循环，根据事先广泛的调研创建产品，根据预先定义的成功标准度量产品表现，充分收集反馈和挖掘改进机会，开启下一轮迭代。

MVP是市场化的产品，功能的数量可以最小化，但必须保证所选择的功能具有高客户价值，在客户体验和质量方面则完全不能妥协。为了降低风险，可以考虑仅对部分客户发布MVP，既要紧密跟踪这些客户的反馈，以求优化产品；又要管理客户体验，及时针对反馈采取让客户看得见的行动，以求维护客户口碑。图7.3说明确定MVP的思路，左侧图片示意了错误的做法，右侧图片示意了正确的做法。

MVP充分考虑了投资的最佳利用，相比完整的、有充分细节的产品，发布MVP所需的投资较少，花费比较少的投资就可以进行市场测试是一件划算的事情，甚至有可能率先占领市场。但是，在对MVP定义、设计和开发过程中，也需要谨慎，要知道测试是双向的，企业在测试市场的时候，市场也同时在测试企业。如果MVP给用户的体验是负面的，则面临着失去市场机会的风险，反而成了催生和衬托竞争对手的绿叶。

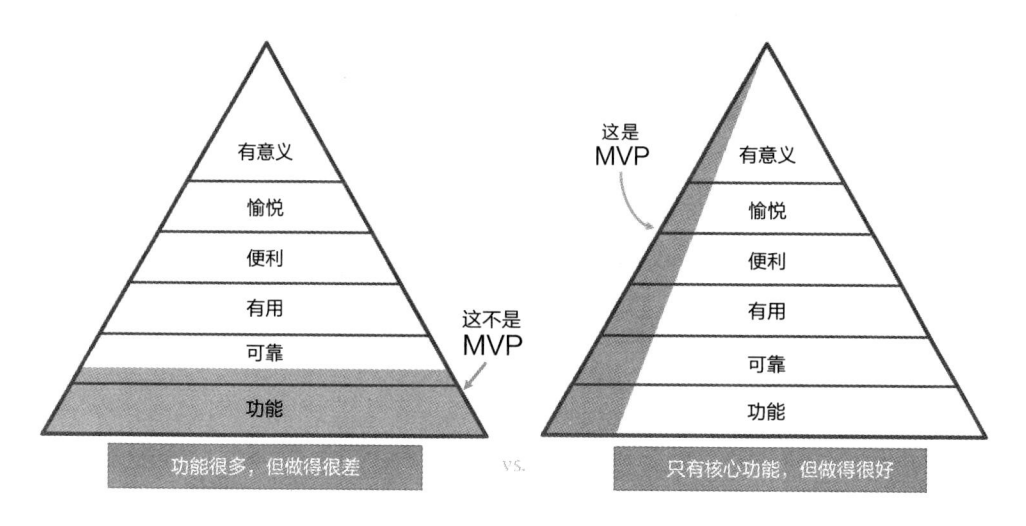

图7.3　确定MVP的思路

5. 客户项目

在为客户执行项目时，需要依据严格的合同条款，其中详细定义了工作范围。但是对于很多软件开发类项目，即使签订了合同，合同中对需求定义仍然不够详细，通常需要在执行过程中进行需求的细化。由于大部分合同采用的是固定价格的合同形式，因此可能会出现一些纠纷，比如，客户希望项目团队多做一些功能，而项目团队则面临着成本压力。此时，项目经理需要主动向客户及其他干系人引入敏捷理念，在固定成本的框架下，和客户一起筛选最具有价值的功能；在规划进度时，优先开发和交付高优先级的功能；频繁向客户展示可工作的软件功能，并收集客户反馈；在可能的情况下，分批次投产上线，而不是等到项目工作全部结束时。只有价值能让客户满意，功能做得多却并不一定。

7.2　传统方法中的需求管理和范围管理

需求是某个产品、服务或结果为了满足商业需要必须达到的条件或者必须具备的能力，范围是项目团队为了满足需求所需开展的全部工作。无论是传统项目还是敏捷项目，都是基于明确的商业需求而启动的，项目过程中需要把高层级的商业需求逐步细化为可执行的具体工作。

传统项目中，先定义需求，然后根据需求确定范围、资源、成本、进度等指标。对需求和范围管理的过程可以简化为收集需求、定义范围、创建WBS、确认范围和控制范围五个步骤（见图5.2）。

需求管理的目的是尽可能在项目早期确定正确、清晰、完整的需求，减少项目过程不必要的需求变更。在确定需求之后，定义项目范围，并创建WBS，形成项目的范围基准。在开发和构建过程中，对交付成果进行逐项确认验收，直到最终成果通过验收，即可交付使用，产生价值。在整个过程中，需要对范围的变化进行控制，避免范围蔓延和镀金。本书第5章对收集需求、定义范围和创建WBS进行了介绍，本节介绍后面两个步骤（确认范围和控制范围）中的主要工作。需要注意的是，即使在传统项目中，上述五个步骤也不是一次性工作，需要随着项目进展渐进明细，也会根据已经批准的变更进行调整。

V模型是传统方法常用的模型，如图7.4所示，V模型的左侧描述了从需求到设计不断分解的过程，右侧描述了从单元到系统不断集成的过程。在分解过程中，每向下分解一个层级，就要建立针对这个层级的验收标准，以便在集成过程中进行验证。

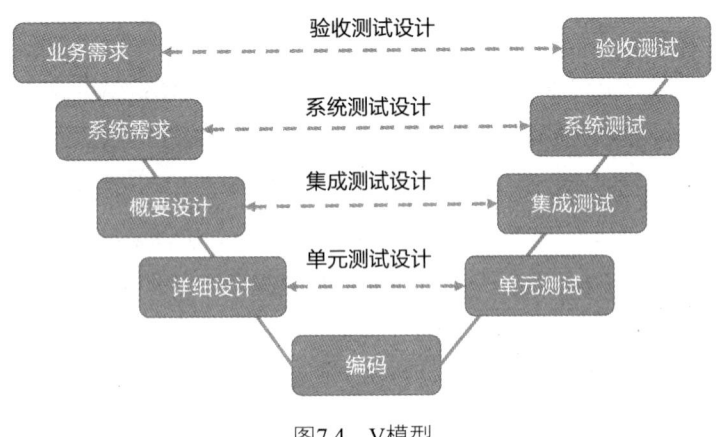

图7.4　V模型

1. 验收成果

每个交付成果完成之后，首先要进行质量检查，确保符合质量标准。之后，再进行范围确认，对成果进行验收。对于客户项目来说，验收过程必须邀请客户代表参与，并获得其签字认可；对于内部项目来说，必须邀请发起人参与，并获得发起人的签字认可。验收证书要妥善保管，在项目收尾阶段作为最终验收和移交的依据。验收时需要遵循事先确定的验收标准，无法通过验收的交付成果需要返工修正，然后再次验收。在验收过程中，如果客户或发起人提出新的需求，需要走变更控制流程。为了降低风险，项目通常会采用分项分步验收，也就是有成果产生就会组织验收，而不是等到项目结束时集中验收。还有一种折中的做法是分阶段验收，一个阶段的交付成果集中验收。不管是传统项目，还是敏捷项目，不管是过去，还是现在，减少返工成本、增加项目最终验收的可能性都是项目团队所追求的目标。任何一个明智的团队都会想方设法让客户和其他关键干系人及早参与项目，向他们展示已经通过质量检验的成果，及时获取他们的批准和反馈，建立他们对于项目成功的信心。邀请干系人参与和管理干系人期望是项目管理知识体系一直坚持的理念。

2. 管理需求变更和范围变更

每个变更的提出都有其迫不得已的理由，或是纠正前期工作中的错误或遗漏，或是为了满足新颁布的法规，或是有了新的点子。传统项目不拒绝变更，而是要对变更进行深思熟虑的分析，采用系统思维模式，从整体层面出发做出合理评估，避免顾此失彼。

无论是需求变更还是范围变更，都需要按照规划阶段制订的"变更管理计划"中定义的变更控制流程来处理变更。如果变更失控，就可能出现范围蔓延或镀金的现象。

3. 范围蔓延

范围蔓延（Scope Creep）指的是未经控制的产品或项目范围的扩大，也被称为范围潜变。常见的情境是客户跳过变更控制流程，直接找到项目团队成员，要求增加看上去"很小"的变更，团队成员不加考虑就答应"帮忙"，这种情况持续下去，日积月累，项目的范围就逐渐偏离了原来的轨道。范围蔓延挤压项目的成本、时间和资源，将把项目推向失败的边缘。

4. 镀金

在项目管理中，镀金（Gold Plating）是指项目团队未经客户或发起人许可，未走变更控制流程，主动添加客户或发起人没有提出的功能，或者合同或需求文件中没有定义的功能。这么做的主要目的是取悦客户或发起人，有的时候是为了炫耀技能，或者以此掩盖在其他地方的缺漏。不管出于何种目的，这种做法都是不被允许的，额外增加的功能可能需要其他的连带成本，如需要维护人员具备额外的新技能，还可能引发新的风险，同时也不利于管理客户或发起人的期望。

范围蔓延是客户主动的，而镀金是项目团队主动的，这两种行为都是传统项目方法所不提倡的。

7.3 敏捷方法中的需求管理和范围管理

敏捷项目中，有明确的时间盒和固定的团队组成，根据每个团队的能力确定每次迭代可以实现的需求。就整个产品范围来说，即使在项目早期无法确定详细的需求，但需要有明确的产品目标。20世纪90年代提出的动态系统开发方法是一种敏捷项目交付框架，该框架的理念是项目在一开始就设置成本、质量和时间等制约因素，在此制约框架下，利用需求的优先级来确定范围。

1. 产品目标

产品愿景是高层级的鼓舞人心的陈述，而产品目标是愿景的"具体化"。产品目标可以是具体的里程碑，是实现产品愿景的产品战略的一部分。产品目标存在于产品待办事项列表中，张贴或者书写在产品代办事项列表的最上方位置，产品代办事项列表中的工作不断涌现，这些工作定义了通过"做什么"来实现产品目标。

产品目标可以描述为产品在接下来的2~6个月内应该创造的具体的且可衡量的收益或成果，如用户数量、转化率、产生营收或减少技术债务等。

产品负责人负责制定和明确传达产品目标。在迭代计划期间，产品负责人应确保将最重要的工作排在产品待办事项列表的首位，并确保团队了解这些工作如何映射到产品目标。

每次迭代都应该使产品更接近总体产品目标。在迭代评审期间应该讨论产品目标的进展情况。

2. 迭代目标

迭代目标是一个简短的陈述，说明迭代的目标、方向和重点，由产品负责人编写，帮助团队在迭代过程中（包括迭代计划、每日站会、迭代评审和日常工作中）进行工作优先级排序、进度衡量和决策。团队在迭代期间专注于实现迭代目标，大多数迭代目标是提供产品增量，解决客户问题，完成产品更新。也有一些迭代目标是测试假设或降低风险，如解决技术债务等。下面是迭代目标的举例：

- 让功能 A 就绪，达到可发布的状态（这个目标是交付产品增量）。
- 验证当前架构是否能满足期望的性能（这个目标是处理风险）。
- 测试用户是否愿意在使用功能之前先注册（这是测试一个假设）。

迭代目标是产品负责人和团队协商的结果，迭代目标应该具体且可衡量。通常来说，在迭代期间，迭代目标是不能修改的，迭代产品待办事项列表中的选定工作代表了一种预测，但迭代目标是团队的承诺。

建立迭代目标的步骤通常包括：
（1）产品负责人制定迭代目标。
（2）在产品规划会议上，产品负责人首先和团队分享迭代目标。
（3）在迭代计划过程中，对迭代目标进行调整。
（4）在迭代计划会议结束时团队检查迭代目标，产品负责人进行最终确认。
（5）团队把迭代目标张贴在醒目的位置，通常放在迭代任务板的上方。

3. 收集需求

传统项目中，收集需求的主要工作集中在一个固定时间段，其后针对需求通常只是少量的变化，而且需要遵守严格的变更控制流程。敏捷项目中，收集需求是一个持续的过程，在项目执行过程需求被不断演进和发现，产品负责人对需求管理工作负责，所有需求都被记录在产品待办事项列表中，而且需要根据价值、成本等因素建立需求优先级，目的是使得最终产品的价值最大化。

不管是传统项目还是敏捷项目，收集需求和管理范围时均需秉持"以客户为中心"的原则，但是在具体做法上，两种方法略有区别。简单来说，传统项目是先有产品，在对产品的定制、修改、调整的过程中，以客户为中心，听取客户的意见；敏捷方法是先有客户，对客户数据进行分析，识别客户需求，根据需求来定义全新的产品或功能。两种方法都需要客户的有效参与，敏捷方法对客户参与的依赖性更强。从这个意义上说，敏捷项目中"收集需求"的更合适说法是"捕获需求"。

传统项目中收集需求的方法大部分都适用于敏捷项目，如头脑风暴会议、主题专家会议、潜在用户访谈等。除此之外，敏捷方法还侧重于对用户数据的分析，迭代时向用户展示产品增量、收集反馈等。

采用敏捷方法的项目，由产品负责人管理需求，为此，产品负责人需要对业务和市场有充分的研究，并且与客户等关键干系人展开频繁互动。产品负责人向团队解释需求，确保团队对客户的真实需求有深刻的了解。

敏捷方法用产品待办事项列表代替了传统方法中的需求文件，通常用"用户故事"的形式来表述需求。敏捷方法中针对需求变更没有严格的变更控制流程，敏捷方法的口号是"拥抱变更"。已经确定的需求在实现之后，通过迭代评审会，收集干系人反馈，对需求进行优化和演进，同时新的需求也在项目过程中不断被发现。产品负责人在项目过程中持续收集需求，并持续评估需求的优先级。

4. 最后责任时刻决策模式

最后责任时刻（Last Responsible Moment，LRM）是将决策推迟到不做决策的成本大于做出决策的成本的时刻的一种策略。传统方法试图在项目早期完成大部分的决策和计划，而敏捷方法倡导最后责任时刻决策模式。这种理念认为，除非继续拖延是不负责任的，否则就尽可能延后决策。越往后，所依赖的信息越丰富、准确，所以决策的正确性更高，依据这一刻的决策展开规划工作是成本效益最合算的方法，最大限度地避免了对早期计划修改的成本。

敏捷项目的需求易变，采用LRM决策模式从成本上讲是合算的。如果在信息未明朗的情况下过早确定了需求，完成了设计和规划，一旦发生变更（这种概率在敏捷环境中极高），前期的投入就浪费了，设计和建造等工作都可能需要返工，这就是提前决策所付出的代价（决策错误的成本，为说明方便，此处记作"A"）。决策的时点越早，A的值越大，决策的时点越晚，A的值越小。但如果一味拖延不做决策，可能导致功能不能及时上线，错失市场机会，造成收益受损，这是延后决策的成本（记作"B"）。比如，在3月决定开发某个功能可以赚80万元，推后到4月再决定开发这个功能只能赚60万元，推后到5月决策就只能赚50万元，那么4月决策的延迟代价就是20（80-60）万元，5月决策的延迟代价是30（80-50）万元。如图7.5所示，随着时间的推进，A逐渐下降，B逐渐增加，理论上，当A、B相交的时候，就到了决策的最后责任时刻，也就是该做决策了。

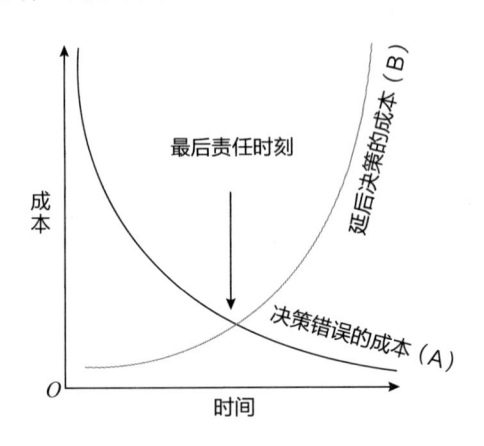

图7.5　最后责任时刻决策模式

5. 范围分解

敏捷项目也需要进行范围分解，在产品待办事项列表梳理会议上，团队和产品负责人一起，把近期要开发的工作进行分解，从史诗级别分解到用户故事级别，分解过程和结果记录在产品待办事项列表中。在迭代计划会议上，团队把用户故事分解为任务，分解结果记录在当次迭代的任务板中。图7.6是分解层级示意图。

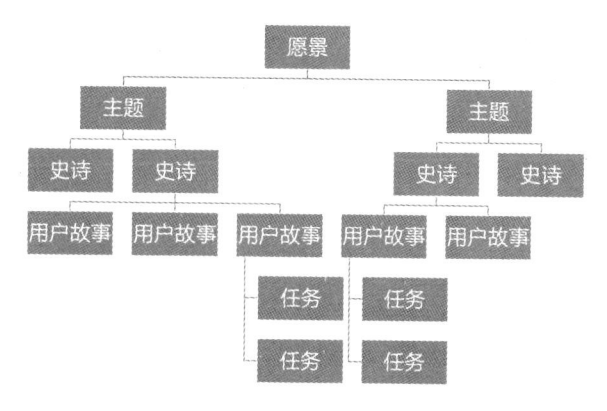

图7.6　分解层级示意图

6. 准备就绪的定义

准备就绪的定义（Definition of Ready，DoR）是团队针对用户需求的核对单，以确保用户故事包括团队开始工作所需的全部信息。DoR用来检查用户故事的质量，只有满足DoR清单的要求，用户故事才可以转入开发。DoR通常包括：用户故事必须是清晰的、可测试的、可行的、定义充分的、有验收标准、可演示的等。设置DoR评审，可以避免把写得不好的、模糊的故事交给开发人员。DoR的好处包括：

- 确保产品负责人和开发人员对需求有一致的理解。
- 提高估算的可靠性。
- 避免迭代失败。
- 避免需求流失。
- 确保需求被充分完整地考虑过。

7. 完成的定义

完成的定义（Definition of Done，DoD）是团队需要满足的所有标准的核对单。只有可交付成果满足该核对单才能被视为准备就绪，可供客户使用。

DoD是迭代开发出的产品增量所需符合的质量度量，是一个检查清单。DoD让所有人对"什么样的工作算已完成的工作"有共同的理解。如果一个增量不符合DoD，它就不能发布，甚至不能在迭代评审会议上展示，它应该被返回到产品待办事项列表中以供将来考虑。

DoD示例如下所示：

- 所有PBI已经完成编码。
- 代码已注释、已提交。

- 代码评审（Code Review）已完成（或者采用结对编程）。
- 代码构建没有错误。
- 单元测试全部通过。
- 部署、配置变化均已记录和沟通。
- 部署到测试环境并通过系统测试。
- 相关文档、图表已完成或已更新。
- PMIS 中的任务剩余的小时数已设置为 0，任务已关闭。
- 用户故事均验收通过。
- 产品增量通过用户验收测试。

DoR和DoD都应该由整个团队协作创建并达成共识，这些文件是会随着团队成熟而完善的动态文档。

8. 迭代评审会议

敏捷项目中，每次迭代结束时举行迭代评审会议，对本次迭代的成果（产品增量）进行"验收"。传统项目中，在确认范围时严格按照事先批准的验收标准。敏捷项目中，虽然每个用户故事也事先确定了验收标准，但在迭代评审会议上，产品负责人和其他参与者并不拘泥于验收标准，他们会从所演示的产品增量中得到启发，从而提出新的想法，也可能根据变化的市场和技术等环境因素，提出反馈意见。通过评审的产品增量将进入待发布环节，而迭代评审会议上收集到的所有反馈和新需求，将被纳入产品待办事项列表中排列优先级。

9. 完成漂移

传统项目对范围变更进行严格控制，范围不受控的现象被称为"范围蔓延"。敏捷项目没有严格的变更控制，只要变更能够为项目带来价值，就允许范围发生偏移，这种现象被称为"完成漂移"（Done Drift）。因为敏捷环境的多变性，项目持续的时间越长，完成漂移的可能性就越高。

举例来说，某个团队准备开发一款手机，计划10月交付。项目进展到8月，产品负责人发现竞争对手增加了一个关键新功能，如果团队不跟进，产品上市后的价格和销量都将受到影响。通过与发起人协商，团队决定增加新功能，交付日期从10月推迟到12月。

10. 次优成果

次优（Suboptimal）指低于可能的最优（Optimal）水平或标准。最优意味着理想或完美的水平、程度或结果，次优意味着在某些程度上没有达到这个水平。在项目环境中，次优成果（Suboptimal Outcomes）是指项目所交付的成果没有达到预期的标准或要求。由于项目存在不确定性，因此任何项目都存在交付次优成果的可能性。在创新类项目中，出现次优成果的可能性更高，项目干系人要对此有足够的认知和心理准备。

出现次优成果的原因有很多：团队和干系人之间缺乏信任，团队缺乏信心，可能导致出现次优成果；对于那些纯粹的实验性项目，如新药研发，由于技术的不确定性可能导致多次失败；有的产品在研发过程中市场发生了重大变化，消费者的习惯发生了变化，或者竞争对手先发制人，都可能导致项目产品胎死腹中。

有效的项目管理应该把出现次优成果的可能性降到最低，而组织在对极有可能出现次优成果的项目进行投资时需要深思熟虑，同时也要具备长远战略眼光，为团队构建一种鼓励创新、高度包容的项目环境。

次优成果是不确定性的必然产物，项目投资方和项目团队在制定决策时一定要将其考虑在内，才能在瞬息万变的项目环境中具有高度韧性和适应性，才能在失败之后迅速崛起，开始新的征程。

11. 传统方法和敏捷方法对比

在需求管理和范围管理方面，传统方法和敏捷方法的对比如表7.1所示。

表7.1 传统方法和敏捷方法的对比

比较项	传统方法	敏捷方法
需求	需求稳定，技术成熟	应对大量变更，干系人持续参与提供反馈或提出新需求
范围	在项目早期对项目可交付成果进行定义	在迭代计划会议上定义本次迭代的详细范围。项目整体范围产品代办事项列表被逐步分解成一系列的冲刺代办事项列表
工作分解	在项目早期根据范围定义创建WBS	在迭代计划会议上把用户故事分解为任务
基准	经过批准的需求文件 经过批准的范围基准	使用产品代办事项列表来反映当前不断变化的需求，并排列优先级
确认范围和控制范围	在每个可交付成果生成时或在阶段审查点时确认范围，而控制范围是持续的过程	迭代结束时通过迭代评审会议确认范围，控制范围是持续的过程
变更管理	范围变化执行正式变更流程，通常由CCB评审	没有严格的变更流程，没有CCB。拥抱变更，在产品待办事项列表中排列优先级

7.4 质量管理的理念和工具

质量是产品、服务或结果的一系列内在特性满足要求的程度。质量聚焦于需要达到的绩效水平,质量需求通常包含在完成标准、完成的定义(DoD)、工作说明书(SOW)或需求文件中。质量既包括"和需求一致"(Conformance to Requirement),也包括"适用性"(Fitness for Use)。产品或服务必须满足真实的要求。

1. 质量三部曲

质量管理大师约瑟夫·朱兰(Joseph M. Juran)提出了质量管理的三部曲:质量规划、质量控制和质量改进。在项目管理中,质量管理过程可以简化为三个循环反复的步骤:质量规划、质量保证和质量控制。其中,"质量保证"和朱兰三部曲中的"质量改进"相对应。

(1)质量规划(Quality Planning,QP)的目的是确定质量标准,包括工作过程的质量标准和工作成果的质量标准。质量规划也确定为了达到质量要求所需采取的一系列行动,如培训、流程优化、问题分析、工具更新等。

(2)质量保证(Quality Assurance,QA)的目的是采取一系列必要的行动,提高干系人对项目质量的信心。比如,执行质量规划中确定的行动,如培训等,也包括审计质量要求和质量控制测量结果,确保使用的质量标准和操作定义的合理性。开展质量保证的依据有质量管理计划中定义的系列行动、质量控制的结果数据、审计给出的建议、同行的最佳实践等。质量保证还需要关注持续改进,减少浪费性的活动和没有价值的活动,提高流程的效率和效果。

(3)质量控制(Quality Control,QC)是根据事先定义的质量标准,采用事先定义的检查方式,对工作过程和结果进行检查,识别不合格项,避免缺陷流入下一个工序或流向客户;确认合格项,证明这些产品符合既定的质量标准,可以进入验收环节。

2. 质量管理的责任

质量大师W. 爱德华兹·戴明(W. Edwards Deming)博士认为,至少85%的质量成本由管理层负有直接责任,质量保证通常由组织的质量保证部门执行,如故障分析、实验设计和质量改进。但是,质量管理的责任并非只有某些特定成员(如质量保证部门、质检小组、测试人员等)负责,管理质量是所有人的共同职责,包括项目经理、团队成员、客户、业务人员、发起人、执行组织的管理层以及其他干系人。

3. 戴明的质量管理14项原则

质量管理大师戴明博士为管理者提供了14项关键原则（在他的《走出危机》一书中首次提出），以显著提高组织的效率。

（1）建立持续改进产品和服务的长期目标，只有如此才能使企业具有竞争力，才能基业长青。

（2）要接纳新思想。我们正处在一个全新的经济环境中，西方的传统管理思想必须适应新的挑战，并且主动带领变革。

（3）不要依靠检验去保证质量。要在第一时间就把质量构建在产品中，而不是依靠大规模的检验。

（4）不要仅仅根据产品的价格来选择供应商，同时，还要考虑使用产品过程中的整体成本。对某个需采购的产品或材料，尽量选择单一的供应商，并且与之建立忠诚互信的长期合作关系。

（5）对生产和服务系统进行永续的改进，这样才能提高质量和效率，从而不断降低成本。

（6）建立在职培训方法。

（7）构建领导力。监督的目的是使人员、机器和工具做得更好。对生产工人进行监督的同时，也需要对管理层进行监督。

（8）驱除恐惧，让每个人都可以高效地为公司工作。

（9）打破部门之间的壁垒。研究、设计、销售和生产人员必须作为一个团队工作，以预见产品或服务可能遇到的生产和使用问题。

（10）消除针对劳动力的零缺陷和提高生产力的标语、口号和目标。这种方式只会产生对抗关系，因为低质量和低生产率的大部分原因都属于系统，超出了劳动力的能力。

（11）①不要再给生产车间布置工作标准和定额，相反，应该发挥领导力；②不要再使用目标管理，不要再使用数字化管理方法或设定数字化目标，相反，应该让领导力在管理中发挥最大的作用。

（12）①移除阻碍，让工人有权利以自己的工艺为荣，监督员的责任必须从单纯的数量转变为质量；②消除阻碍，让管理人员和工程人员有权利以自己的工艺为荣。取消年度或绩效评级以及目标管理。

（13）制订强有力的教育和自我改进计划。

（14）让公司的每一位员工都参与进来，共同完成变革任务。

4. 丰田的14项管理原则

杰弗里·莱克（Jeffery Liker）在其著作《丰田汽车案例——精益制造的14项管理原则》中，从日本丰田公司创建丰田生产模式的思想及文化基础入手，通过分析和实证的手段，总结了丰田生产方式中的14项管理原则。这些原则也被应用在项目环境中，以提高质量，减少浪费，实现价值最大化。以下是14项原则的简要介绍。

原则1：管理决策以长期理念为基础，即使因此牺牲短期财务目标也在所不惜。

原则2：建立连续的作业流程以使问题浮现。

原则3：使用拉动式生产方式以避免生产过剩。

原则4：使工作负荷平均（生产均衡化），工作应该像龟兔赛跑中的乌龟一样。

原则5：创建立即暂停以解决问题、从一开始就重视质量控制的文化。

原则6：工作的标准化是持续改善与授权员工的基础。

原则7：通过可视化管理使问题无所隐藏。

原则8：使用可靠且已经充分测试的技术以协助员工及生产流程。

原则9：培养深谙公司理念的领袖，使他们能教导其他员工。

原则10：培养与发展信奉公司理念的杰出人才与团队。

原则11：重视合作伙伴与供货商，激励并助其改善。

原则12：亲临现场，彻底了解情况（现地现物）。

原则13：制定决策时要稳健，穷尽所有的选择，并征得一致意见；实施决策时要迅速。

原则14：通过不断省思与持续改善，成为一个学习型组织。

5. ISO的7项质量原则

国际标准化组织（International Organization for Standardization，ISO）成立于1947年，是标准化领域中的一个国际组织。ISO自我定义为非政府组织。ISO源于希腊语"ISOS"，意为"平等"。ISO的质量原则共有7项。

原则1：聚焦客户。质量管理的主要关注点是满足客户需求并努力超越客户期望。

原则2：领导力。各级领导建立统一的目标和方向，并创造条件，使人们可以投身于实现组织的质量目标。

原则3：全员参与。组织内所有级别的人员称职、被授权和参与，对于提高创造和交付价值的能力至关重要。

原则4：过程方法。当活动被理解和管理为作为一个连贯系统运作的相互关联的过程时，就会更有效地实现一致且可预测的结果。

原则5：改进。改进对于组织保持当前绩效水平、对内部和外部条件的变化做出反应以及创造新的机会至关重要。

原则6：基于证据的决策。决策可能是一个复杂的过程，总是涉及不确定性。通常涉及多种类型和来源的输入，以及对它们的解释，这可能存在主观性。理解因果关系和潜在的非预期后果很重要。事实、证据和数据分析有助于提高决策的客观性和信心。

原则7：关系管理。利益方影响组织的绩效，当管理与所有利益方的关系以优化其对绩效的影响时，组织更可能实现持续的成功。与供应商和合作伙伴的关系管理尤为重要。

6. 质量管理的5个层级

组织的质量管理水平有不同。在有的组织中，产品带着满身缺陷来到客户手上，不仅无法为客户带来正向价值，反而给客户造成麻烦，形成负向价值。有的组织对产品实施严格的质量检验，把缺陷控制在组织内部，最大限度地降低缺陷流入客户手中的可能性，这种情况虽然保证了客户体验，但是对于组织内部来说，测试、返修等造成的质量成本过高，这将极大地削减组织的市场竞争力。最佳的质量水平是在组织的各个层级注入质量理念和文化，把质量内建到产品开发的每个步骤，把缺陷发生的概率降到最低。下面从低到高列出了组织质量管理的5个层级。

（1）客户发现缺陷，会导致保修问题、召回、商誉受损、返工。

（2）自己检测出缺陷，纠正缺陷，再发给客户，会发生评估成本和内部失败成本。

（3）改进流程，预防缺陷发生。采用质量保证，检查并纠正过程本身，而不仅仅是特殊缺陷。

（4）把质量提前到规划和设计，将质量融入项目和产品的规划和设计中，如采用防呆设计等手段，避免缺陷发生。

（5）全员质量文化。在整个组织内创建关注并致力于实现过程和产品质量的文化。

7. 丰田方法中的8种浪费

浪费是指不能为最终产品或服务增加价值的活动，消除浪费是精益思维的关键组成部分。丰田生产系统（Toyota Production System，TPS）提出了7种浪费，分别为运输、库存、移动、等待、过度生产、过度加工和缺陷。20世纪90年代，当丰田生产系统在西方世界被采用时，被添加了第八种浪费——未利用员工的技能和能力。

为了便于记忆，人们把8种浪费称为TIMWOODS，取每种浪费英文名称的首字母。下面是对TIMWOODS的简要介绍。

（1）运输（Transportation）：不必要地将物品、表单、设备、资源和材料从一个位置移动到另一个位置。

（2）库存（Inventory）：超出客户需求，建立不必要的库存，如印刷的材料、报告。

（3）移动（Motion）：人们走路去拿东西，这些东西应该放在离使用点更近的地方，这些都是不必要的移动。

（4）等待（Waiting）：等待造成工作环节之间的延迟或者停工，如等待信息、等待批准、等待其他流程或人员等。

（5）过度生产（Over-production）：做得太多，如在需要之前完成任务，或者开发客户未要求的功能。

（6）过度加工（Over-processing）：重复或冗余操作，执行不需要的浪费步骤，通常是因为"我们总是这样做，所以我就这么做"。

（7）缺陷（Defects）：未能一次性产出符合质量的输出，导致返工和报废。

（8）未利用员工的技能和能力（Skills Underutilized / Non-Utilized Talent）：不倾听他人的意见，不利用他们的知识或从过去的错误中吸取教训。

8. 不同层面的测试

测试是具有试验性质的测量。测试的基本任务通过借助专门的仪器、设备，设计合理的实验方法以及进行必要的信号分析与数据处理，从而获得与被测对象有关的信息。测试最终的结果是将显示的信息输入信息处理库中进行控制。

软件测试（Software Testing）是一种用来促进鉴定软件的正确性、完整性、安全性和质量的过程。换句话说，软件测试是一种实际输出与预期输出之间的审核或比较过程。软件测试的经典定义是：在规定的条件下对程序进行操作，以发现程序错误，衡量软件质量，并对其是否能满足设计要求进行评估的过程。

对软件测试的分类有多种维度：

- 按照开发阶段划分：单元测试、集成测试、系统测试和验收测试。
- 按照测试实施组织划分：开发测试、用户测试、第三方测试。
- 按照测试技术划分：黑盒测试、白盒测试和灰盒测试。
- 按照测试执行方式划分：静态测试和动态测试。
- 按照测试对象类型划分：功能测试、界面测试、流程测试、接口测试、安装测试、文档测试、源代码测试、数据库测试、网络测试和性能测试。
- 按照质量属性划分：容错性测试、兼容性测试、安全性测试、可靠性测试、维护性测试、可移植性测试和易用性测试。
- 按照测试地域划分：本地化测试和国际化测试。

下面介绍几种主要的测试方法。

1）单元测试

单元测试又称模块测试，是对软件中的最小可测试单元（程序模块）进行正确性检查和验证的工作。单元是人为规定的最小的可测功能模块。在C语言中，单元指一个函数；在Java语言中，单元指一个类；在图形化的软件中，单元指一个窗口或一个菜单。单元测试是软件开发过程中最低级别的测试活动，单元测试是在与软件程序的其他部分相互隔离的情况下进行测试的。开发人员有责任编写功能代码，也就有责任为自己的代码编写单元测试。

2）集成测试

集成测试又称组装测试或联合测试。在单元测试的基础上，将所有模块按照设计要求（如根据结构图）组装成子系统或系统，然后进行集成测试。一些模块虽然能够独立工作，但连接起来后不一定能正常工作。一些局部反映不出来的问题，在全局上很可能暴露出来。集成测试的两种常见技术为：①功能性测试，使用黑盒测试技术针对被测模块的接口规格说明进行测试；②非功能性测试，对模块的性能或可靠性进行测试。集成测试工作最好不由该软件的开发人员承担，以提高集成测试的效果。

3）系统测试

系统测试是将经过集成测试的软件，作为计算机系统的一个部分，与系统中其他部分（包括硬件、软件、操作人员）结合起来，在实际运行环境下对软件系统进行的一系列严格、有效、彻底的测试，以验证软件的正确性和性能等是否满足其规约所指定的要求。

系统测试是站在用户的角度上，验证最终软件系统是否满足用户规定的需求。主要内容包括：①功能测试，验证软件系统的功能是否正确和完整，依据是需求文件；②安全测试，判断安全措施是否完善，能否保证系统不受非法侵入；③压力测试，判断系统在正常数据量以及超负荷量（如多个用户同时存取）情况下是否能正常工作；④健壮性测试（恢复测试），验证软件系统在异常情况下能否正常运行的能力。健壮性有两层含义：一是容错能力，二是恢复能力。

4）验收测试

验收测试是在系统测试完成之后，产品发布之前所进行的测试活动。验收测试是测试环节的最后一个阶段，也称交付测试、发布测试或确认测试。目的是确保软件准备就绪，并且可以让最终用户将其用于执行软件的既定功能和任务。

验收测试是按照项目任务书或合同、供需双方约定的验收依据文档进行的对整个系统的测试与评审，决定是否接收系统。根据验收通过准则分析测试结果，做出验收是否通过及测试评价。

验收测试主要包括易用性测试、兼容性测试、安装测试、文档（如用户手册、操作手册等）测试等几个方面的内容。

5）冒烟测试

冒烟测试（Smoke Testing）是对一个软件版本的基本功能进行确认验证的手段，并非对软件的深入测试。冒烟测试是针对一个软件版本进行详细测试之前的预测试，如果冒烟测试通不过，则不必做进一步的详细测试了。冒烟测试属于高级测试（High Level Test），是站在系统的角度对整个版本进行测试，测试对象是完整的产品而不是产品内部的模块。冒烟测试可以手动执行，也可以自动化执行。

6）回归测试

回归测试是指修改了旧代码后重新进行测试，以确认修改没有引入新的错误或导致其他代码产生错误。回归测试在整个软件测试过程中占很大的工作量比重，在渐进和快速迭代开发中，新版本的连续发布使回归测试更加频繁。在极限编程方法中，要求每天都进行若干次回归测试。回归测试是软件测试中十分重要但成本高昂的过程。针对如何降低回归测试成本、提高回归测试效率的研究已经成为国际上研究的热点。

7）自动化测试

自动化测试是把以人为驱动的测试行为转化为机器执行的一种过程。手动测试是在设计了测试用例（测试方案和场景）并通过评审之后，由测试人员根据测试用例中描述的规程一步步执行测试，得到实际结果与期望结果的比较。在此过程中，为了节省人力、时间或硬件资源，提高测试效率，便引入了自动化测试的概念。

实施自动化测试通常需要同时满足以下条件：

（1）需求变动不频繁。如果需求变动频繁，测试人员需要根据变动的需求来更新测试用例和测试脚本，而脚本的维护本身就是一个代码开发的过程。

（2）项目周期足够长。测试脚本的编写与调试均需要比较长的时间，如果项目的周期比较短，则没有必要编写自动化脚本。

（3）自动化测试脚本可重复使用。如果编写的自动化脚本就用几次，则得不偿失。

9. 质量管理的方法和工具

质量管理的基本方法主要源于20世纪50年代日本企业开展的质量管理活动。20世纪80年代美国企业的质量实践又为这些方法增加了新的成分，同时，世界各地的质量实践者也在贡献方法，并且对已有的方法进行优化和改良。也有一部分方法源于通用管理领域。本节介绍的方法和工具可以用于质量规划、质量保证和质量控制的各个环节。

1）问题解决

结构化、系统化解决问题的思路不仅有助于解决质量方面的问题，也有助于解决工作中的任何问题。采用这种方法可以最大限度地从根本上消除问题，开放性地把各种方案纳入考虑，谨慎分析每种方案的优缺点，平衡干系人利益，从而做出更加趋于明智的决策，长久有效地解决问题。

解决问题的六个步骤：

（1）定义问题。

（2）识别根本原因。

（3）生成可能的解决方案。

（4）选择最佳解决方案。

（5）执行解决方案。

（6）验证解决方案的有效性。

2）根本原因分析

根本原因分析（Root Cause Analysis，RCA）是结构化解决问题流程中的一个步骤，只有找到造成问题的根本原因，才能制定有针对性的措施，从而从根本上解决问题，杜绝问题再次发生。鱼骨图和5Whys法都是根本原因分析的工具。

（1）鱼骨图。鱼骨图由石川馨（Ishikawa Kaoru）发明，也称因果图、石川图。鱼骨图是分析引起问题或偏差的根本原因的图示方法，如图7.7所示，把问题或偏差画在鱼的头部，然后顺着鱼骨逐层识别原因。

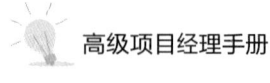

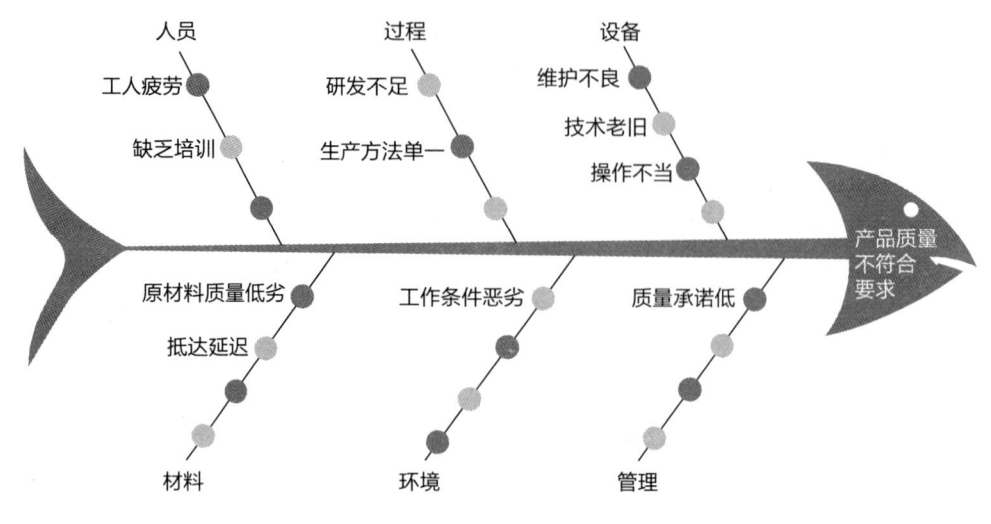

图7.7 鱼骨图举例

具体的使用步骤：

①在白板上画出一条鱼的形状，并画出鱼骨。

②在鱼头陈述出现的问题或偏差。

③鱼骨的一级分支为原因的类别，通常分为人、机、料、法、环5个方面，也可以根据实际情况调整或增加其他方面。

- 人——与问题相关的人的因素：人员数量、能力、激励等。
- 机——与问题相关的机器、软件、硬件、工具等。
- 料——与问题相关的材料、资料、输入、数据等。
- 法——与问题相关的方法、流程等。
- 环——与问题相关的内外部环境因素。

④在每一类原因下分解出更具体的原因分支。

⑤通过分析、对比、论证等方法确定可疑的原因。

⑥确认造成问题的一个或多个根本原因。

（2）5Whys分析法。5Whys分析法也称5W分析法或"Why-Why"分析法，对发现的问题连环提问，连续问"为什么"，不断探究问题深层次的原因。丰田汽车公司前副社长大野耐一先生曾经运用"5W"找出了停机的真正原因。

有一次，大野耐一发现生产线上的机器总是停转，虽然修过多次但仍不见好转。于是，大野耐一与工人进行了以下的问答。

一问："为什么机器停了？"答："因为超过了负荷，保险丝断了。"

二问："为什么超负荷？"答："因为轴承的润滑不够。"

三问："为什么润滑不够？"答："因为润滑泵吸不上油来。"

四问："为什么吸不上油来？"答："因为油泵轴磨损、松动了。"

五问："为什么磨损、松动了？"答："因为没有安装过滤器，混进了铁屑等杂质。"

根本问题终于找到了：未安装过滤器。所以，彻底解决此问题的方法不是换一根保险丝而是安装过滤器。

3）帕累托图

帕累托图是一种特殊的直方图，按照发生的频率对造成问题的原因进行排序，圈定主要原因，优先采取纠正措施。帕累托图基于帕累托法则，即80/20原则。80/20原则存在于各个领域：

- 80%的问题由20%的原因引起。
- 80%的索赔发生在20%的生产线上。
- 80%的销售额由20%的产品带来。
- 80%的品质成本由20%的品质问题造成。
- 80%的品质问题由20%的人员引起。

如图7.8所示，帕累托图中有一个横坐标和两个纵坐标。横坐标表示可能的原因，左侧纵坐标为单个原因导致缺陷的频率或频数，右侧纵坐标为累计所占百分比。图7.8中是按高低顺序排列的竖条，竖条高度为该原因导致缺陷的频率或频数。在图7.8中，前面4个原因造成了81%的问题，所以应该首先消除这4个原因。

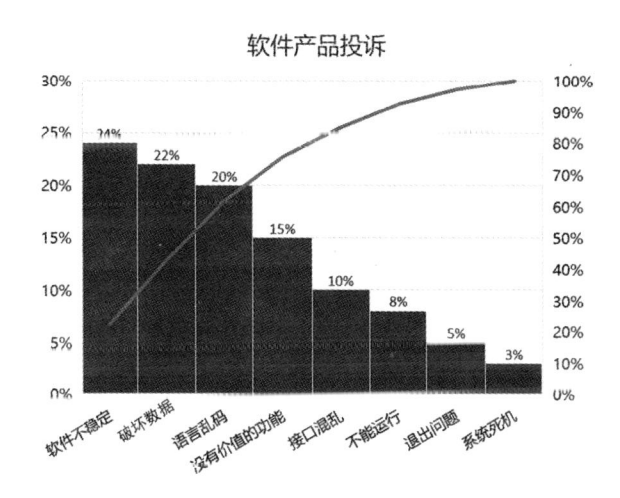

图7.8 帕累托图举例

4）SIPOC模型

SIPOC模型由戴明博士提出，用于组织流程管理和改进。通过分析，可以识别核心流程。SIPOC的每个字母分别代表：供应商（Supplier）、输入（Input）、流程（Process）、输出（Output）、客户（Customer）。如图7.9所示，戴明博士认为，任何一个组织都是由供应商、输入、流程、输出和客户这样相互关联、互动的5个部分组成的系统。

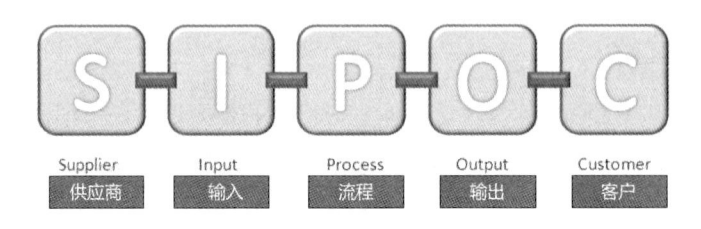

图7.9　SIPOC模型

通过SIPOC模型，不仅可以识别核心流程，而且可以对质量进行全程管理。在图7.9中客户条目下清楚列出客户对质量的要求，然后向前反推对前道工序的质量要求，一直推导到对供应商材料的质量要求。在生产过程中，则从流程的前端开始逐步监管，一旦发现某个环节的质量不达标，就应该把不达标的材料或工件剔除出流程，以免流入后续环节。问题在流程中潜伏的时间越长，造成的浪费和影响越大。

5）流程图

流程图（Flow Chart）也称过程图，展示输入转化为输出的过程中所需的步骤顺序和可能分支，包括活动、决策点、分支循环、并行路径及整体处理顺序。

通过分析流程图，不仅可以确定潜在的问题点，并且可以估算质量成本。例如，在图7.10中，根据历史数据，客户验收一次通过的概率只有60%，这就是一个潜在的问题点，项目团队需要采取措施对这个环节进行改善。同时在估算成本的时候，需要为这个环节多估算一些，因为有40%的情况需要花费额外的费用进行返工。

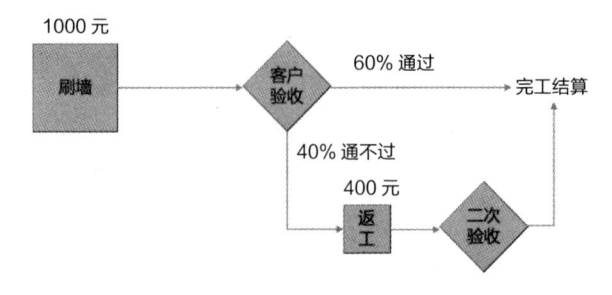

图7.10　流程图举例

6）控制图

控制图按顺序显示所有的过程数据，用来确定过程是否稳定，是否达到预期的结果。如图7.11所示，控制图中包含五条线。

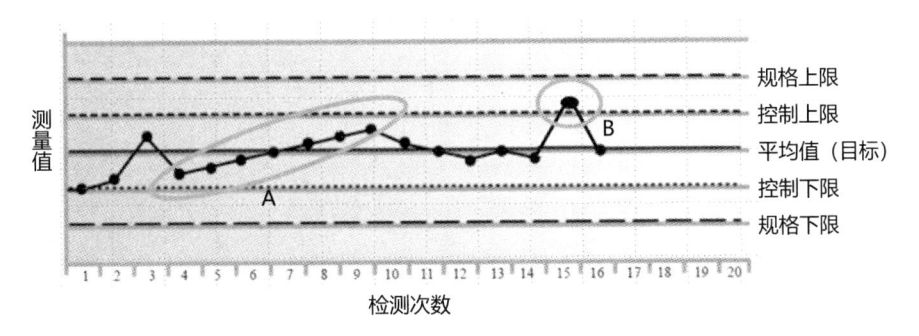

图7.11　控制图举例

- 中间线：期望值、目标值、平均值（重复度量时）。
- 上/下规格限制：根据合同确定，如果超出，可能按合同条款惩罚。
- 上/下控制界限：由项目经理和相关干系人确定。如果超出，则需要纠正措施。

控制图适用于有重复出现的度量时，控制的上下限通常在±3δ。控制图中如果出现下列某一种情况，就认为过程已经失控，需要采取措施：

- 某个数据点超出控制界限。
- 连续7个点落在均值的同一侧。
- 连续7个点呈现上升趋势或下降趋势。

图中圈出的两处均为失控区域，区域A中的7个数据点呈上升趋势，区域B中的点超出了控制上限。

7）散点图

散点图又称相关图，用来显示两个变量之间的关系和规律。在坐标上，用多个圆点标示出自变量X和因变量Y的不同取值组合。数据点越接近一条斜线，则两个变量之间的关系越紧密。相关性可能呈正相关、负相关或不相关。在管理质量过程中，散点图的横轴表示过程、环境或活动的任何要素，纵轴表示质量缺陷，从而推断质量缺陷与过程环境中的要素是否具有相关性。图7.12是散点图举例。

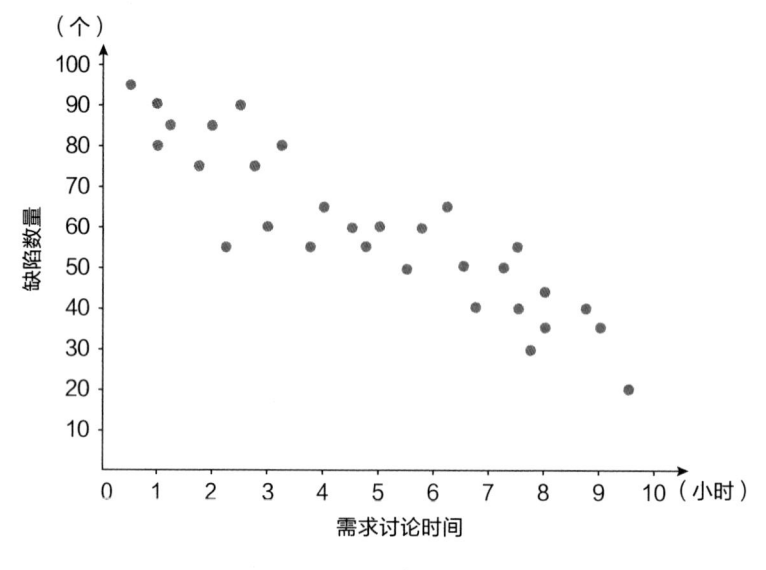

图7.12 散点图举例

8）标杆对照

标杆对照是在行业中发现最佳实践，通过对比，找到可以学习和参考的地方。在项目管理中，标杆对照将本项目的做法和其他项目的做法进行对照，产生改进的方法。可以比较项目的实际数据，也可以比较计划数据，通常寻找更好的项目作为标杆，更好的项目可以在组织内部也可以在组织外部。

9）质量政策

质量政策是简短的陈述，由组织高层颁布，说明组织的质量工作方向和对质量的态度。在项目中，直接引用来自项目实施组织的质量政策，但有时候需要项目团队自己制定，比如，所在组织没有质量政策或者项目团队由来自不同组织的成员组成等。项目团队要知悉和认可项目的质量政策，这会影响项目中任何一个决策点，如是否包含更多的工作、是否更换人员、如何对待客户的个性化需求等。

10）质量审计

质量审计是由项目团队以外的、具有资质的个人或单位进行的系统化的独立审查。质量审计可以是有计划的，也可以随机的或者根据特定情境触发的，如连续出现质量问题或客户投诉等。审计专家可以是内部的，也可以是外部的。质量审计的目的是确定项目活动是否符合组织和项目的政策、流程和步骤，具体包括：

- 识别项目中好的做法。
- 识别差距和缺点。

- 分享行业或组织中的好做法。
- 主动事前帮助团队提高效率。
- 确认得到批准的变更的实施情况,如纠正措施、缺陷修补、预防措施等。

质量审计之后要根据审计意见采取纠正措施,关注降低质量成本、提高客户对项目产品的满意度。每次审计得到的经验教训都需要记录。

11)质量成本

质量成本(Cost of Quality,COQ)是质量管理的一种方法,采用质量成本可以帮助组织确定其资源有多少用于防止质量不佳,多少用于评估质量以及多少用来处理内部和外部质量问题。根据这些信息,组织可以确定应该从哪里出发来改进流程、降低成本。

质量成本超出了项目范畴,包括整个产品生命周期中发生的与质量有关的成本。如表7.2所示,质量成本包括一致性成本和非一致性成本,一致性成本是为预防工作出错而做的努力所花费的成本,非一致性成本是指为纠正已经出现的错误而做的努力所花费的成本。一致性成本又分为预防成本和评估成本,非一致性成本分为内部失败成本和外部失败成本。

表7.2 质量成本

质量成本(COQ)			
一致性成本		非一致性成本	
预防成本	评价成本	内部失败成本	外部失败成本
用于创建一个符合质量的合格产品	用于评价质量	项目和组织内部发现失败	移交给客户后,由客户发现失败
• 培训员工 • 对过程进行记录 • 保养设备 • 优化流程和方法	• 测试 • 检查 • 破坏性测试的损失	• 报废 • 返工	• 现场维修 • 召回 • 未来商机的丢失 • 产品责任

对于一个质量水平比较低的组织来说,加大对预防成本的投入,可以显著地降低失败成本。但也要注意,这种投入并不是线性的,当预防成本投入达到一定程度时,继续投入不会进一步降低失败成本。需要掌握最佳的平衡点。对验收标准和其他质量标准的定义会影响质量成本。组织通过改善来持续优化流程,提高质量。改善的效果可以用质量成本来度量,有效的改善应该从整体上降低质量成本。

质量成本的概念对理解降本增效的策略也很有帮助。降低成本的目的是提高利润,如图7.13所示,要降低的成本应该聚焦于由于质量问题造成的浪费成本,而不是为了保证材料和工艺的高品质而投入的成本。

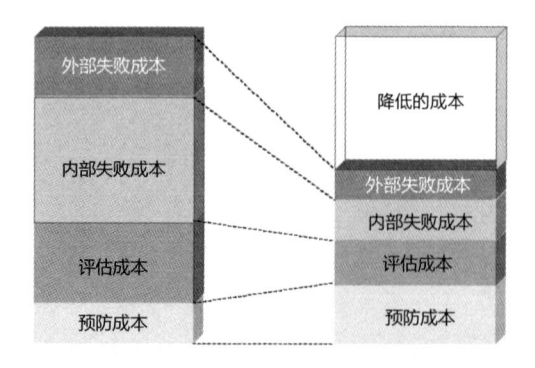

图7.13　降低成本应聚焦的点

12）变更成本/纠正成本

图7.14展示了在采用瀑布模式的传统项目中，变更成本在整个生命周期的变化曲线。如果在项目早期出现错误，错误被检测到的时间越晚，修复错误的成本越高。因为在瀑布模式中，项目工件相互交互，越到后面，一个错误所涉及的工件越多，被影响的干系人的数量也会增加。因此，应在项目早期就开始测试，而不是在构建完成后再进行测试。

举例来说，如果一个错误在需求阶段就被发现，那么修改错误的成本很低，只需要删掉错误的需求并代之以正确的需求即可。如果在设计阶段发现这个错误，仅修改问题是不行的，还需要推翻已经完成的全部或部分设计文件，相关设计人员必须重新设计，这会产生返工成本，也会对员工士气产生影响。如果在构建的过程中发现错误，那就需要更多的人参与返工。

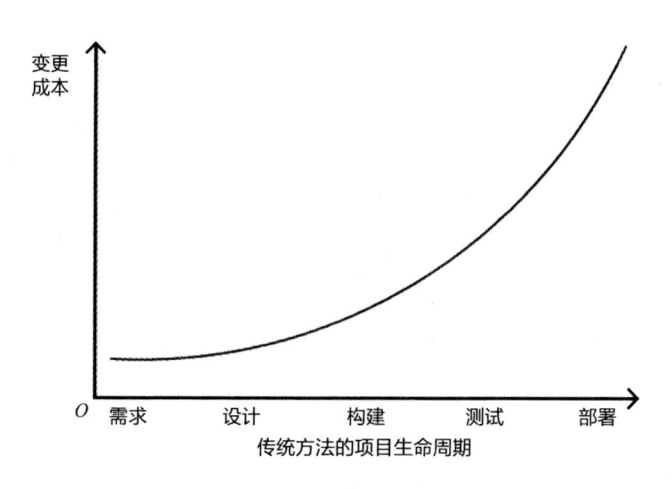

图7.14 传统项目中的变更成本曲线

采用敏捷方法，在一定程度上修改了成本曲线的走势。由于敏捷方法中反馈周期缩到足够短，所以可以在最早时间发现错误并予以纠正。极限编程倡导的测试驱动开发方法（Test Driven Development，TDD）把反馈周期缩得更短，在这种情况下，变更曲线如图7.15所示。这使得在项目过程中拥抱变更成为可能。

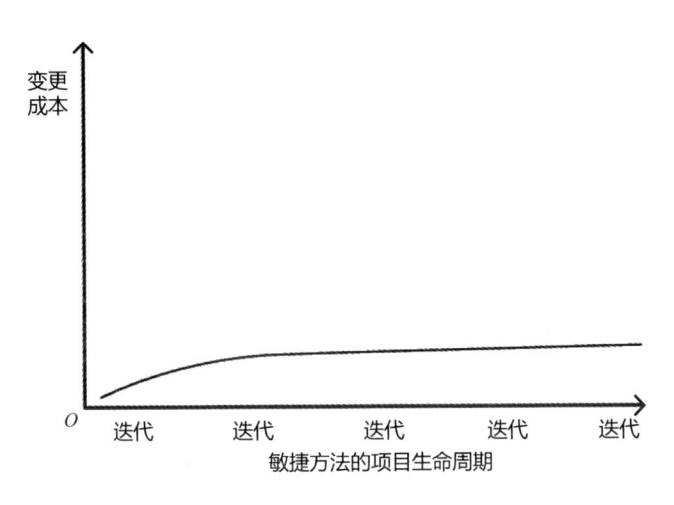

图7.15　敏捷项目中的变更成本曲线

13）改善

改善（Kaizen）也称持续改进，是日本在质量管理中用到的一个理念，即通过改变而更好，或者为了更好而改变。作为一种管理理念，改善提倡一种心态，即随着时间的推移，微小的增量改变会产生巨大的影响。改善通过让高层管理人员和普通员工参与日常变革来增强公司特定领域的能力。

7.5　有助于提高质量和交付价值的敏捷实践

质量管理大师戴明博士说过，检验无法改善质量，也不能保证质量，检验已经为时太晚，因为质量的好与坏已经内建到产品中了。所谓的内建质量，就是确保产品、过程或解决方案中的每个元素在整个开发演进过程中都符合质量标准。内建质量是敏捷方法的前提和基础，只有每个元素都满足质量标准，团队才能在短周期内频繁交付价值。

极限编程方法追求更低的成本、更少的缺陷、更高的效率和更高的投资回报。极限编程的很多实践已经辐射到其他敏捷项目管理方法甚至传统项目管理方法中，同时也从软件开发领域延伸到其他领域。测试先行源于极限编程，属于内建质量的重要实践，核心思想是在编写代码之前先构建测试，用测试更好地详细定义预期的系统行为。下面介绍的敏捷实践大部分源于极限编程方法。

1. 刺探

刺探（Spike）也被译为探测、探针等，是固定时间盒的研究或实验，也就是在项目中留出一段短暂的时间间隔，在此期间，团队开展研究或针对方案的某个方面进行原型研究来验证其可行性。刺探对学习很有用，当团队需要学习一些关键技术或功能要素时，可以采用刺探的方式，刺探是一种快速的有时间盒限制的活动。项目中有两种主要的刺探。

- 技术刺探：当团队调查技术选型、新技术的影响时。
- 功能刺探：当开发团队评估新功能对解决方案的影响时。

2. 技术债务

"技术债务"（Technical Debt）一词由沃德·库宁汉姆（Ward Cunningham）创造，他是《敏捷宣言》的17位作者之一。技术债务是因选择一个简单但有限的解决方案而导致的重新设计解决方案的成本。复杂的技术债务会阻碍公司的竞争和创新，公司最终必须用时间、金钱和资源来偿还债务，技术债务通常是因为选择速度而不是选择质量造成的。与金钱债务的情况一样，技术债务也会积累特定的"利息"，直到完全偿还为止。

这种技术上的选择，就像一笔债务一样，虽然眼前看起来可以得到好处，但必须在未来偿还。开发团队必须付出额外的时间和精力持续修复之前的妥协所造成的问题及副作用，或者进行重构，把架构改善为最佳实作方式。常见原因包括不充分的事前定义、商务压力、缺少测试套件、缺少文档、拖延重构、缺少所有权等。

3. 重构

重构（Refactoring）是对现有软件设计的持续改进，为增加软件可维护性或降低复杂度等目的而进行的重新编写，但不影响软件的功能和外部行为。

代码重构的主要目的很明确——让代码干净、整洁、更高效和可维护，重构后产品功能保持不变，用户不会看到任何差异。在敏捷方法中，重构是常见的做法，随着每一次新的迭代，如果团队不努力使代码更清晰、更容易理解，维护和扩展代码就会更加困难。重构最佳实践的一些重要工作原则包括：

- 一次移动一小步。永远不要试图一次做所有事情。
- 测试。重构过程应与测试齐头并进，以确保所做的更改不会导致新的错误。
- 重构不应添加新功能。切勿将此过程与修改产品功能或添加新功能混为

- 定期维护。随着时间的推移，任何代码都会过时。因此，应该接受这样一个事实：过程永远不会 100% 完成。

"重构"的概念来自 Smalltalk 语言圈子，后续很快进入更多语言阵营之中。由于重构是框架开发中不可缺少的一部分，所以当框架开发人员讨论自己的工作时，这个术语就诞生了。马丁·福勒（Martin Fowler）于 1999 年出版《重构》一书，使重构终于从编程高手的圈子走出，成为众多普通开发人员日常开发工作中不可或缺的一部分。如今，重构已成为开发人员的一项必备技能，《重构》一书也成为每一位开发人员的必读经典之一。

4. 结对编程

结对编程（Pair Programming）是极限编程中的基础实践之一，指的是两个开发人员坐在一起，共用一台计算机进行编程。这样做更有助于生成高质量、低缺陷率的软件；因为有更多人熟悉修改的代码，以后出现问题能更快解决；因为这种形式具有社交属性，所以团队满意度更高。下面列出了结对编程的一些好处。

- 避免分心：强迫做好准备，不要浪费时间，否则会浪费同事的时间。
- 高质量：如果双方都同意方法，则具有高可信度；如果不同意，则强制展开讨论。这样的过程能产生高质量和高水平的成果。
- 技术优化：每个参与工作的人员都会贡献自己的最好技术，最后，最好的技术被留下来，不好的技术被淘汰。
- 知识共享：更多的人知道相同的代码是如何工作的，避免对专家的依赖。
- 鼓励团队精神。

分布式虚拟团队可以通过使用虚拟会议工具来共享屏幕（包括语音和视频链接）来建立远程结对。

5. 群集模式

群集（Swarming）模式也称蜂拥模式，指的是一种多个团队成员合作、重点消除特定障碍的工作模式。基于工作流的项目可以使用看板来限制在制品的数量，如果看板中某列的任务接近在制品限值，那么项目团队成员可以对当前工作采取"蜂拥模式"，以帮助来处理使流程减缓的任务。

敏捷项目团队的成员不会彼此竞争，不会考核谁完成的任务、故事更多，而是作为一个单元团体，通过引入一些协作实践来帮助彼此提升，其中之一就是群集模式。群集是敏捷项目团队用来在高优先级的单个工作项（如用户故事）上协作直到

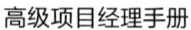

完成的一种方法。

敏捷群集模式背后的概念源自精益制造和丰田生产系统。为了确保产品的高品质和生产中的零缺陷，丰田采用了一种称为"安灯"的系统。在丰田的生产工厂内，每个工作站上都挂着一根电线，如果发现缺陷，操作员就拉动电线，触发警报系统。为了避免问题变得更重要，生产线就停止了，所有的人员都"蜂拥"在有问题的工位周围，参与合作讨论，以尽快解决问题。

6. 持续集成

持续集成（Continuous Integration，CI）是团队成员每次对版本控制进行代码更改时自动构建和测试代码的过程。向共享存储库的主分支或主干分支提交代码将触发自动构建系统来构建、测试和验证整个分支。成功持续集成之后可能会进入持续交付（Continuous Delivery，CD）阶段。如果构建失败，CI系统会阻止它进入下一阶段，团队会收到一份报告并迅速修复构建，通常在几分钟内完成。

持续集成实践通过小规模的迭代工作，使软件开发过程变得更加可靠和可预测。开发人员可以迭代开发新的功能，产品经理可以更快地将正确的产品推向市场。采用持续集成方法，开发人员可以快速修复错误，通常在用户接触到这些错误之前就能发现和修复。

7. 测试驱动开发

极限编程提出了"尽早测试、经常测试、自动测试"的理念，同时提出了"测试优先编程"的实践，测试驱动开发（Test-Driven Development，TDD）便是其中一个具体的工作方法。在开发工作之前先定义测试，采用零缺陷的思维模式使工作进度能持续得到确认。在创建产品之前编写自动化测试，实际上可以帮助人员设计产品，防范产品错误。对于非软件项目，要考虑如何通过"测试驱动"团队的设计。

TDD的基本步骤：

（1）开发人员首先增加一个（自动化）单元测试用例。

（2）执行测试用例，测试会失败。

（3）编写"刚好足够用"的代码让测试用例通过。

（4）重构代码。

TDD的目的：可在短时间内得到所编写的软件功能的反馈；测试优先与持续集成配合，可以减少定位问题和缩短解决问题的时间。

8. 实例化需求

实例化需求（Specification By Example，SBE）是为软件产品定义需求和定义面向商业的功能测试的一种协作方法，基于使用实例获取并阐明需求，而不是抽象陈述需求。实例化需求有助于让项目的所有干系人进行有效的协作和沟通。

实例化需求有两种流行的模型：

- 以验收测试为中心的模型（常称为验收测试驱动开发），侧重于自动化测试，并把它作为实例化需求说明过程的一部分。
- 以系统行为规范为主导的模型（常称为行为驱动开发），侧重于制定系统行为的场景。它的主要工作是通过协作和需求澄清，在项目干系人和交付团队之间建立共识。

9. 验收测试驱动开发

验收测试驱动开发（Acceptance Test-Driven Development，ATDD）是一种协作制定验收测试标准的方法，用于创建交付前的验收测试。在ATDD中，整个团队聚集一堂讨论工作产品的验收标准。然后，团队创建测试，团队编写足够的代码，进行自动化测试，满足标准要求。对于非软件项目，要考虑怎样在团队实现大量价值时对工作进行测试。

ATDD的基本步骤：

（1）讨论（Discuss），团队一起讨论用户故事的需求范围。
（2）提取（Distill），团队对验收测试标准有了清晰一致的理解。
（3）开发（Develop），团队开发验收测试代码和软件代码。
（4）演示（Demo），开发完成后，团队向客户和相关干系人演示。

10. 行为驱动开发

行为驱动开发（Behavior-Driven Development，BDD）是一种系统设计和确认实践，采用测试优先的原则和类似英语的脚本。BDD是一种强调满足软件业务需求的开发方法，它由TDD演变而来。TDD的目标是创建干净、简单的代码，以满足需求，避免或最小化代码膨胀。在TDD中，目标是创建通过测试的代码，而不是直接满足需求。BDD更进一步，使用特定于域的语言和固定语法进行测试，必须精确地使用语言，创建明确的测试，确保创建的测试与业务需求紧密一致，所以BDD是一种非常公式化的方法。比如，Cucumber是BDD的框架之一，其中，特定于域的语言为Gherkin，每个测试都遵循一个固定的格式：Given（给定某个条件），When（当发生某件事时），Then（你就会看到一个结果），采用这种格式和语言，目的是便于人们阅读和理解。

BDD关注的是最终用户的行为，不仅仅是为了通过测试，而是通过测试正确的

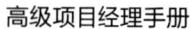

行为，确保系统实现用户的需求。

11. 功能/特性驱动开发

功能/特性驱动开发（Feature-Driven Development，FDD）是一种从客户重视的功能角度出发的轻量级敏捷软件开发方法，但同时具有结构化开发的特点。FDD中的功能通常采用用户故事的形式，FDD的五个步骤：

（1）开发整体模型。

（2）创建功能列表。

（3）按功能进行规划。

（4）按功能进行设计。

（5）按功能进行构建。

本章情境思考题

小张所在的公司是一个初创公司，目前接到的最好项目就是小张负责的项目，为一个学校创建学分管理系统。这个项目做好之后，就可以迅速实现产品化，向更多的学校推广。

客户对项目很重视，专门聘请了一位刚刚退休的、工作很认真的老教师马老师和小张进行对接，项目基本按照"周"的节奏推进，每周小张和几个同事去学校给马老师演示，马老师提一些反馈意见。就这样，项目过了3个月，眼看就可以开发完成，投入试运行了，结果上级部门发布了新的学分管理制度。小张和团队评估后发现，大部分的流程和功能都需要修改，这需要再花费2个月的时间。小张的领导听到消息后勃然大怒，质问小张作为项目经理，为什么不能预判政策的调整。小张哑口无言，他内心也有些抱怨，为什么马老师不能预判并且预先提醒他。

思考： 为什么小张的项目失败了？如果你是项目经理，你准备怎样管理需求？怎样让产品的客户价值和商业价值最大化？

第8章

项目执行：管理外围

为了让流程运作畅通，确保项目团队专注于交付价值的专业工作，项目经理或项目管理团队需要处理外围因素。在项目执行过程中，项目经理需要为团队营造积极的协作氛围，管理关系，管理干系人参与，为项目团队扫除障碍，让团队可以专注于交付价值的工作。关于团队、干系人及人际关系软技能的描述请参考本书第11章，本章介绍外围支持工作，包括流程优化、资源管理、采购管理、知识管理和制约因素的平衡。

图8.1说明本章在整本书中的位置，同时说明管理项目的基本路线。

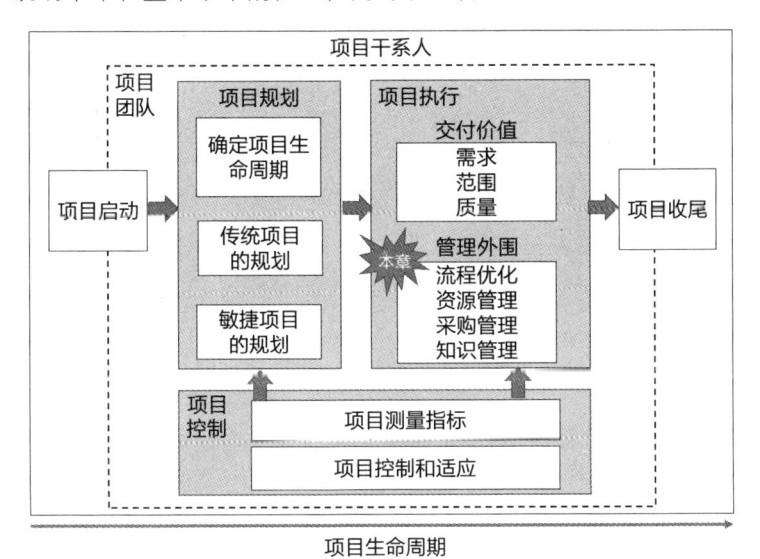

图8.1 融合传统方法和敏捷方法的项目管理路线

8.1 流程优化

在项目的启动和规划阶段，已经根据项目的复杂程度和其他特征选择了项目开发方法，确定了项目生命周期模型，这就说明已经基本确定了项目团队的运作模式和工作流程。在项目规划阶段，项目经理需要向所有的干系人宣讲工作流程，并且获得大家的承诺。在项目执行阶段，项目经理需要监督成员是否遵循流程，同时要监督流程本身的合理性。没有最好的流程，只有更好的流程。应该本着持续改进的态度，在整个项目过程中对流程进行持续优化。

找到流程改进点的方法有很多，此处主要介绍三种方法。

- 通过价值流图发现非增值活动，消除浪费，提高效率。
- 通过任务板或看板发现瓶颈，调整和优化配置，提高效率。
- 通过项目过程中的迭代回顾会议或反馈识别改进点。

项目经理作为流程的维护者，需要具备流程优化方面的专业知识，包括构建和调整项目节拍。除此之外，项目经理还需要时刻监督流程的相关指标，关注客户的反馈，与同行进行对标，发现问题，找到改进机会。

1. 价值流图

价值流图（Value Stream Mapping，VSM）是精益生产系统框架下的一种用来描述实物流和信息流的可视化工具。利用价值流图可以识别并且消除价值流过程中的浪费，使价值流得到不断优化，提高流程效率。VSM分析也是一种团队思考工具，可以让管理人员、工程师、生产制造人员、流程规划人员、供应商以及顾客等关键干系人坐在一起，展开创新讨论，识别过程中的浪费，一起寻找浪费的根源。

如图8.2所示，价值流图能够直观显示产品或服务在价值流中各个环节之间的移动过程，让人们快速获得信息流和实物流的情况。

- 信息流：从销售部门接到客户订单或者销售部门预测客户需求开始，到形成采购计划、生产计划的过程。
- 实物流：从原材料入库开始，到出库、制造、成品入库，再到把产品送到客户手中的过程。

在价值流图中，工序下面的线框中记录这个工序的相关数据，如周期时间、转换时间、操作员人数等。把两个工序之间的库存等待时间与各个生产环节的时间数据都画在图下面的时间台阶线上，为了易读，用于生产的时间画在台阶下，用于等待的时间画在台阶上。分别计算出等待时间的总量和生产时间的总量，然后求出生产时间占整个时间的百分比。通过这张图的分析，人们会惊讶地发现，用于增值的生产活动占总时间的比例远远低于人们的想象。

第8章　项目执行：管理外围

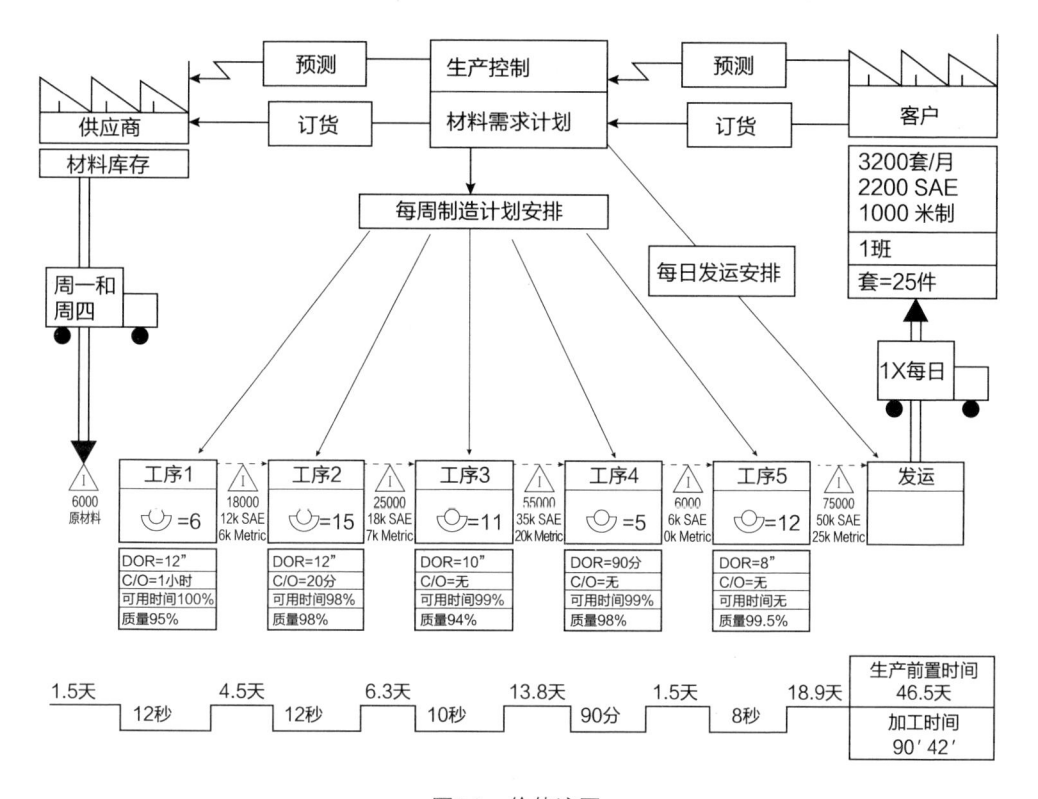

图8.2　价值流图

这种源于制造行业的工具可以应用于其他各种领域，如办公行政、软件开发、生物研发项目等。图8.3就是简化之后可以应用于各个领域的价值流图示例。

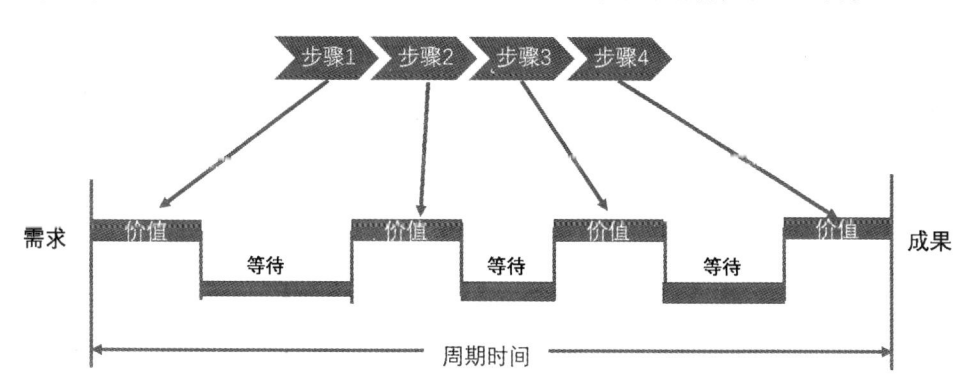

图8.3　简化之后的价值流图示例

绘制出价值流图之后，对图中的活动进行评估和分类，通常会分为以下三类。

- 增值活动（Value-Added，VA）：这些是关键活动，它们改变产品或服务的

183

形式、功能和适用性。客户愿意为这些活动买单。
- 不增值活动（Non-Value Added，NVA）：这些活动是纯粹的浪费，之所以流程中包含这些活动是为了应对流程、技术或资源等方面的缺陷所造成的问题。精益中总结的浪费活动通常有七种，包括运输、库存、移动、等待、过度生产、过度加工和缺陷。
- 必要但不增值的活动（Necessary but Non-Value Added，NNVA）：指那些不创造价值，但必须存在的活动，比如，为了满足合规要求而执行的活动、合规性审计和文档管理等。

通过价值流图分析，项目经理和团队对流程改进就有了明确的方向，应该想办法去除不增值的活动，同时把必要但不增值的活动缩减到最少。

2. 任务板或看板

约束理论（Theory of Constraints，TOC）的发明人艾利·高德拉特在其著作《目标》中提出了鼓–缓–冲绳模型（Drum-Buffer-Rope Model），通过这个模型，可以识别和平衡系统的约束条件，从而加速系统的流动和吞吐量。

流程中的约束因素被称为"鼓"（Drum），它决定了流程的节奏，就像"鼓"决定了士兵行进的节奏，约束条件制约了流程的输出。高德拉特举了童子军远足的例子，最慢的行走者决定了整个团队的步调。流程中的约束条件是受能力限制的资源，也就是需求超过当前能力的资源。

缓冲（Buffer）是在约束条件之前的工作量，通常用时间量来表示，如天数。绳子（Rope）相当于流程中的拉动（Pull），通过绳子来控制缓冲工作量，不足的时候拉动绳子开始增加，到了临界值停止拉绳不再增加。在约束条件之前设置缓冲的目的是让约束条件开足马力工作，不要停止。缓冲池用来吸收波动。在传统的鼓–缓冲–模型中，在两个地方设置了缓冲，一个是在约束条件之前，另一个是在交付之前。

鼓–缓冲–绳模型可以对流程进行直观的模拟和分析。在此基础上，高德拉特提出了持续改进过程的五步聚焦法。五个步骤分别是：

（1）识别约束。

（2）做出决定，最大化利用约束。

（3）使系统中的其余一切都服从于第（2）步做出的决定。

（4）突破约束。

（5）识别新的约束，循环（2）~（5）步，持续改进。

戴维·安德森（David Aderson）对鼓-缓冲-绳模型进行了深入的研究，在此基础上，把丰田生产系统中的看板方法引入软件开发项目管理中，具体参见其著作《看板方法》。安德森提出的看板方法采用拉动工作模式，同时用白板形象地展示任务在工作流程中的动态变化情况，看板方法中设置了WIP限值，当处于某个工序的任务数量达到WIP限值时，这个工序便成为系统的瓶颈。采用看板方法，人们可以清楚地看到工作的流动，衡量流动的速度，及时发现瓶颈，对瓶颈进行分析研究，调整流程各个环节的资源配置，采取措施疏通瓶颈，优化流程。

那些没有采用看板拉动模式的项目，也可以用任务板的形式跟踪任务的流动（见图8.4），从而直观地感知任务流动的速度，发现瓶颈，优化流程。采用Scrum或XP方法的团队，可以为每次迭代建立迭代任务板。采用传统预测型方法的项目，可以为关键活动或者关键路径上的工作建立任务板，观察其流动，预警性地识别项目进度的延误。

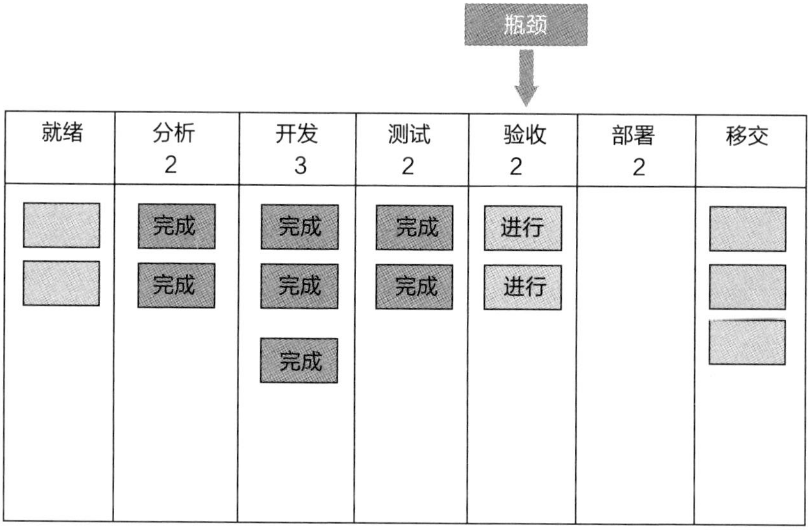

图8.4　任务板示意图

3. 迭代回顾会议和反馈

采用敏捷方法，在每次迭代结束的时候举行迭代回顾会议，在会议上对个体、交互、过程、工具等进行反思，识别做得好的地方、需要改进的地方，以及建议的整改措施。采用预测型方法，在每个阶段结束的时候要进行经验教训总结，识别需要改进的地方。针对项目的质量审计、风险审计、采购审计以及项目层面的审计都会提出流程优化的改进建议。

在项目执行过程中，还应该收集来自客户的反馈、成员的反馈、管理层的反馈，以及其他干系人的反馈来确定改进项。

通过建立流程指标，并对这些指标进行测量和跟踪，也可以识别流程改进区域。

4. 建立、监督和调整项目节拍

节拍源于德语词汇"Takt"，最早被应用于德国的飞机制造标准，之后被丰田公司采用。节拍表示工厂生产产品以满足客户需求的速度。比如，工厂每8小时收到一个产品的订单，那么车间就需要每8小时（或更短的时间）生产出一个产品。节拍的快慢不是由公司确定的，而是由客户需求确定的。

在项目管理中也借用了"节拍"的概念。节拍时间度量向用户发布新产品、新版本或新功能所需的时间，也就是团队多久向客户提供一次新价值。有的项目可能每周或每天发布一次，有的项目甚至每天多次发布。与生产环境对比，项目环境中的看板方法更像单件流的工作模式，而迭代方法类似批量工作的模式。另外，项目环境有其特殊性，比如，项目需求和汽车订单不一样，项目中没有任何两个需求是完全相同的，而流水线上下来的汽车虽然有型号的不同，但同一型号会生产多台，多台之间有可替换性。另外，和汽车订单不同，需求从提出到交付的过程中有可能会发生变化。因此，在项目管理中可以从有利的角度出发，借鉴"节拍"的部分概念，而不能生搬硬套。

当确定一个迭代周期的长度时，可以参考节拍的概念。如果迭代周期设置得太长，则无法满足客户不断变化的需求和不断调整的优先级。如果设置得太短，则可能无法交付有价值的增量。在有些情况下，团队在迭代期间屡次被要求增加临时任务，在这种情况下，也许需要考虑迭代周期的长度是否合适。丰田公司每10天对节拍时间进行一次小审查，每个月进行一次大审查，项目也需要定期审查迭代周期的长度。

在极限编程方法中，把迭代比喻为项目的心跳，稳定的心跳指的是固定长度的迭代，强大的心跳表示迭代可以实现承诺，交付价值；微弱的心跳表示迭代只能完成一部分工作，不能实现承诺；没有心跳表示迭代完全失败。

与Scrum方法不同，看板方法中没有固定时间盒的迭代。但是，看板方法也认为"稳定的心跳"非常重要。看板方法把优先级排序、开发和交付活动分离开来，允许每种活动按照自身特性来调整节奏。比如，针对交付节奏，可能需要在考虑交付价值和协调成本等因素之后，才能做出合理的判断。而针对输入节奏，可以安排在每周一上午10点召开会议进行优先级排序，由具有决策权的相关业务部门的高级管理人员出席。会议上选定的需求将被放入看板面板中"输入"一列中以便开发。

关于"节拍"还有一种比喻是关于赛龙舟时的划船指挥，指挥通过喊号子或击鼓来打出节奏，协调所有划桨手的动作，这样船才能平稳且快速前进。如果没有人负责统一节奏，很可能划桨的人越努力，结果反而越糟糕。船可能偏离方向，原地打转，甚至可能翻了。节拍除了能协调行动，还具有鼓舞士气、凝聚人心的作用。

从这个意义上讲，传统项目虽然不会按迭代交付增量，但也应该设置节拍：①可以协调团队成员的工作速度，"步调一致才能得胜利"；②可以根据节拍与客户定期互动，强化客户参与，收集客户反馈；③以规律的速度推进，保持团队的活力和项目的活力。项目周例会制度就是传统项目建立节拍的一种做法，通过周例会推动项目以稳定的速度持续向前。在没有周例会的项目中，可能出现的情境有：

- 项目启动时大张旗鼓，几个月后由于无人关注、无人催促，就偃旗息鼓，甚至最后不了了之。
- 由于认为交付日期还远，没有人投入工作，直到有一天发现交期在即，这才开始慌张，最后通过突击勉强交付了一个质量很差的成果。
- 项目遇到困难后停滞不前。
- 在执行客户合同的项目中，客户不催团队不动，哪个客户催得急，就先完成哪个客户的项目，最后顾此失彼。

8.2 资源管理

项目类型不同，对实物资源的需求程度不同。在建筑项目、安装项目、硬件系统集成等项目中，需要大量的不同种类的实物资源，而且实物资源的成本占据了项目总成本的一大部分。而在软件开发类项目中，对实物资源的需求相对较少，但并非没有，其中大部分的项目成本集中在人力资源上。实物资源管理的好坏会直接影响项目的预算和进度，在需要大量物资的项目中，项目经理需要邀请来自供应链部门的专家或物流部门的专家，获得他们的支持，并且和公司的采购部门、物资管理部门、财务部门等良好协作。项目中对实物资源的管理可以简化为以下五个步骤：

（1）确定资源管理策略，包括怎样获取资源、怎样存放资源、怎样使用资源等。

（2）估算资源的种类和数量。分析项目范围中定义的工作包，确定所需的资源种类和数量；分析项目进度计划，确定各种资源的使用时间；分析可用资源的情况、提前下单的时间量、风险因素等信息，对资源的供给和使用进行匹配和平衡，形成资源获取和使用计划。

（3）获取资源。根据预先确定的途径获取资源，解决过程中出现的各种问题。资源可能从组织内部获取，也可能通过采购从外部获取。

（4）管理资源。确保资源存放在合适的地方，并且有必要的保管和安全措施，对物资的使用、消耗、损坏、归还等情况进行记录。解决物资保管和使用过程中出现的各种问题。

（5）监控资源。对实物资源的整个流程进行监控，包括监督是否按计划为项目分配实物资源，是否按计划使用资源，是否按计划释放资源，识别偏差和问题，处理资源方面的变更，根据情况采取措施，如加订物资、退换物资等。同时，还需要对项目未来资源的使用做出预测，有时候可能需要修改资源管理策略。

由于项目的渐进明细和不确定性，上述五个步骤并非严格的顺序关系，需要根据实际情况反复开展。

实物资源管理过程中常见的问题可能来自组织内部，比如，组织中另一部门使用的机器或基础设施未能及时释放，因存储条件不当或保管不当造成材料损失等。实物资源问题也可能来自组织外部，比如，供应商方面的问题导致资源缺货，恶劣天气使资源受损或材料在运输途中出现丢失或损坏等。

在管理资源的过程中，项目经理需要采用结构化的问题解决程序，同时要充分利用人际关系技能，如就获取稀缺资源或降低资源成本进行谈判，通过影响力提高供应商或资源部门对项目的重视。

资源管理是一门专业的学科，既需要确保资源可以及时满足项目的使用，又需要最大限度地降低资源库存的成本。丰田生产方法中的准时生产（Just-In-Time，JIT）原则在项目中同样适用。JIT生产方式的基本思想是，只在需要的时候，按需要的量，准备所需的产品，即追求一种无库存或库存达到最小的生产系统。这种方法可以减少库存，缩短工时，降低成本，提高生产效率。

8.3 采购管理

图8.5展示了项目生命周期中采购活动的分布情况。在项目规划阶段编制项目整体的采购计划和采购策略。一个项目很可能包含多个采购工作包，比如，既需要采购设备，也需要雇用专业人士，这些采购工作会分成不同的工作包执行，最后分别签署独立的合同。每个合同的执行过程并不一致，有的采购在项目早期就完成，有

的采购需要持续更长的时间。

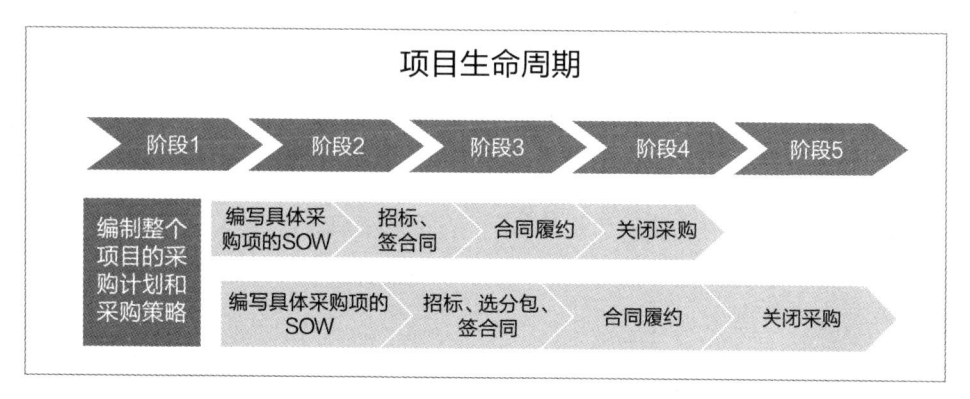

```
项目生命周期
阶段1  →  阶段2  →  阶段3  →  阶段4  →  阶段5

编制整个      编写具体采      招标、       合同履约      关闭采购
项目的采      购项的SOW      签合同
购计划和
采购策略      编写具体采购项的   招标、选分包、    合同履约      关闭采购
              SOW            签合同
```

图8.5 项目生命周期中采购活动的分布情况

采购管理的主要工作包括以下五个方面。

1. 编制项目整体的采购计划和采购策略

分析项目的工作范围，确定采购计划，包括确定需要采购哪些物资、需要把哪些工作外包出去、需要通过采购获取哪些人力资源等。如果准备通过租赁的方式获得资源，也放入采购一并管理。同时，还需要确定采购策略，比如，项目团队如何与采购部门展开合作，项目中采用的合同类型，是否与其他项目合作统一采购以降低采购成本等。

1）自制/外购分析

分析项目范围，确定哪些模块或工作包自制，哪些从外部采购。分析时需要综合考虑成本、进度、风险、售后维护等各个方面的要求，从而做出合理的决策。考虑外购或租赁的情况通常包括但不限于：

- 内部没有的材料、设备、设施等。
- 内部没有的技能，需要引入外部专业人员。
- 内部有资源，但负荷已满。
- 需要专业执照的工作。
- 有知识产权的软件。
- 外购质量更高。
- 外购成本更低。

有些项目会从组织的角度出发，为了培养组织自己的技术能力或议价能力，即使自制的成本和质量比不上外购，也会在项目可容忍的范围内选择自制。

确定了哪些工作从外部采购之后，还要根据项目整体的成本计划和进度计划确定每个采购项的时间和预算要求。

2）与采购部门的合作

在项目的采购工作上，项目经理要和采购部门密切配合。在大部分情况下，项目经理没有被授权和供应商签署合同，需要和拥有该权限的人员进行协作。管理水平成熟的公司，都有明确的采购政策和严格的采购流程，项目经理和团队需要遵守公司的规定。采购部门通常会有预先确定的优先选择的供应商名单，这可以简化采购流程。采购部门会对潜在供应商的资质、资信等方面进行全面、专业的调查和评估，以降低采购风险。采购部门有成熟的招标文件、合同和其他采购所需文件的模板，沉淀了组织的经验和智慧。采购部门有专业的采购人士，在合同谈判、处理供应商关系以及纠纷处理等方面可发挥专业才能。但是，就具体的采购事项，包括采购什么、规格说明、交货时间等，则需要项目团队做出明确说明。

如果组织实行的是集中式采购，则项目团队和采购部门配合的模式基本符合上面的描述。如果组织实行的是分散式采购，则采购工作全部或者大部分由项目团队来完成。此时，如果项目规模大、重要程度高，往往会在项目团队内配备专职的采购管理人员、合同管理人员和法律支持人员。

3）选择合同类型

项目经理和团队需要根据项目范围的清晰程度以及对合同超支风险的态度来预先确定项目将采用的合同类型。

（1）总价合同。在合同中规定详细的工作范围和验收标准，如果卖方满足合同要求，买方就按照合同定义的固定价格向卖方付款。总价合同又分为三类。第一类是固定总价合同，也就是合同中定义工作范围和对应的价格，没有其他的激励或调整措施。第二类是总价加激励合同，这种合同中包含激励条款，如针对进度、质量、成本等方面的激励。第三类是总价加经济价格调整合同，这种合同通常适用于工期较长的项目，其中某些资源的价格容易发生变动，合同条款中对这些资源的价格调整做了规定，如根据使用该资源时实际的市场价格进行调整。

（2）成本补偿合同。合同中的工作范围是模糊的，买方根据卖方实际花费的成本进行付款，同时要包含卖方应得的利润。成本补偿合同又分为三类。第一类是成本补偿+固定费用合同，在这种情况下，买方对卖方实际花费的全部成本进行补偿，同时支付一个事先在合同中商定的固定费用作为卖方的利润。第二类是成本补偿+激励合同，这种合同鼓励卖方节省成本。在合同中规定作为对比标杆的预估成本，如果卖方实际花费成本低于预估成本,则买卖双方按照合同中事先定义的比例分享节省的部分。同样,如果实际成本超出预估成本,也是买卖双方按照比例来共同分担。第三类是成本补偿+奖励合同,在这种情况下,买方按照合同事先定义的主观标准确定对卖方的奖励金额。

(3)工料合同。工指的是工时;料指的是材料。签合同的时候只签人员和材料的单价,如一个工时多少钱,一米电缆多少钱,等项目结束时,计算一共消耗的人工和材料数量,乘以单价,得出合同价格。同时,合同价格中需要包含供应商的应得利润。另外,为了鼓励供应商节省成本,避免价格无限上升,通常会设置最高价格或工时和材料的最大消耗值。

需要注意的是,即使选择了成本补偿合同或工料合同,也通常会定义一定比例的首付款和中期付款。

2. 编写具体采购项的SOW

采购工作说明书(Statement of Work,SOW)是对拟采购项的详细说明,以便潜在供应商确定其是否有能力提供这些产品、服务或成果。工作说明书通常包括规格、数量、质量要求、性能参数、履约期限、工作地点和其他需求。采购工作说明书也需要说明项目所需要的附带服务,如是否需要提交绩效报告,是否开展现场检查或采购审计,是否需要售后服务等。

如果采购的是服务,通常会使用另一个术语"工作大纲"(Terms of Reference,TOR)来代替SOW。TOR的内容与SOW类似,通常包括:

- 需要服务提供商做哪些工作。
- 如何证明这些工作已完成。
- 工作完成之后需要提交哪些成果。
- 为了保证服务提供商的工作,买方需要提供哪些数据、信息或支持。
- 工作进度要求等。

3. 选择供应商

供应商的好坏对项目成败至关重要,采用结构化的招标模式,可以最大限度地在可选范围内招到最合适的供应商。

1)招标

招标文件由买方编写,发送给潜在的供应商,向它们说明采购需求,并邀请它们针对需求做出应答。招标文件的形式有很多,常见的三种文件介绍如下。在发送招标文件之后,通常会召开投标人会议。

- 信息邀请函（Request for Information，RFI）：邀请潜在的供应商提供信息，如营业执照、资质证明、技术水平说明、成功案例等与本次采购相关的信息。通过收集这些信息，加强对供应商和市场环境及技术进步的了解。通过分析对比所收到的信息，可以对供应商做出初步排名，为了简化采购流程和降低采购成本，可以根据初步排名确定供应商短名单。
- 建议书邀请函（Request for Proposal，RFP）：邀请潜在供应商就采购需求提出方案建议。采购的内容比较复杂，买方只是提出关于目标和过程的一些要求，需要供应商来创建解决方案。比如，装修房子，需要供应商根据房主要求提出装修方案。
- 报价邀请函（Request for Quotation，RFQ）：邀请潜在供应商提供报价。通常适用两种情形，一种是建议书中的方案已经得到批准，接下来邀请报价。另一种是不需要建议书，请供应商直接报价，如买的是商用成品（如打印机、服务器等）。

潜在供应商收到RFP或者RFQ，开始准备编写方案和报价，但是，在这个过程中发现有些疑问，如装修到底要不要换空调，地板有没有其他的一些质量要求。在这种情况下，不进行澄清会导致买方拿不到最佳的方案和正确的报价，但如果采用一对一的答疑方式，则会造成信息不公平。为了保证采购过程的公开、公平、公正，常用的做法就是举行投标人会议。在特定时间召开这个会议，所有的潜在供应商都来开会，投标人都可以提问，由买方统一回答。会议中提供的额外信息通常都会被记录下来，作为招标文件的正式补充部分。

2）供应商选择

对于商用成品的采购，通常把价格作为选择供应商的关键决策因素。而对于包含解决方案建议书的采购，则通常需要从多个方面考虑来确定最终的供应商，在这种情况下，通常会采用多标准决策矩阵，步骤如下。

（1）确定多个标准。除了价格，其他的标准通常包括资信水平、技术水平、成功经验、人员配置、知识产权、售后服务承诺等。

（2）为每个标准赋予权重。不同的项目选择的标准不同，对每个标准的重视程度也不同，根据重视程度为标准赋权重。比如，在一个健身俱乐部改造项目中，在选购设备的过程中，买方的关注因素有安全、有用、时尚、占地小、购买价格、变卖价格，根据干系人对这些因素的重视程度，给的权重分别为5、3、4、2、3、1。

（3）确定打分标准。如果每个因素的分数满分为10分，那么就如何打分要事先给出定义。比如，按照某个公式计算得出分数，或者预先定义不同分数档次的要求。

（4）专家组打分。邀请专家组（或者评标委员会），根据潜在供应商提供的信息和上述的打分标准，对各个供应商提交的方案和价格进行打分。

（5）计算综合分数，得出排名。采购小组根据打分，计算出综合分数，确定潜在供应商排名。有的情况会直接宣布中标单位，有的情况会按照排名开展合同谈判，如果第一家没有谈拢，那么就接着和第二家谈，直到确定供应商并签署合同。

3）合同

合同是对买卖双方都具有约束力的法律文档，它强制卖方提供指定的产品、服务或成果，强制买方给予卖方相应补偿。合同的内容通常包括：

- 工作说明书、工作大纲或可交付成果描述。
- 里程碑和进度要求。
- 交付地点和履约地点。
- 质量要求。
- 检查和验收标准。
- 价格和付款条款。
- 绩效报告。
- 角色和责任。
- 质量保证和产品支持。
- 奖罚条款。
- 合同变更条款。
- 合同终止条款。
- 替代性争议解决程序（Alternative Dispute Resolution，ADR）。

4）敏捷合同

如果双方协商同意，供应商的工作中采用敏捷方法，则需要考虑如何签署一份符合双方风险承受能力的合同。首先需要对整个采购合同进行分析，识别出哪些部分采用敏捷方法。对于没有采用敏捷方法的部分，仍然可以采用总价合同的方式，如设备采购部分、安装部署部分等。

采用敏捷方法的部分，由于范围不确定，所以对成本的估算也不确定，很难在合同签署的时候就明确价格。针对这种情况，通常采购的方式有：

- 采用工料合同，在合同中定义供应商参与人员的费率，根据实际投入情况，定期结算。

- 把合同内容进行拆解，在签署了整体框架合同的基础上，针对每个发布或每个迭代的工作范围进行估算，推算出价格，签署针对发布或迭代的子合同。
- 在合同签署时，签署一个具体的价格，反推出供应商需要投入的资源和工时。在开发过程中，当实际投入达到合同规定的价格时，合同便执行完毕。双方可以商议是否续签合同。

4. 合同履约

采购合同签署后，买卖双方都应该依照合同开展工作，过程中可能出现变更或者纠纷，要采用专业的方式进行管理。

1）管理供应商关系

供应商是重要的项目干系人。关于和供应商之间的关系，戴明的质量管理14项原则的建议对项目中管理供应商关系非常有帮助。不要仅仅根据产品的价格来选择供应商，还要考虑使用产品过程中的整体成本。没有质量的低价格是没有意义的，低质量会导致产品品质下降，所以整体成本开支上升是不可避免的结果。对需要采购的产品或材料，尽量选择单一的供应商，并且与之建立忠诚互信的长期合作关系。不以价格为基础的采购，事实上反而会降低整体成本开支。

精益制造的14项管理原则中也有关于供应商关系的建议，要重视合作伙伴与供应商网络，激励并帮助它们进行改进。在项目管理中，不要利用和伤害合作伙伴，更不要竭力以最低价格榨取它们的利润，要把合作伙伴视为公司的外延。通过参加项目，让合作伙伴从技术、能力、价值观等各个方面变得更好。不要把供应商看成与设备同等的实物资源，管理实物资源的目的是最大化利用资源，以提高资源能效为目的。项目管理中应该把团队和供应商都视为共创合作伙伴，最合适的管理方式是激励和共享成功。

在管理供应商关系时错误的做法包括：与供应商之间形成对立关系，一定要做到我赢你输，把供应商的利润榨到极限；在人员关系方面，采用层级官僚作风，对供应商人员颐指气使，随意下命令，缺乏尊重等。这些做法不仅会导致违反基本价值观所带来的延伸性后果，而且会直接损害项目利益，可能得到的是更低的质量、更慢的进度、更多的返工、更加敷衍的文档和更多隐藏在产品中和在产品投入运行后才会陆续浮现的系统缺陷。

2）绩效管理

项目经理需要根据合同条款来跟踪和评估供应商的履约情况，包括交付的范围、进度、质量等，还包括合同规定的其他细节要求。如果出现不符合的情况，项目经理应该书面记录并通知供应商，要求其做出整改。可以让供应商提供定期的绩效报告，但必须把这个义务包含在合同中，否则供应商可能不提供，或者认为这是额外的工作量，需要额外的补偿。可以频繁与供应商进行沟通，获取采购工作进展的信息。

3）现场检查

"百闻不如一见"，最好的方法是进行现场检查，获取更加真实和及时的信息。项目经理可以去工作现场进行检查，了解项目工作的实际进展。合适的做法是在合同中写明买方拥有现场检查的权力。现场检查之前要获得供应商的许可，并在供应商和本公司采购专员的陪同下进行现场检查。现场检查是一项结构化的工作，事先要有检查提纲和检查计划，检查中要对细节进行记录，检查后要出具检查报告和行动项。要避免在检查过程中随意提出额外的要求。

4）合同变更管理

在合同履约过程中，买卖双方都可以提出变更请求，针对变更及其造成的成本、进度等方面的影响，如果买卖双方协商达成一致，可以根据合同中的变更控制条款，对合同进行修改，通常需要签署补充协议。需要注意的是，在合同变更过程中，项目经理和采购部门要紧密协作，通常，项目经理不具备与供应商签署合同和补充协议的授权，需要采购部门根据公司授权机制，辅助完成合同变更。如果双方无法就变更的处理达成一致，这种冲突就会演变为纠纷或争议，需要按照争议解决程序来处理。

5）争议处理

如果买卖双方无法就合同执行过程中的事项达成一致，就会产生纠纷或争议。常见的情形有：买方认为供应商的工作不合格，要求返工，而供应商认为返工是额外的工作，要求买方支付额外的款项；买方提出变更，但就变更的成本双方无法达成一致；买方认为供应商违约，但供应商认为没有违约等。

解决争议的首选方法是谈判。项目经理应该主动与供应商协商谈判，寻求双赢的解决方案。如果协商无法解决纠纷，则根据合同条款中定义的争议解决程序进行处理，此时可能需要联系采购部门和法务部门，获取专业支持。

6）付款管理

采购合同中定义了付款条款，项目需要按照该条款管理对供应商的付款。每笔付款均由项目经理审查是否符合付款条件，并对符合条件的款项，向财务部门发起付款申请。

申请付款时需要审查的内容通常包括：合同条款，供应商的实际工作进展，表明进展的证据。

7）采购审计

采购审计是一项结构化的工作，由买方发起，对项目中某次采购的整个过程或局部环节进行审计，可能是针对买方项目团队工作的审计，如供应商筛选环节，也可能是对供应商资质或履约能力的审计。如果涉及对供应商的审计，需要在采购合同中事先标明买方拥有这项权利。采购审计可能在采购过程中执行，也可能在采购关闭环节执行。

5. 关闭采购

合同义务执行完毕后，项目团队应该检查合同履约情况，确保所有工作包括付款、纠纷等都得到妥善处理。关闭采购还需要把所有与本次采购相关的文件资料进行存档，需要总结经验教训，有时候会对供应商做绩效评价，方便后续采购做出明智的决策。所有这些资料信息都将存入组织过程资产库。

关闭采购的正式做法是买方的合同管理员向卖方发送一份正式的文件，告知对方合同义务履行完毕，合同关闭。

因为关闭采购的流程与关闭项目阶段或整个项目的流程大同小异，所以在有些项目管理体系中不会单独定义关闭采购，而是把关闭采购的工作纳入关闭阶段或关闭项目中。项目经理必须了解，关闭采购的方法和流程可以参考阶段收尾或项目收尾，但是关闭采购的工作不能等到阶段收尾或项目收尾时才执行，必须在合同义务履行完毕之后就马上执行。

6. 采购常见问题

下面列出了采购过程中出现的常见问题，项目经理和团队应该主动予以规避。

- 问题1：组织自己有资源，项目却通过采购的方式从外部获取资源。比如，另一个部门有项目需要的技术人员，但由于内部部门之间结算的成本更高，且跨部门协作不好管理，所以决定从外部雇人。遇到这种情况，项目团队需要获得采购、PMO等相关部门的同意。
- 问题2：在客户项目中，采购合同中要求的内容或质量标准低于或高于客户合同中的要求。低于客户合同中的要求，最后会导致客户不验收。高于客户合同中的要求，会造成资源和资金的浪费。
- 问题3：在客户项目中，与客户签署的是固定价格合同，但和分包签署的是工料合同。项目发生延误，客户的价格是固定的，但和分包的结算随着时间的延长而增加,最终会导致项目破产。
- 问题4:为了加快采购进程,跳过必要的分包筛选流程,甚至先开工后补手续。这些行为都是严格禁止的,采购过程受到严格的监管,即使本着从项目利益和组织利益出发的目的,所有行为也都必须严格遵守采购流程。
- 问题5:买方的行为过于随意。不能因为自己是买方就肆意妄为,言行不能超越合同的规定,要像尊重同事一样尊重供应商,让项目成为良好关系的受益者,而不是恶劣关系的受害者。

8.4 知识管理

项目过程中需要利用组织和个人已有的知识,同时,项目过程也在不断地创建新知识,这些新知识既有利于本项目后续的工作,也有利于未来的其他项目。项目经理有责任对项目知识进行管理,推动知识共享,最大限度地发挥知识的作用。敏捷项目面临更多的不确定性,项目团队不仅需要利用已有的知识,还需要在项目过程中通过实验、探索、迭代等方式主动学习新知识。

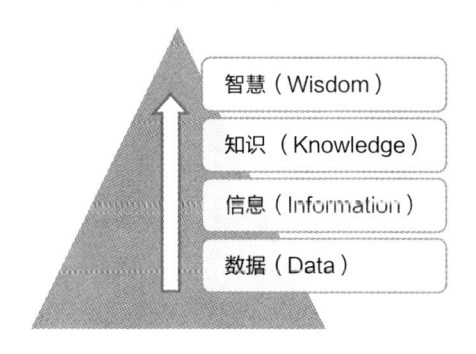

1. DIKW金字塔模型

DIKW金字塔模型描述了数据(Data)、信息(Information)、知识(Knowledge)和智慧(Wisdom)之间的关系。如图8.6所示,自下而上的四个层级分别为数据、信息、知识和智慧,通过适当的处理,每一层级都可以迈向上一层级。

图8.6 DIKW金字塔模型

数据是原始或无组织形式的事头集合,如数字或字符。如果没有上下文,数据可能就没有意义。通过询问"谁""什么""何时""在哪里"等相关问题,可以从数据中获得有价值的信息。当可以用来帮助实现目标时,信息就被转化为知识。当可以利用知识做出积极的决策时,知识就变成了智慧。

在项目管理中，需要收集工作绩效数据，然后通过上下文分析，形成工作绩效信息，根据干系人的需求，向其发送工作绩效报告。项目中提取的知识通常会记录到经验教训登记册，以便利用和分享。

- 工作绩效数据：原始观察结果和测量值在工作执行过程中收集。如已完成的工作、关键绩效指标、技术绩效测量结果、进度活动的开始日期和结束日期、变更请求的数量、缺陷的数量、实际成本等。
- 工作绩效信息：各控制过程对工作绩效数据进一步分析，形成工作绩效信息，也就是把执行过程中收集的绩效数据与计划进行对比，并结合环境因素，得出有价值的信息，包含项目范围、进度、成本、质量以及其他方面的绩效信息。工作绩效信息为决策提供依据。
- 工作绩效报告：基于工作绩效信息，以实体或电子形式编制工作绩效报告，以供干系人制定决策、采取行动或引起关注。根据项目沟通管理计划，通过沟通过程向项目干系人发送工作绩效报告。工作绩效报告通常包括状态报告和进展报告，如挣值分析图表、趋势线和预测、燃尽图、缺陷直方图和风险情况概述等。

2. 显性知识和隐性知识

项目中的知识分为显性知识和隐性知识。管理显性知识，管理的是人与信息之间的互动，管理隐性知识则需要管理人与人之间的互动。显性知识易于编辑、保存和传播，可以记录于书本、信息系统等介质中，人们通过这些介质来获取知识。隐性知识存在于个人的言行举止间，就连知识的拥有者自己都很难察觉和总结。为了提炼和分享隐性知识，需要建立人与人之间的联系。比如，通过座谈会、实践分享、讲故事等方法把隐性知识提炼为显性知识。在项目过程中，有效的知识转移可以提高个人绩效和团队整体绩效；在项目结束时，项目团队需要向维护团队、用户等干系人进行项目知识的转移。

3. 经验教训登记册

项目知识应该记录在经验教训登记册中。经验教训登记册需要在项目早期就创建，在整个项目期间，它可以作为开展各项工作的输入，也可以根据各项工作的输出而不断更新和丰富。经验教训登记册可以记录遇到的挑战和问题、意识到的风险和机会，或者其他适用的内容。经验教训登记册可以包含情况的类别和描述，还可包括与情况相关的影响、建议和行动方案。经验教训用于改进项目绩效，避免重蹈覆辙。

项目经理有责任收集和管理经验教训，参与项目工作的团队成员和干系人都应该贡献经验教训。可以通过视频、图片、音频或其他合适方式记录知识，简化记录工作，方便传播分享。在项目或阶段结束时，把项目的经验教训登记册归入组织的经验教训知识库，成为组织过程资产的一部分，让更多项目和人员受益。

4. 敏捷中的学习

敏捷项目充满了未知因素，必须采用迭代的方式，不断试探，不断总结，不断调整。因此敏捷项目有两条主线，一条是学习，一条是交付价值。项目中的诸多方面需要通过学习来不断完善。

- 通过学习，完善需求：敏捷项目不可能在一开始就定义全部需求，而是先定义一部分，通过交付反馈，不断演进和发现需求。
- 通过学习，完善计划：敏捷项目不会在计划上花费太多的时间，只是做轻量级的规划，根据实际进展调整计划。
- 通过学习，完善设计：通过实验和增量交付，获得对设计的洞察，对技术架构进行调优，精益求精。
- 通过学习，优化团队工作方式：从制定团队章程开始，团队学习如何一起工作，如何围绕项目展开协作。通过迭代回顾，发现问题和改进点，不断优化协作方式。
- 通过学习，优化工作流程：虽然在确定采用何种敏捷方法时进行了谨慎考虑，但执行过程中会根据绩效数据和其他反馈对流程进行微调或大的调整。

敏捷项目中几乎每天都在探索未知，每天都在学习，一些具体的学习活动包括展示和发布、实验、刺探、回顾等。要关注学习和交付的平衡，团队需要在通过学习降低不确定性的同时为客户提供价值。成功的敏捷项目团队信奉成长思维模式，团队成员相信自己有能力学到新技能。

8.5 平衡制约因素

所有项目都面临着多个制约因素，而且这些制约因素之间相互竞争，既要求交付的东西多、质量好、价值高，还要求交付的速度快，花费的成本低。如何管理这些制约因素，在这些因素之间找到平衡，是项目经理面临的挑战，也是项目经理的价值之一。

在传统项目中，项目经理需要与干系人进行沟通，了解干系人期望，确定制约因素的优先级。在制订项目计划、选择项目方案、安排工作、考核绩效时都应该使用正确的优先级。比如，在一个拓展新市场的项目中，干系人更关注客户满意度，因而把产品的功能和质量放在最高优先级，进度稍微靠后，而成本则放在最后。而另一个项目是为某个重要节日准备活动，此时进度的优先级最高，范围可以稍微靠后。项目经理和团队无法确定制约因素的优先级，干系人根据他们所处的商业情境确定优先级，项目经理和团队需要和干系人就此进行充分沟通，确保有一致的理解，并且要持续跟踪优先级的变化。项目经理和团队的挑战是如何在优先级确定的情况下，找到最佳解决方案。如前面拓展新市场的例子中，成本的优先级放在最后，并不是对成本没有要求，仍然需要在满足其他制约因素的前提下，寻找把成本降到最低的机会。

虽然都受到制约因素的影响，但敏捷项目的情况与传统项目不同。传统项目中经常用铁三角来表述关键制约因素的关系，如图8.7中左侧所示。传统项目通常具有确定的范围要求，根据范围估算成本和进度。在执行过程中，范围不可妥协，相对而言，成本和进度有一定的妥协空间。

而在敏捷项目中，采用倒三角来诠释这种关系，动态系统开发方法（DSDM）首先提出了这种见解，如图8.7右侧所示。敏捷项目中每次迭代的时间是固定长度的，团队成员是固定的，也就是投入项目的资源成本是固定的，在这个条件下确定本次迭代完成多大的工作范围，也就是交付哪些功能。就整个敏捷项目来说，并没有要求必须完成多大的范围以及必须实现哪些功能，而是一切以价值最大化为导向，可以在过程中增加新的功能，也可以删减已经计划好的功能，只要预定的商业目标实现了，项目就可以告一段落。需要注意的是，无论是传统方法还是敏捷方法，质量是产品的永久属性，是不能妥协的。

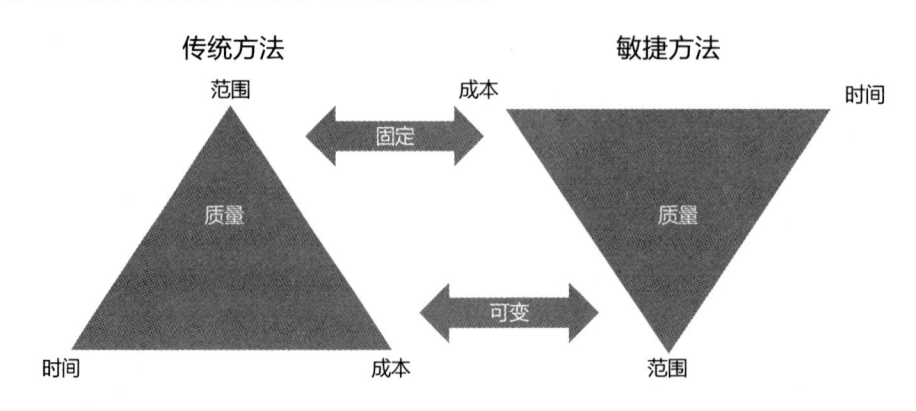

图8.7 传统项目和敏捷项目中的三角约束

第8章 项目执行：管理外围

本章情境思考题

小张是集团PMO的项目管理专家。目前，集团领导对研发部门的工作非常不满意，竞争对手研发一款新产品的平均周期是12个月，集团领导要求将研发周期控制在9个月。但实际情况是，大部分研发项目都在延误，甚至超过了12个月。小张接到的任务是找到研发周期过长的根本原因，提出整改方案。

小张为此与研发部门开了几次会，通过沟通，小张得到的基本信息包括：

- 公司的文化部门要求每个部门每周都要投稿，所以总有一个人被排班负责写稿件。稿件与部门考核挂钩。
- 公司的另一个部门要求每个部门搞5S，每天检查，所以团队上班的第一件事是搞5S。这也与部门考核挂钩。
- 研发所需的原材料的采购流程很复杂，需要提报采购部，采购部再询价。很多原材料需要通过调查研究之后才能确定具体的型号，无法提前确定，如果买错，则研发部门需要承担成本损失。
- 还有一些原材料需要进口，这个过程会受到各种限制，导致进度不可控。
- 目前，研发部门没有专门的项目经理岗位，所有工作都由研发人员自己完成。

小张的基本思路是设置项目经理岗，负责处理好各种外围工作，以确保研发人员可以聚焦于研发工作。

思考： 请你帮助小张设计研发部门项目经理岗位的工作职责，并初步分析这种做法将如何缩短研发周期。

第 9 章
项目测量指标

测量指标可以帮助项目团队和项目干系人快速清晰地了解项目的状态。指标分为提前指标和滞后指标。提前指标是预测型指标，根据历史信息和环境变化，对项目的未来走势做出预判，有助于在问题真正发生之前采取措施。滞后指标是当事情发生之后，回头对事情中的因素进行度量得到的指标，因为基于已经发生的事实，所以测量相对比较容易。团队应该选择适当和适量的指标，太多的指标浪费管理成本，人为增加项目的复杂度。

图9.1说明本章在整本书中的位置，同时说明管理项目的基本路线。

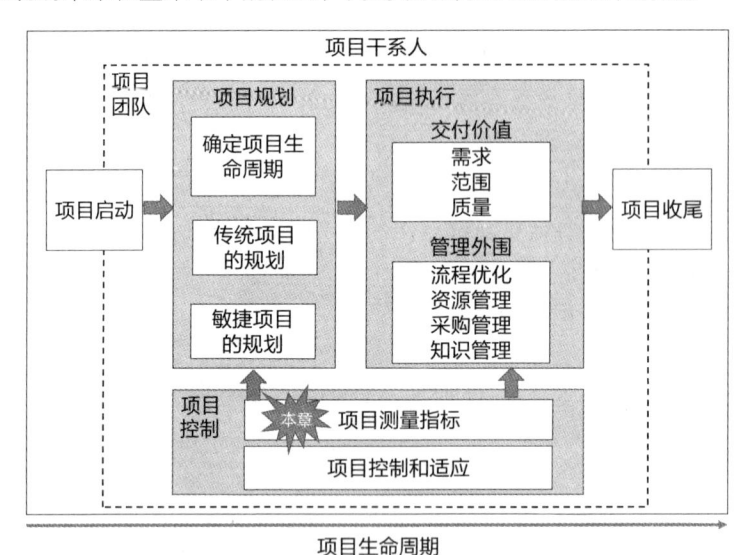

图9.1 融合传统方法和敏捷方法的项目管理路线

为了表述方便，本章后续部分对指标进行了简单分类，这种分类指的是大部分情况下指标的适用范围。事实上，如果人们愿意，或条件允许，或情况需要，这些指标都可以在更大的范围内使用。比如，敏捷方法中的"速度"也可以用在传统方法中,用来测量某个小组每周的进度绩效;敏捷方法中的迭代燃尽图也可以用在传统方法中,用来跟踪某个小组某段时间的工作进展情况。同样,传统方法中用的成本差异、按时完成率等指标也可以用在敏捷方法中。还有一些指标本来就是通用的指标,如过程效率、项目中途取消率等,因为起源于传统项目,所以姑且放在传统方法名下。挣值分析方法可以对项目范围、进度和成本绩效进行综合度量,可以形成一套相对完整的指标,所以单独分为一类。挣值分析方法在传统方法和敏捷方法中都可以使用。

9.1 传统方法中的指标

下面介绍采用传统方法的项目中常用的指标,指标1~3说明项目在进度方面的绩效,指标4~6说明项目在资源和成本方面的绩效,指标7~9说明项目在范围和质量方面的绩效,指标10~12从更高的角度反映项目管理的水平。

1. 按时完成率

按时完成率是一个简单易用、直观有效的指标。可以计算不同时段的完成率,如一天、一周、一个月、一个季度等,也可以计算个人、小组、项目团队的完成率。比如,在周例会上对本周工作进行检查,计划完成11项工作,实际完成8项工作,那么按时完成率为73%。按时指的是按照进度要求提交符合质量的工作成果,如果成果有缺陷需要整改,则按整改后再次提交并达到要求的时间为准来计算按时完成率。

对于PMO来说,可以定期测算所辖项目的按时完成率,比如,本月一共有18个项目在运行,其中12个项目的关键里程碑与计划保持同步,则此时的项目按时完成率为67%。

计算按时完成率的公式为:

某个时段的按时完成率=该时段按时完成的任务数÷该时段计划完成的任务数×100%

单项目的按时完成率=本项目中按时完成的里程碑数÷项目中计划应该完成的里程碑数×100%

多项目按时完成率=该时段按计划进行的项目数÷该时段正在运行的项目数

按时完成率越高越好,理想状态是100%。项目团队或PMO可以为按时完成率设置临界值,以起到警示作用。比如,按时完成率低于80%时,表示项目管理效率低,需要采取措施进行重大整改。

2. 进度差异

进度差异告诉干系人当前项目进度发生了多大的延误，并提醒团队采取措施。一种测算方法是计算关键路径。比如，在制订项目进度计划时，测得关键路径长度是100天，项目运行了20天后，再次测算关键路径，发现关键路径长度变成了110天，那么意味着进度差异-10（100-110）天。

还有一种判断进度延误的方法是根据关键节点的进度情况做出判断。如图9.2所示的项目，根据发布的项目路线图，项目一共包含5个节点，项目完成日期和每个节点的计划时间已在图上进行标注。目前，项目处于第3个阶段，遇到了问题，根据判断，节点3不能按时完成，预计要延迟2周。那么，此时团队就可以把项目的进度差异标识为-2周。

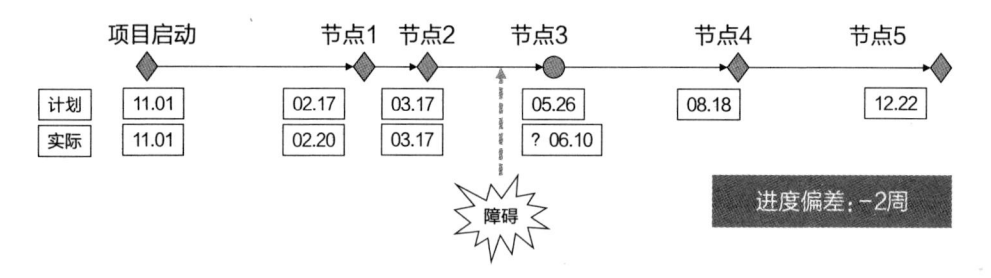

	项目启动	节点1	节点2	节点3	节点4	节点5
计划	11.01	02.17	03.17	05.26	08.18	12.22
实际	11.01	02.20	03.17	? 06.10		

障碍

进度偏差：-2周

图9.2　进度差异示例

项目团队或者PMO需要为项目的进度偏差设置临界值。比如，差异范围为（-10%，+10%），则不需要调查原因，也不需要采取行动措施。超出此范围，就需要开展调查，并根据调查结果采取针对性的措施。即使出现的是正偏差，也要调查，以确认偏差的真实性，识别引起正偏差的原因，如果确认是团队采取了更有效的工作方法，则应该把这种方法推广到项目未来的工作中。

3. 紧迫系数

紧迫系数（Critical Ratio，CR）是一个动态的、具有前瞻性的指标，可以随时根据实际情况进行更新。紧迫系数的计算公式为：

$$紧迫系数=活动距离到期日的时间 \div 完工尚需时间$$

计算结果有四种情况：

- CR ≤ 0，说明延误已经实际发生。
- 0<CR<1，说明剩余时间不够，将会延误。
- CR=1，说明剩余时间刚好够用。

- CR>1，说明剩余时间有余。

举例如下，假如当前日期是9月6日，项目中四个活动的相关数据如表9.1中所述，可以分别算出紧迫系数。

表9.1 紧迫系数计算表

项目活动	到期日	距离到期日的天数	完工尚需天数预测	紧迫系数	优先级
A	9月8日	2	3	0.67	1
B	9月15日	9	12	0.75	3
C	9月20日	14	8	1.75	4
D	9月28日	22	30	0.73	2

紧迫系数越小，紧迫程度就越高，可以根据CR值排列优先级，如在表9.1中，9月四个任务的优先级依次是A-D-B-C，可以按照优先级针对预计要延误的工作提前采取防范措施，如增加资源、加班、更换资源、部分外包等。

在项目环境中使用CR指标的好处是，这个指标属于提前指标，在延误尚未实际发生时就能做出预警，有助于及时发现问题，及时采取措施，避免延误的发生。但需要注意的是，不要把根据紧迫程度得出的优先级和活动之间的依赖关系相混淆。

4. 资源利用率

项目经理的职责包括优化资源利用，以最好的品质、最快的速度和最低的成本交付项目。团队成员可能同时参与多个项目，如果资源负荷安排不妥，会导致人员疲惫、士气低落、效率下降等负面现象。资源使用率并非越高越好，项目团队需要根据实际情况做出平衡，确保项目健康运作。资源利用率的计算公式为：

$$资源利用率 = 实际花费的时间 \div 可用的时间 \times 100\%$$

（1）从个人层面进行计算资源利用率。比如，小张本周计划参加两个项目，根据两个项目的计划，小张将在两个项目中各投入20小时，那么本周小张的计划资源利用率为：

（计划投入项目A的时间+计划投入项目B的时间）÷本周小张的总可用工作时间
=（20+20）÷40×100%=100%

本周结束后，根据小张汇报的工时，投入项目A的工时为30小时，投入项目B的工时为20小时，那么本周实际的资源利用率为：

（实际投入到项目A的时间+实际投入项目B的时间）/本周小张的总可用工作时间
=（30+20）÷40×100%=125%

结论是小张本周超负荷工作，需要调查超负荷工作的原因，并采取措施，确保下周的工作量是合理的。

（2）从项目层面计算资源利用率。表9.2是工时投入统计表，本周有3位成员全职投入项目A，2位成员兼职投入项目A，每人每周的工作时间为40小时，则项目A本周的可利用工作时间为160小时。

表9.2　工时投入统计表

成员	投入比例	计划投入工时	实际投入工时
1	100%	40	50
2	100%	40	60
3	100%	40	40
4	50%	20	40
5	50%	20	40
小计		160	230

本周项目A的资源利用率为230÷160×100%≈144%。

资源利用率指标在制订计划时就需要使用，预警性地识别资源分配过度饱和或者不足的情况。在一个时间段结束后，再用该指标测量实际的使用率，识别问题和风险。比如，项目计划是否出现偏离；人员技能是否有待提高；人员在多项目或者多任务之间切换是否造成较大的效率损失；士气是否有问题；是否存在潜在冲突；预算是否需要调整；外包合同签署是否有问题等。

资源利用率很难达到100%的理想情况，项目团队应该根据项目工作的性质、企业文化等设置理想的指标，并且设置临界值。比如，有个项目团队将理想的资源利用率设置为80%；容忍范围为（70%，100%）。

5. 任务的工时差

有的项目在跟踪项目进展时，不仅跟踪任务开始时间和结束时间，还跟踪花费在每个任务上的工时。常用的做法就是在制订计划时为每个任务分配工时数，并和任务执行人就此达成一致。在任务完成后，获得任务所消耗的实际工时数，将两个数字进行对比，得出差值。计算公式如下：

任务的工时差=任务的计划工时−任务花费的实际工时

如果发现差值较大，项目经理或小组长要对该任务进行调查，可能是个人技能、个人情绪、团队协作、团队士气、估算不准、范围蔓延等原因造成的。有的公司把工时数和个人绩效、项目奖金捆绑在一起，投入的工时越多，获得的奖金越多，甚至有一种做法是设置单位工时补贴。这种做法如果使用不善，很可能导致填报工时数时弄虚作假,甚至出现做得越慢反而奖金越高的情况,如有这种现象,项目经理必须主动升级问题,寻求解决,否则会引发连带效应,摧毁整个项目。

6. 成本差异

了解实际成本与预估成本的差异,对项目投资方、项目指导委员会、采购团队、商务经理等干系人有很大帮助。但是,获取成本信息并不容易,所以最好是当组织正式提出需要对项目成本进行严格监管时再使用这个指标,否则收集成本数据的过程很坎坷,如果收集的数据不完整、有缺陷,则得出的结论会产生误导作用。对于主要投入为人力资源的项目,也可以采用资源方面的指标来代替成本指标。如果确实需要使用这个指标,则计算公式如下:

$$成本差异=计划成本-实际成本$$

可以在任务层面计算成本差异,也可以在模块、子项、阶段或项目整体层面计算成本差异。这个指标是滞后指标,所以在计算的时候,必须保证所对应的工作已经全部完成。比如,收集任务A的实际成本,需要先确认任务A已经完成并通过验收。另外,计划成本和实际成本的口径要保持一致。比如,是不是包含间接成本的分摊,是不是包含风险储备等。建议的方式是,不管估算数据、计划数据还是实际数据,项目团队只计算直接成本,把计算间接成本的工作留给财务部门。

虽然这个指标是滞后指标,但仍然有意义,可以引导团队和干系人就与成本相关的事项展开分析和讨论,并根据需要采取措施,如增加预算、开展价值工程分析,或者采取降低成本的策略,同时也为日后的成本估算和成本管控提供参考和依据。引发成本差异的常见原因有:资源投入超过预期;资源价格上涨;范围蔓延;风险事件发生;估算时有漏项;采购合同类型选择不当;通货膨胀;汇率变化等。

7. 缺陷率

项目团队需要在项目生命周期的各个环节对缺陷进行持续测量,测量的内容包括缺陷来源、缺陷数量、已经修复缺陷数量,如图9.3所示。必须尽早识别缺陷,防止缺陷进入后道工序,避免项目过程中的缺陷流入生产或者运营环境。缺陷识别得越早,修复的成本和代价越低,识别得越晚,代价越高。当缺陷在使用过程中由客户发现时,损失的不只是维修的直接成本,还会导致组织声誉受损。

需求	设计	开发	测试	部署	运维
・缺陷来源 ・缺陷数量 ・已修复缺陷数量	・缺陷来源 ・缺陷数量 ・已修复缺陷数量	・缺陷来源 ・缺陷数量 ・已修复缺陷数量	・缺陷来源 ・缺陷数量 ・已修复缺陷数量	・缺陷来源 ・缺陷数量 ・已修复缺陷数量	・缺陷来源 ・缺陷数量 ・已修复缺陷数量
修复成本	修复成本	修复成本	修复成本	修复成本	修复成本
$	$$	$$$	$$$$	$$$$$	$$$$$$$

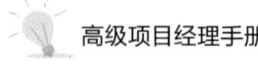

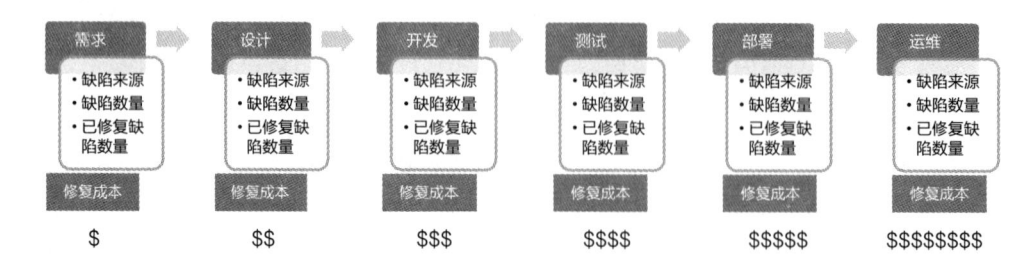

图9.3 缺陷修复成本变化情况

缺陷逃逸率是指软件产品发布后发现的缺陷数量与该软件产品在整个生命周期发现的所有缺陷数量的比率，用来衡量软件开发团队与测试团队对软件质量控制的水平。缺陷逃逸率是在产品上线后进行统计计算的，所以考核周期是在系统或新功能上线后的一段时间。

8. 产品绩效测量指标

此处的绩效测量不是针对进度或成本，而是针对最终交付的产品或系统，测量其投入使用之后的表现，包括物理属性和功能属性等，如尺寸、重量、容量、能力、性能、准确度、可靠性、一致性、效率等。

测量的结果要和已经批准的产品需求和验收标准进行对比。团队和干系人根据对比结果做出决策或采取行动。

9. 技术绩效测量指标

技术绩效测量指标是对产品、系统或解决方案的组成部分或组件的测量，通过测量确定其是否满足事先确定的技术要求。通过这些指标，团队和干系人建立对整体技术方案的洞察和信心。

技术绩效测量在产品或系统开发过程中进行，通过评估系统内部底层组件的当前技术性能，来预测较高级别组件以及最终产品的关键技术性能。

技术绩效测量指标用于跟踪和测量实现期望结果的进展。不断将所选的技术参数的实际值与预期进行比较，以验证进展并识别可能危及最终产品性能的偏差。如果指标偏差超出了预定的公差范围，则需要采取纠正措施，并知会干系人，引起他们的关注，重大的偏差可能触发投资人或管理者的重新决策。

在项目规划阶段，就需要定义所选技术绩效测量指标的计划进展，也就是要定义在开发过程中不同时点上这个指标的期望绩效，以及偏差临界值，超出临界值就需要采取措施。

10. 项目协调成本占比

项目中有些人会抱怨，每天要参加四五个会议，等到下班时间到了，才能坐下来做点自己的工作。那么可以用项目协调成本占比对这种情况进行量化，项目协调成本占比的计算公式为：

项目协调成本占比=截止到目前花在协调上的工时数÷截止到目前项目花费的总工时数

花在协调上的工时数包括项目成员为了编写项目周报、填写项目记录、参加项目例会和协调会、给领导写PPT、向领导汇报等所花费的工时数，统计时要把人数计算进去，10人会议所花费的工时数是2人会议的5倍。总工时数是项目团队截止到目前投入项目中的全部工时。

项目当然需要沟通和协调，但这个指标太高，说明项目管理乏力，工作效率低，没有理顺项目流程，人员之间没有形成协作和默契，或者团队没有充分赋权，大事小事都需要开会协调或请示汇报。

这个指标太低，说明团队运作高效，也可能说明项目采用了独裁式管理风格，没有充分邀请成员参与问题解决和决策，这种做法也会有隐患。项目经理和PMO可以把这个指标和项目进度、成本、技术等方面的指标放在一起考虑，得到更多启发。这个指标不仅会触发项目团队层面的改善，也会触发组织文化的变革。

11. 进度计划的调整次数

有的指标有明确的倾向性，如按时完成率越高越好，有的指标则只是给出一些信号，项目团队需要根据情况进行分析。如果项目团队频繁修改进度计划，甚至将一次发布推迟三次，就不能只追究技术方面的原因，很可能是由于项目管理水平偏低，缺乏统筹规划能力，缺乏风险预判和事前应对能力。

再次强调，进度计划的调整次数作为一个指标只是给出一些信号，促进团队反思，不能用作考核和控制。如果发现发布没有准备就绪，推迟发布就是最好的决策。一般情况下，宁愿要"晚到的正确"，也不要"准时的错误"。

12. 被取消的项目数占比

被取消的项目数占比指的是截止到目前，本年度被取消的项目数除以本年度新启动的项目数。跟踪这个指标的通常是PMO。执行客户合同的项目，如果中途取消项目可能面临违约罚款等高额损失，所以被取消的概率很小，跟踪这个指标的意义不大。创新类项目存在持续筛选和淘汰的过程，如果中途发现项目的价值不复存在，则终止项目是明智之举。跟踪这个指标可以促使PMO深入评估取消的原因。

如果被取消项目的比例很高，可能是商业决策过程存在问题，或者项目执行和监控存在问题。对于创新类项目，如果被取消项目数占比接近于零，也是值得怀疑的，可能是当初选择的项目过于简单，或者不能在中途持续评估项目价值，从而没有及时终止那些价值预期不达标的项目，这种情况同样是对组织资源的浪费。

9.2 挣值分析指标

挣值分析是对项目绩效进行综合测量和预测的一种定量方法，可以在工作包层面、阶段层面或项目层面开展挣值分析。挣值分析中用批准的预算来代表工作量。比如，某项工作的批准预算是2000元，则认为该工作的工作量（计划价值）为2000元。如果该工作实际完成了一半，则认为该工作实际完成的工作量（挣值）为1000元。为了评估成本绩效，还需要了解该工作实际花费的成本（实际成本）。如图9.4所示，挣值分析基于三个基本数据：计划价值、挣值和实际成本。

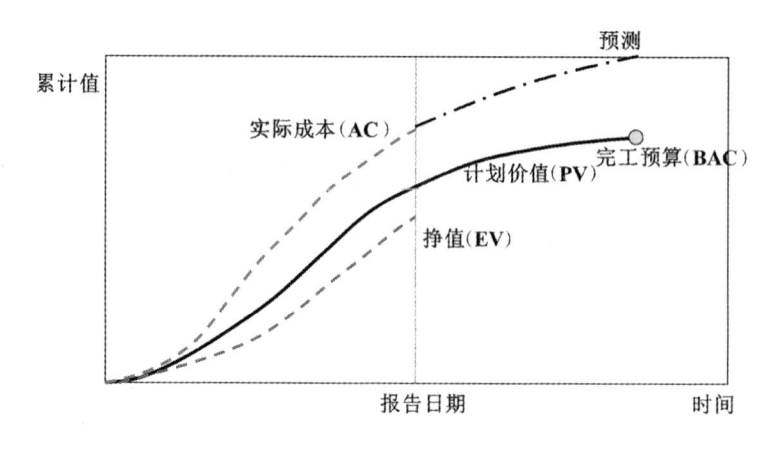

图9.4　挣值分析

- 计划价值（Planned Value，PV）：如图9.4中实线曲线所示，指随时项目进展，每个时间点上累计的计划工作量，用这些工作的批准预算来表示。这条曲线就是在制定成本基准时建立的项目成本S曲线。
- 挣值（Earned Value，EV）：如图9.4中下侧的虚线所示，指截止到目前已完成的工作量，用已完成工作的批准预算来表示。
- 实际成本（Actual Cost，AC）：如图9.4中上侧的虚线所示，指截止到目前完成了的工作所实际花费的成本。

根据这三个基础数据，可以对项目进度绩效和成本绩效展开分析，可以对项目未来情况进行预测。

1. 进度差异

进度差异（Schedule Variance，SV）是用于确定项目是否提前或落后的指标，计算挣值和计划价值之间的差得出进度差异。计算公式为：

$$SV=EV-PV$$

如果进度差异为正数，则表示进度提前。如果进度差异为负数，则表示进度落后。如果进度差异为零，意味着正在按照计划进行。

2. 成本差异

成本差异（Cost Variance，CV）是用来确定项目是否出现超支或节省的指标，计算挣值和实际成本之间的差得出成本差异。计算公式为：

$$CV=EV-AC$$

如果成本差异为正数，则表示当前节省了成本，所花费的成本比所划拨的预算少。如果成本差异为负数，则表示当前已超支，所花费的成本超出了所划拨的预算。如果成本差异为零，意味着正在按照预算进行。

3. 进度绩效指数

进度绩效指数（Schedule Performance Index，SPI）是测量进度效率的指标，计算公式为：

$$SPI=EV \div PV$$

进度绩效指数可以理解为在指定时间内，每布置1元钱的工作，实际能完成多少钱的工作。如果SPI小于1，说明进度绩效不好，工作处于延误状态。比如，布置了1元钱的工作，实际完成了0.8元钱的工作。如果SPI大于1，说明进度绩效超出预期，工作处于提前状态。如果SPI等于1，则说明项目进度绩效符合预期，正在按照计划进度前进。

SPI比SV的应用更为广泛，可以用作横向比较。如果小组A的SPI=0.9，小组B的SPI=0.8，则说明相比而言，小组A的进度效率要高一些。相反，SV不太适合横向比较。如果小组A的SV=-3天，小组B的SV=-12天，并不能直接说明小组B的进度效率更差，可能小组A所负责工作的总时长为4天，而小组B所负责工作的总时长为280天。SPI也可以用作纵向预测，如果项目当前的SPI=0.5，如果不采取纠正措施，原计划的工期肯定会发生延误，如果原来计划是50天，现在就得做好100天的准备，预测的计算公式为：

$$工期总长预测=原工期 \div SPI=50 \div 0.5=100（天）$$

4. 成本绩效指数

成本绩效指数（Cost Performance Index，CPI）是测量成本效率的指标，计算公式为：

$$CPI=EV \div AC$$

CPI可以理解为每实际花费1元钱，完成了预算为多少钱的工作。如果CPI小于1，说明成本效率不高。比如，实际花费了1元钱，却只完成了预算为0.7元的工作，如果不采取纠正措施，预算肯定不够；如果CPI大于1，说明成本效率好，节省了预算；如果CPI等于1，则说明成本效率符合预期，花1元钱干1元钱的工作，预算正好够。

同理，CPI比CV的应用广泛，可以用作横向比较。如果小组A的CPI=0.9，小组B的CPI=0.8，则说明相比而言，小组A的成本效率要高一些。同时，CPI也可以作为未来预测的依据，如果项目当前的CPI=0.5，照此下去，项目总预算肯定不够，要按照0.5的系数进行调整，如果原来定的总预算是10万元，那现在就得按照20万元来准备，计算公式为：

$$完工估算=完工预算 \div CPI=10 \div 0.5=20（万元）$$

表9.3对挣值分析中的偏差和绩效指数进行了总结。

表 9.3 挣值分析数据一览表

要收集的数值			绩效偏差的计算			
			偏差		绩效指数	
计划价值（PV）	挣值（EV）	实际成本（AC）	进度偏差（SV）	成本偏差（CV）	进度绩效指数（SPI）	成本绩效指数（CPI）
概念：截至目前，计划完成多少工作，这些工作的预算是多少 举例：PV=1000元	概念：截至目前，实际完成了多少工作，这些工作的预算是多少 举例：EV=850元	概念：截至目前，实际完成的工作，实际花费了多少 举例：AC=900元	计算公式：SV=EV-PV 举例：SV=850-1000=-150元	计算公式：CV=EV-AC 举例：CV=850-900=-50元	计算公式：SPI=EV/PV 举例：SPI=850÷1000=0.85	计算公式：CPI=EV/AC 举例：CPI=850÷900=0.944

5. 对完工估算的预测

完工估算（Estimate at Completion，EAC）是对项目完成全部工作所需总成本的一种预测，等于截至目前发生的实际成本加上对剩余工作所需成本的预测，即完工尚需估算（Estimate to Complete，ETC）。在项目执行过程中要定期对EAC进行预测，发现资金可能不足，就应该及时与发起人沟通，提前采取措施，而不能出现由于资金花完而造成的停工待料现象。

预测EAC的方法有四种，项目团队需要分析项目实际情况，选择合适的预测方法。

1）假定项目未来仍然按照当前CPI进行。计算公式为：

$$EAC=BAC \div CPI$$

式中，BAC是完工预算（Budget at Completion），指原来批准的项目成本基准，不含管理储备。

2）假定项目未来的工作按照预算计划执行，也就是未来的工作不会出现超支，也不会出现节省。计算公式为：

$$EAC=AC+（BAC-EV）$$

式中，AC表示截止到目前实际花费的成本，（BAC-EV）表示完成剩余工作所需成本，这部分工作将严格按预算完成，所以不需要使用系数进行调整。

3）假定项目未来的工作既会受到CPI的影响，也会受到SPI的影响。计算公式为：

$$EAC=AC+（BAC-EV）\div（CPI \times SPI）$$

采用这种方法需要谨慎，如果进度绩效很好，SPI大于1，放在分母上则会让整体预测偏小，得出过于乐观的预测。如果SPI小于1，则会让整体预测偏大，得出过于悲观的预测。所以在使用时，需要采用一定的加权调节机制才能得到比较合理的结果，也可以只是把这种预测作为一种管理干系人期望和评估风险容忍度的参考数据。

4）自下而上的估算

对项目未来工作重新进行自下而上的估算，把工作拆分到工作包，或者更小的活动，分别估算每个活动的材料成本、人工成本和其他成本，然后逐层向上汇总起来，得出未来工作的成本总估算。计算公式为：

$$EAC=AC+用自下而上法得出的对未来工作的重新估算$$

当项目过程发生显著的变化时，如资源价格出现大的波动，项目方法出现大幅度调整等，则需要采用这种方法进行预测。几种方法相比，这种方法的准确度最高。这种方法也可以和前面的方法同时使用，作为对通过公式计算得出的结果的一种校验。

表9.4是对预测方法的总结。

表9.4 预测方法总结

序号	方法	完工尚需估算（ETC）	完工估算（EAC）
1	对剩余的工作进行从下到上的重新估算	ETC=对项目剩余工作的自下而上的估算	EAC=AC+对项目剩余工作的自下而上的估算
2	假设项目从开始到目前发生过成本偏差，但是剩余的工作都按照原预算完成，不会再发生偏差	ETC=（BAC-EV） =1000-850=150（元）	EAC=AC+ETC=AC+（BAC-EV） =900+150=1050（元）
3	假设项目从开始到目前发生过成本偏差，偏差指数为CPI，这种情况属于典型情况，即剩余的工作还会继续按照当前CPI偏差下去	ETC=完成剩余工作所需成本÷CPI =（BAC-EV）÷CPI =（1000-850）÷0.944 =159（元）	EAC=AC+ETC =AC+［（BAC-EV）÷CPI］ =900+159=1059（元） 或者 =BAC÷CPI =1000÷0.944=1059（元）
4	假设项目从开始到目前发生过成本偏差，偏差指数为CPI。完成剩余工作所需成本也会发生成本偏差，偏差指数也为当前CPI。同时，项目还存在进度偏差SPI，并且要把进度偏差考虑进去	ETC=完成剩余工作所需成本÷（CPI×SPI） =（BAC-EV）÷（CPI×SPI） =（1000-850）÷（0.944×0.85）=187（元）	EAC=AC+ETC =AC+［（BAC-EV）÷（CPI×SPI）］ =900+187=1087（元）

6. 完工偏差

完工偏差（Variance at Completion，VAC）是完工估算与完工预算的差值，是一种预测，是站在当前时间点，预测在项目结束时，原预算是否足够，以及会发生多大的偏差。计算公式为：

$$VAC = BAC - EAC$$

如果VAC=0，则说明预算正好，不会出现超支，也不会出现节省。如果VAC<0，则说明预算不够，现在就要想办法，和出资人及其他干系人进行协商，或者增拨预算，或者想办法压缩项目后续工作的成本。如果VAC>0，则说明项目预算充足，项目有节省，可以利用这笔节省开拓新的机会，如增加资源，提前项目工期。当然，采取这些措施都需要走变更控制流程，获得CCB的同意。表9.5说明了ETC、EAC和VAC的关系。

第 9 章 项目测量指标

表 9.5 ETC、EAC 和 VAC 的关系

术语	解释
ETC	完工尚需估算。剩下尚未完成的工作还需要多少钱才能完成
EAC	完工估算。完成这个项目,预计一共需要花费多少钱 EAC= 截止到目前已经实际花费的钱 + 完工尚需估算 EAC=AC+ETC
VAC	完工偏差。项目完成时,预计一共会发生多少成本偏差 VAC= BAC−EAC

7. 完工尚需绩效指数

完工尚需绩效指数(To-Complete Performance Index,TCPI)是对项目未来成本花费状况的一种评估,计算公式为:

TCPI=完成剩余工作所需成本÷项目剩余的预算

如果TCPI=1,则表明情况正常,剩余的工作只要按照原预算完成即可。如果TCPI大于1,则表明形势严峻,成本吃紧,以后每花费1元钱需要完成价值比1元钱多的工作。如果TCPI小于1,则表示未来的预算很宽裕。这个指标是对项目未来成本方面压力情况的一种量化描述,起到一种警示的作用。团队和干系人应该根据指标及时采取措施,而并不是把其作为对未来成本花费的指导。

表9.6是TCPI计算的两种情况举例,两种场景都只是测算,并不是最终决策。项目经理需要根据测算结果,与干系人一起沟通和决策。

表 9.6 TCPI 的计算方法

场景	计算 TCPI
基于原定的完工预算(BAC),即使目前出现成本超支,也不考虑为项目增拨资金。此时,项目剩余的预算就等于完工预算(BAC)减去已经实际花费的成本	TCPI= 完成剩余工作所需成本 ÷ 剩余的预算 = (BAC−EV) ÷ (BAC−AC) 接前例· TCPI= (1000−850) ÷ (1000−900) =150÷100 =1.5 TCPI>1,形势不妙,基本不可能,绩效指数做到 1.5 很难
基于新的 EAC,根据目前的情况,想要按原预算完成项目已不可能,所以增加一些预算,形成新的 EAC 来测算一下。此时,项目剩余的预算就等于新的 EAC 减去已经实际花费的成本	TCPI= 完成剩余工作所需成本 ÷ 剩余的预算 = (BAC−EV) ÷ (EAC−AC) 假如把原定的完成预算 1000 元调整为 1020 元,那么: TCPI= (1000−850) ÷ (1020−900) =150÷120 =1.25 TCPI>1,形势也不妙,需要"勒紧裤带过日子"

9.3 敏捷方法中的指标

敏捷方法可以分为两大类，一类是基于迭代的敏捷方法，如Scrum方法，另一类是基于流的敏捷方法，如看板方法。下面列举的9个指标中，指标1~5是基于流的敏捷方法中常用的指标；指标6~8是基于迭代的敏捷方法中常用的指标，第9个指标源于精益方法，被广泛应用于各类敏捷项目中。

1. 提前期、周期时间、响应时间

提前期、周期时间和响应时间是看板方法中的指标。如图9.5所示，"就绪"一栏在看板的最左侧，里面放着待开发的功能。这些功能按照优先级进行排序，当团队准备开始一个功能的开发时，就把这个功能从"就绪"一栏取出，移到右侧的开发栏目中，随着开发工作的进展，这个功能会从左到右移动，一直到完成。

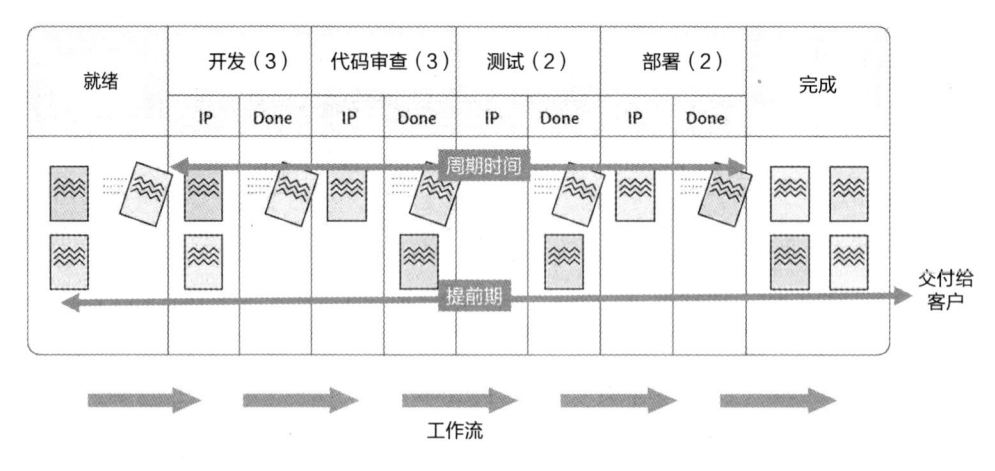

注：IP（In Progress）表示正在工作中；Done表示完成。

图9.5　看板方法示意图

1）提前期

提前期（Lead Time）也被译为前置时间、交付周期、提前时间等。在制造行业，提前期指从接受订单到出货所持续的时间，通常以天数或小时计算。转换到项目管理中，提前期表示从收到需求到实现需求之间经过的时间。在看板方法中，提前期指交付一个任务所花费的总时间，也就是从任务被添加到看板直至工作完成交付给客户所经历的全部时间。总体而言，提前期越短说明项目工作流程越顺畅，团队的工作效率越高，对客户需求的处理越迅速，客户满意度也会越高。但是，敏捷方法对于需求并非采用先到先得的原则，而是要根据价值大小来动态排列优先级，所以价值高的需求可能需要较短的提前期，而价值低的需求可能需要较长的提前期，甚至可能由于优先级一直排位不高最后被取消。

2）周期时间

周期时间（Cycle Time）是团队完成某个任务所花费的时间，从开始处理到完成所持续的时间。周期时间越短，团队的工作效率就越高。当团队磨合一段时间后，周期时间就会具有稳定性和一致性，可用来预测团队未来的工作速度和完成项目工作所需的工期。衡量周期时间有利于发现瓶颈，以开展持续的流程优化。

3）响应时间

响应时间（Response Time）指一个工作项等待工作开始的时间，在看板方法中，指在团队正式开始处理这项工作之前，该工作在看板的"就绪"栏中等待的时间。

2. 累积流图

累积流图（Cumulative Flow Diagram，CFD），也被译为累计流量图，是看板方法中的一个测量工具，可以综合展示多个任务的提前期、周期时间和响应时间，表示随着时间的推移任务的堆积情况，以及任务在流程的各个阶段的分布情况。如图9.6所示，图中有深浅不同的颜色带，每个色带表示看板中的一个工作环节，如图中的就绪、开发、代码审查、测试、部署和完成。每个色带的纵向宽度表示某个时间点上处于这个环节的任务数量。正常情况下，各个区域保持平滑上升的趋势，如果出现大幅的起伏，如突然上升或下降，则表示遇到障碍，团队需要采取措施。

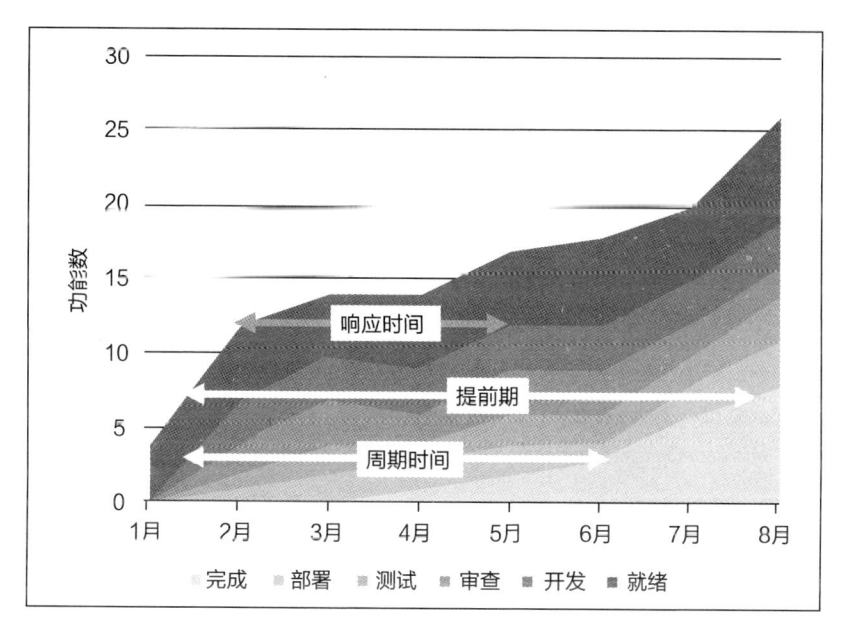

图9.6　累积流量图

3. 在制品数量

在制品（Work in Progress，WIP）数量是看板方法中使用的一个指标。在制品指的是正在进行中的工作，也就是已经开始但尚未完成的工作。在制品数量是指任何特定时间正在处理的工作事项的数量。检测这个指标可以帮助项目团队将正在进行的工作事项的数量限制到可管理的规模，即WIP限值内。

在看板面板中，WIP限值位于各个工序的顶部，表明这个工序可同时容纳的最大任务数。如果本工序的任务数已经达到WIP限值，团队就不能承接更多的工作了。看板方法采用拉动工作模式，如果达到WIP限值，也就说明团队就不能从左侧的栏目中拉入新的工作了。此时，团队应该一起讨论，应该做什么才能让任务数已达WIP限值的这一栏中的工作流入下一栏。

设置WIP限值可以避免一个人手头有太多工作需要同时处理，因为这种情况会有切换损耗，造成效率大幅下降。理想的状态是每个人每次只处理一项工作。有时一项工作需要2~3人同时参与，这种情况就需要进行测算。假如一共有10人，合适的WIP限值为5~8。WIP限值也有助于调整工作流的节奏，使得团队的交付节奏更好地满足客户的需求。设置WIP限值还有助于识别流程中的瓶颈。

戴维·安德森认为在选择WIP限值上没有什么魔法公式，应该通过试验观察不断调整。

4. 产量分析

产量分析（Throughput Analysis）也被译为吞吐量分析，是来自看板方法的一个指标。产量是指在某个给定时间段（如一个月）内交付的工作项的数量。通常会按照时间维度来进行分析和报告产量的发展趋势，如图9.7所示，可以看出团队的产量在稳定提高。持续提升产量是团队的目标之一。产量（Throughput）指标和其他敏捷方法中的速度（Velocity）指标很类似，速度展示的是在一个给定时间段内完成的用户故事的故事点数，而这个给定的时间段通常就是指一次迭代。

使用产量分析时，团队最开始用到的指标可能是原始数据，如完成了多少项工作。在度量时，需要想办法让每项工作的规模大小差不多，如把两项小的工作当作一项常规工作来度量，把一项大的工作当作两项常规工作来度量。随着团队成熟度的提高，也可以把工作数转变为相对值，如故事点数、功能点数等，甚至还可以把它直接换成货币值来计算交付的价值。通过产量分析，可以展示团队的效能水平和持续改进的状况。产量分析对预测有帮助，如可以计算近3个月产量的平均值，以此为基础来估算后续工作的可能完成日期。图9.7中的折线即为近3个月的产量平均值。

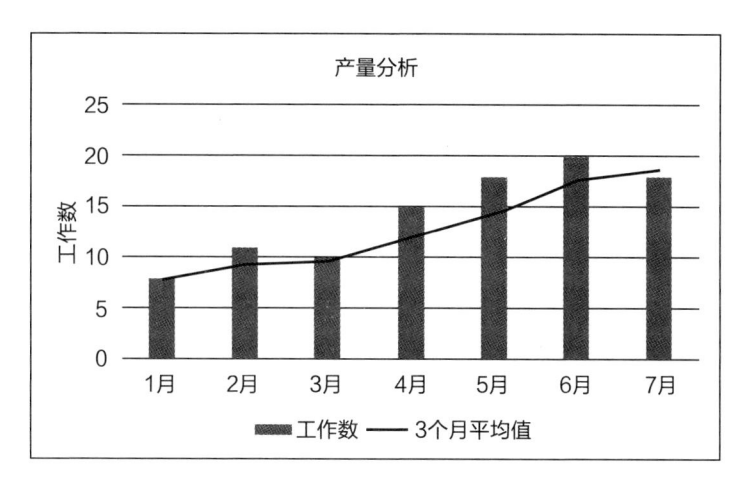

图9.7　产量分析

5. 队列大小

队列大小（Queue Size）是看板方法中的一个测量指标，指正在排队、等待处理的事项的数量。根据利特尔法则（Little's Law），在一个稳定的系统中，队列的计算公式为：

$$L=\lambda W$$

式中，L为队列长度，λ为平均到达率，W为在队列中的平均等待时间。

举例来说，一家咖啡店每分钟来3位客人，平均接待时间是每人3分钟，则排队的人数就是9人，队列计算如下：

$$L=\lambda W=3\times 3=9（人）$$

在看板方法中的使用为：$W=L/\lambda$。

也可表述为：周期时间= WIP/TH，TH为吞吐量（Throughput）。这个公式说明，减少WIP，可以缩短周期时间。提高吞吐量，也可以缩短周期时间。

长队列是一种不好的现象，队列越长，完成每项工作所用的周期时间就越长，风险会增加，质量会下降，士气也会受到影响。

另外，需要注意产品待办事项列表中的工作并不是队列，因为产品待办事项列表中的工作可以通过调整优先级来插队，从而实现更快的交付。在图9.8所示的看板面板中，第一列就绪栏目中的工作是经由业务部门领导确定并由项目团队承诺的必须完成的任务，这就形成了一个队列。

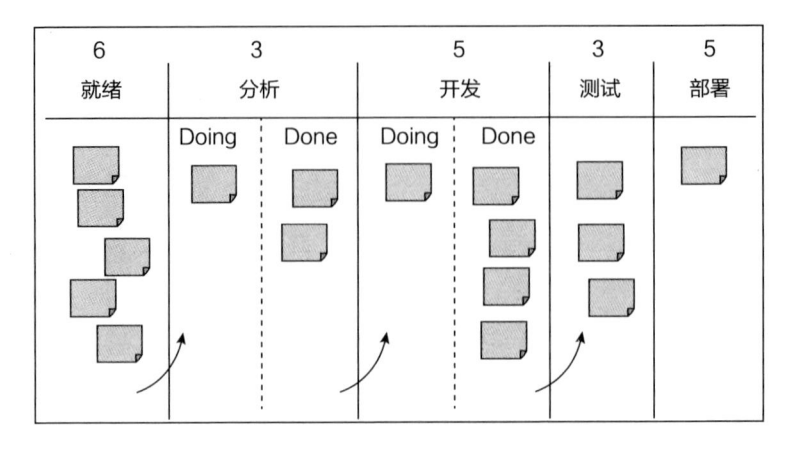

图9.8 看板面板

6. 批量大小

批量大小（Batch Size）指在一次迭代中完成的工作量，可以用人力投入量、故事点、工作项数等来表示，如图9.9所示。普遍的认知是批量越小越好。

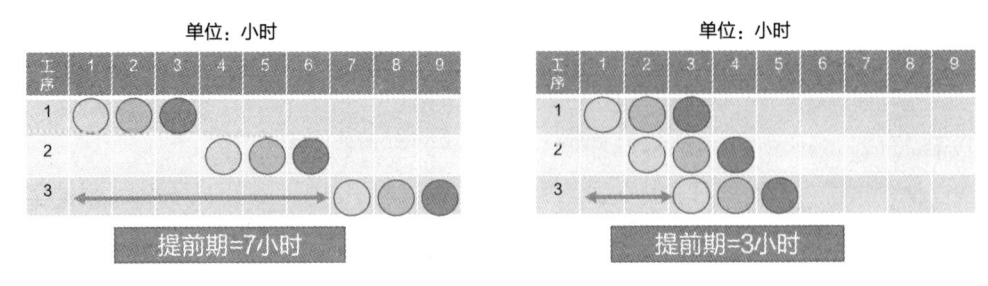

图9.9 批量大小示意图

图9.9的左侧展示的是一个批量包含3个工件的情况，每个工件走完全部3个工序需要7小时。图9.9的右侧展示了一个批量只有1个工件的情况，每个工件走完全部工序只需要3小时。很明显，小批量的工作方式能够加快交付速度，同时由于工作项数量少，相互交互引发的变更和其他麻烦也相对较少。工作数量越多，交付期越长，变动的程度和可能性越大。小批量快速交付也有助于加快团队学习的速度。

但是从经济角度考虑，并不是批量越小越好，因为每个批量发布的时候都需要付出交易成本，如集成、构建、回归测试的成本等，所以需要综合考虑持有成本和交易成本，找到一个最佳平衡点。SAFe方法的第六个原则对此有明确的建议。

7. 燃尽图和燃起图

燃尽图（Burn-Down Chart）和燃起图（Burn-Up Chart）可以直观地显示项目团

队的速度。利用燃尽图和燃起图，可以直观地预测何时工作将全部完成。

迭代燃尽图表示当前迭代中工作的完成情况，如图9.10所示，横轴表示时间，纵轴表示已完成的故事点数，这个迭代的固定长度是10天，图中有三条线，向下倾斜的笔直的线表示计划的燃尽情况，也就是团队按照匀速完成工作。实心的折线是实际的情况，当前进入迭代的第4天，图上标出了每天实际剩余的工作量。虚线是根据当前实际完成情况所做的趋势线，用来预测迭代的完成情况，从图中可以看出，到第10天的时候尚有50个故事点的工作没有完成。

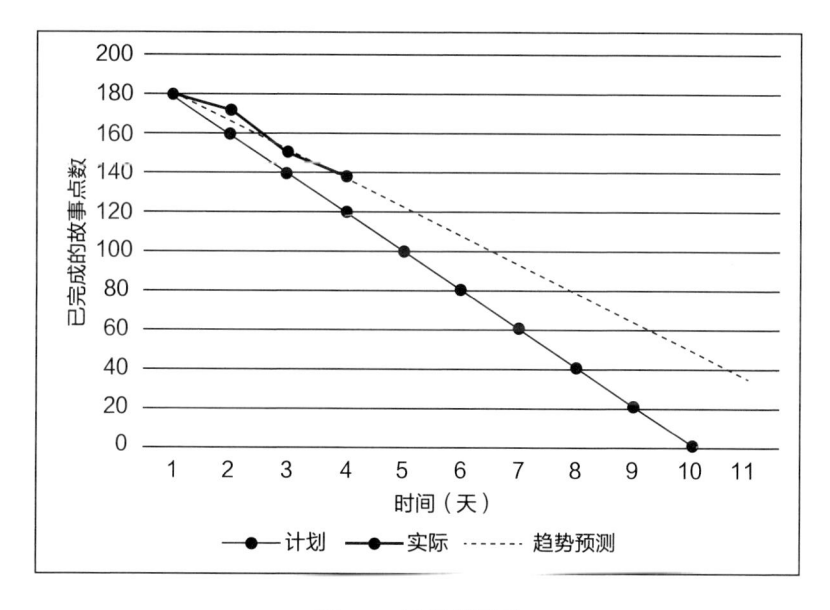

图9.10 迭代燃尽图

图9.11是迭代燃起图，横轴表示时间，纵轴表示已完成的故事点数，三条线所表示的含义与燃尽图相同。采用燃起图时，团队更加关注已经完成的工作，可以带来成就感；采用燃尽图时，团队更加关注尚需完成的工作，着重于对未来工作的展望和规划。

除了迭代燃尽图，常用的燃尽图还有发布燃尽图，如图9.12所示。在发布燃尽图中，横轴表示本次发布所包含的迭代次数，纵轴表示每个迭代完成后剩余的故事点数。在图中所示的第4次迭代时，在发布待办事项列表中又增加了新的功能，导致工作量增加。

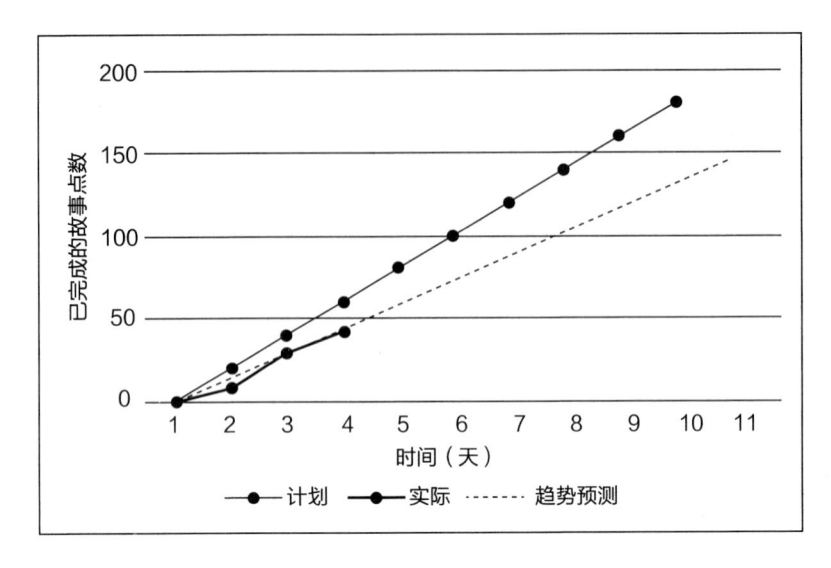

图9.11 迭代燃起图

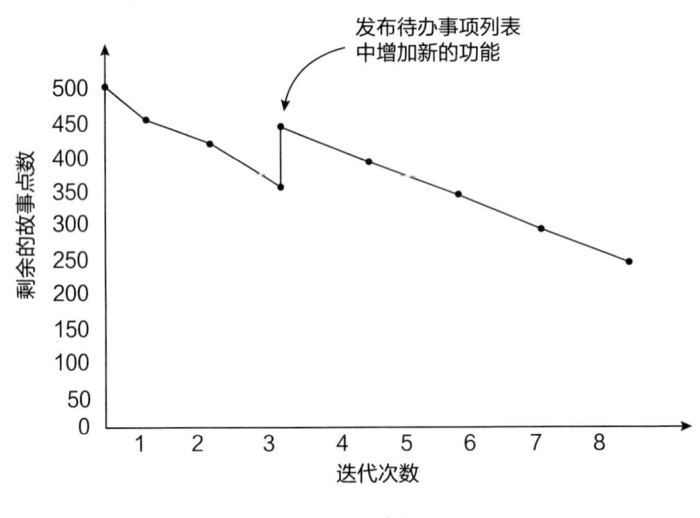

图9.12 发布燃尽图

8. 速度

速度（Velocity）是在迭代方法中用到的衡量指标，源于极限编程，在Scrum方法中也经常使用，衡量的是团队在某个时间段内生产、验证和接受可交付成果的数量。在迭代方法中，速度是指一次迭代中完成的所有用户故事以及其他待办事项的故事点数的总和。这个总和只包括迭代中根据DoD100%完成的故事或事项的故事点，那些没有全部完成的故事或事项，即使完成了99%也不能算进来。

在每次迭代结束后，把在迭代中团队完成的故事的工作量（如故事点数）加起来得到的总数就是迭代的速度，如30个故事点/迭代。

对速度进行测量可以帮助团队发现问题和预测未来。正常情况下，团队的速度应该保持平缓，并且应该随着团队的学习呈现一定程度的上升趋势。某次迭代的速度明显下降，团队需要通过反思回顾探明其中的原因，并根据情况在后续迭代中做出整改。当团队速度进入稳定状态时，可以通过当前迭代的速度预测未来的工作进展。举例来说，如果当前团队的速度稳定在20个故事点/迭代，还有100个故事点需要完成，则可以估算还需要5次迭代。再次强调的是，通过这种估算，可以和干系人就项目预期进行有效的沟通，帮助干系人做出前瞻性的决策，但敏捷环境充满变数，估算只是一种预测，而不是承诺，团队和干系人都需要在不断变化的环境中保持灵活。

速度图可以对多次迭代的速度进行跟踪和展示，如图9.13所示，横轴表示冲刺的次序，纵轴表示故事点数，图中深色竖条表示团队预计在一个冲刺中完成的故事点数，浅色竖条表示每个冲刺实际完成的故事点数。速度图主要用作分析和预测，对实际速度和计划速度有差异的迭代进行原因分析，识别潜在问题，提出改进措施。根据已经完成的迭代的速度，预测后续迭代的速度，对工作进行合理安排，对项目干系人做出切实可信的承诺。

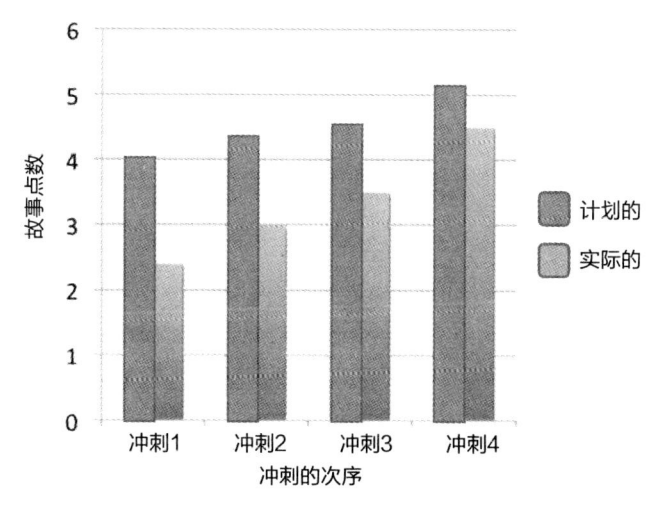

图9.13 冲刺速度图

9. 过程效率

过程效率是精益方法中使用的指标，用来优化工作流程，测量的是增值活动和非增值活动所花费时间的比率，比值越高，效率越高。设计、开发、安装、测试这些旨在创建或优化产品的活动为增值活动，等待、过度生产、由于失误造成的返工等为非增值的浪费性活动。过程效率的计算公式为：

过程效率=花费在增值活动上的时间÷总时间×100%

如图9.14所示，这个过程的效率为：

过程效率=（5+3+2+3）÷53×100%≈24.5%

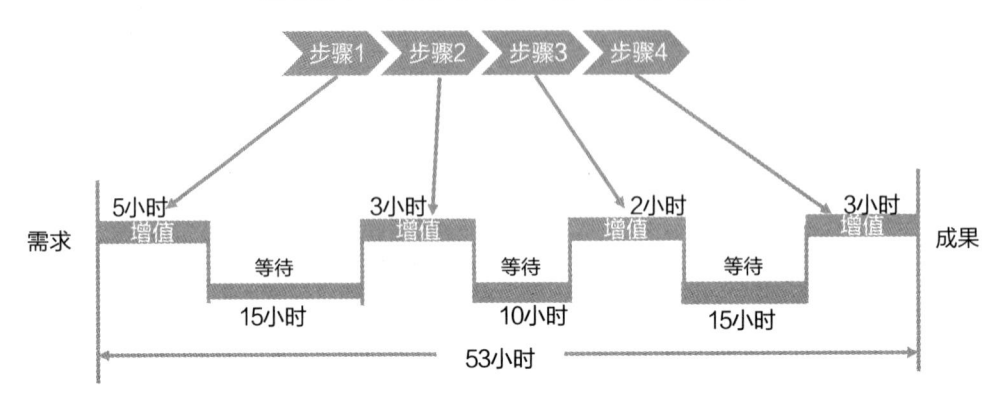

图9.14 过程效率测算

可以用过程效率来度量流程改进的有效性。在改进之前，对过程效率进行测量，改进之后再次测量，看过程效率是否有提升，以及提升的幅度是否符合预期。可以在每次迭代或者每个阶段结束的时候进行测量，分析趋势，观察过程效率是否在不断提升。也可以用过程效率与其他项目团队进行对标，识别改进的机会。

9.4 干系人和团队测量指标

人员状态决定了项目绩效，反过来，项目绩效也对人员状态产生影响。如果项目中频繁加班，或者管理者独断专行，那么团队士气就会低落，这样的团队很难开发出精良的产品。同时，充满缺陷的交付又会导致客户的抱怨，这些抱怨投射到项目团队，又会激起团队的挫败感，因而进一步影响士气，这种恶性循环最终会将项目推向失败的边缘。为了避免出现上述情况，项目经理需要从项目开始就对人员状态进行跟踪，及时发现蛛丝马迹，及时识别原因并快速解决问题。下面介绍跟踪团队和干系人状态的四个指标。关于团队士气，读者有兴趣可以阅读斯蒂芬·伦丁（Stephen Lundin）的著作《鱼：一种提高士气和改善业绩的奇妙方法》。

1. 净推荐值

净推荐值（Net Promoter Score，NPS）衡量的是客户愿意向其他人推荐本产品或服务的程度，通过这个指标可以度量客户的满意度和忠诚度。比如，在某些快餐店用餐后会收到店家用小程序推送的用餐评价提醒，其中有一项，问你是否愿意向其他人推荐本店，用0~10分进行打分，这个就是NPS评价。根据打分，受访的用户被分为三类：①9~10分为推荐者；②7~8分为中立者；③0~6分为贬损者。

NPS的计算公式为：

（推荐者数量/总样本数量）×100-（贬损者数量/总样本数量）×100

计算的结果是-100~100的数值，称为NPS分数。举例来说，如果对150人进行了调查，其中：70人给出了9~10分；55人给出了7~8分；25人给出了0~6分。那么：

NPS=70÷150×100-25÷150×100

=30

此时NPS分数记作30分。在项目管理中，度量NPS的目的是发现问题，深入探析分数背后的原因，做出改进，提高干系人满意度，推动干系人有效参与。

2. 情绪图

情绪图可用来跟踪项目团队成员的情绪或感觉，通常张贴在团队办公区域。表9.7就是一个情绪图的示例。每天下班时，项目成员可以在情绪图中公开表达自己这一天的情绪。可以采用画表情符的方式，也可以用颜色贴纸，不同的颜色表达不同的情绪，还可以用数字来表示。团队需要就使用哪种方式，以及不同符号和数字所表达的意思达成共识。对于远程办公的分布式团队来说，可以使用电子共享的情绪图，让身处异地的其他成员简单直接地了解团队中其他人的状态。

表9.7　情绪图示例

人员	周一	周二	周三	周四	周五
小张	☹	☹	☹	☹	☺
小马	☺	☺	☺	☹	☺
小李	☹	☺	☺	☹	☺
小魏	☺	☺	☺	☹	☺

使用情绪图对创建互信团队非常有用。可以在情绪板前开展快速的团队建设活动，请成员讲解他们情绪背后的故事，这可以促使成员开诚布公，增进了解，从而建立互信。情绪图也有助于释放压力。对于忧虑的问题，说出来之后可能从他人那里得到解决方案，或者受到启发，这对解决工作和个人问题都有帮助。项目经理和团队应该一起定期回顾团队的情绪图，识别问题，发现需要提升的区域。比如，某一段时间团队成员普遍情绪不高，可能是由于当时面临工期压力，团队频繁加班，

也有可能是当时采用的项目管理方式不适合项目环境，或者是项目经理领导风格方面的问题。采用情绪图还可以有效地把情绪和关系进行分离，避免不良情绪导致的彼此猜疑，从而对团队关系产生影响。

3. 成员士气和满意度调查

通过开展成员士气和满意度调查，识别问题，做出改进。相比情绪图，这个调查所涵盖的范围更加全面，调查程度更加深入，打分方式比情绪图更趋于客观。调查中向团队成员询问一系列有关工作的问题，包括：

- 是否认为自己的工作对项目总体有价值？
- 是否被认可？是否对薪酬激励、晋升发展等满意？
- 是否对与他人的协作感到满意？是否对上级关系、同事关系等方面感到满意？
- 是否对工作环境满意？

成员士气和满意度打分仍然具有主观性，对成员的打分进行横向比较并没有太大的意义，可以关注那些得分过高和过低的个体，通过访谈和观察进行进一步了解之后，根据需要制定后续的行动方案。对打分进行纵向比较是合适的做法，可以跟踪团队整体分数的变化情况，也可以跟踪某个个体打分的变化情况。如果打分出现下降趋势则是一个预警信号，项目经理需要尽早采取措施。

4. 人员流动率

人员流动率是一个非常关键的指标，可以释放重大的信号，在一定程度上可以预测项目的成败。人员流动率的计算公式如下：

$$人员流动率 = 某个时间段离职的人数 \div 该时间段的总人数 \times 100\%$$

无论是在公司中，还是在项目中，人员流动都是正常的事情，所以这个指标的理想值并不一定是零。项目经理或公司的PMO应该为指标确定一个合理的范围。项目经理应该随时观察这个指标，采取行动让指标处于合理范围。如果指标出现小幅度的上升，或者集中在某个时间点出现上升，项目经理应该迅速展开调查，根据情况采取行动，必要时寻求发起人、PMO、人力资源部门和其他干系人的支持。

流动率指标居高不下则是一个危险的信号。如果某个项目中项目经理频繁变动，每位新项目经理上岗几个月后就提出辞职，项目成员也频繁变动，团队在不停地为新近空缺的岗位招人，分包也在不断地更换委派到项目中的成员，那么这个项目一定存在重大问题。一方面是这个指标背后的原因，另一方面是这个指标造成的后果。当项目经理和成员纷纷以各种借口离职的时候，项目可能存在某些不可告人的、难以逾越的困难，可能是技术问题，也可能是商务问题，还可能是人事问题。PMO应该为这个指标设置临界值，一旦触碰临界值，应该马上展开全面的独立审计。高人员流动率造成的后果包括：知识转移出现空档，责任归属出现空档，导致项目工期进一步延误，项目的困难像滚雪球一样越滚越大，最后摧毁项目。

9.5 商业价值测量指标

商业价值测量指标用于分析项目的商业合理性，这些指标与授权项目和制定项目投资决策有关。采用传统方法的项目，在项目立项时要进行详细的商业论证，在项目完成后要开展项目后评价，在这些过程中都需要采用商业价值指标作为评判的依据。敏捷方法中强调价值最大化，因此在项目执行过程中需要持续对这些指标进行测量和预测，并根据测量结果决定是否继续向项目投资。下面介绍几种常用的商业价值测量指标。

1. 内部收益率

内部收益率（Internal Rate of Return，IRR）是项目财务分析的动态指标之一。动态分析指的是考虑了货币的时间价值，不考虑货币的时间价值则为静态分析。项目的内部收益率是当项目的资金流入现值总额与资金流出现值总额相等，即净现值等于零时的折现率。计算公式如下：

$$\sum_{t=1}^{n}(CI-CO)_t(1+IRR)^{-t}=0$$

式中，CI指现金流入量；CO指现金流出量；$(CI-CO)_t$指第t年的净现金流量；n指项目计算期。

当项目的内部收益率大于投资人确定的基准收益率时，该项目从经济上讲是可行的。多个项目相比，内部收益率越高越好。

2. 净现值

净现值（Net Present Value，NPV）是项目财务分析的动态指标之一，考虑了货币的时间价值，通常按行业基准收益率，将该项目各年的净现金流量折现到建设起点的现值之和。净现金流量是指流入减去流出，各年包括项目建设年份。也可以理解为：产品生命周期内或某一段时间内资本流入的现值和资本流出的现值的差。净现值大于零时，项目从经济上讲是可行的。净现值越大，项目预期价值就越大。计算公式如下：

$$NPV= \sum_{t=1}^{n} (CI-CO)_t (1+i)^{-t}$$

式中，CI指现金流入量；CO指现金流出量；(CI-CO)$_t$指第t年的净现金流量；i指基准收益率。

在项目论证时，要预测项目的NPV，作为是否向该项目投资的评估依据。在项目执行过程中要持续预测NPV，作为组织是否继续向该项目投资的决策依据。图9.15是在项目过程中持续对NPV进行预测的举例，深色竖条为项目期初的预测，浅色竖条为在项目过程中某个时点的预测。

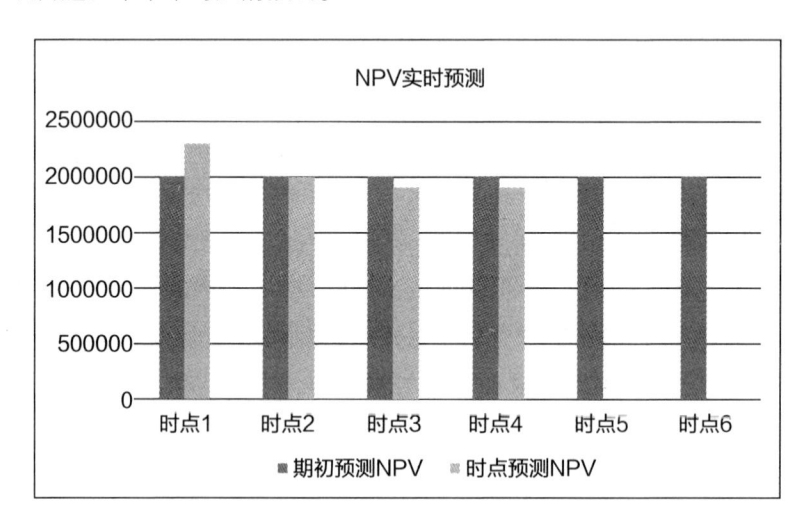

图9.15　项目过程中持续对NPV进行预测

3. 投资回收期

投资回收期（Pay Back Time，PBP）是指从项目的投建之日起，用项目所得的净收益偿还原始投资所需要的年限。投资回收期分为静态投资回收期与动态投资回收期两种。

静态投资回收期是在不考虑资金时间价值的条件下，以项目的净收益回收其全部投资所需要的时间。动态投资回收期的计算需要先把项目各年的净现金流量按基准收益率折成现值。

投资者关心投资的回收速度，为了减少投资风险，越早收回投资越好。基本的选择标准是：在只有一个项目可供选择时，该项目的投资回收期要小于决策者规定的最高标准；如果有多个项目可供选择时，在项目的投资回收期小于决策者要求的最高标准的前提下，从中选择回收期短的项目。与前面介绍的指标相同，选择项目时需要综合考虑多项指标，不能只依靠一个指标做出决策。

4. 投资回报率

投资回报率（Return on Investment，ROI）将项目的财务回报与投资成本进行比较，是项目决策的关键指标之一。ROI的计算简单直接，计算公式为：

$$ROI=净回报÷投资成本×100\%$$

比如，某人用500万元的价格买入一处房产，之后以700万元的价格卖出，这笔交易的ROI为：

$$（700-500）÷500×100\%$$
$$=40\%$$

比如，某项目的成本估算为100万元，收益预测为200万元，则ROI为：

$$（200-100）÷100×100\%$$
$$=100\%$$

在项目论证阶段，只有项目预期的ROI大于组织设定的ROI最低要求，才会考虑为该项目投资。项目执行过程中，项目的成本估算可能会发生变化，市场环境也在变化，导致项目预期收益发生变化，所以在整个项目生命周期中，需要对ROI进行持续估算，从而确定是否有必要继续投资该项目。图9.16是在项目过程中对ROI的持续跟踪，深色竖条表示期初的预测值，浅色竖条表示项目过程中各个关键时点的实时预测。

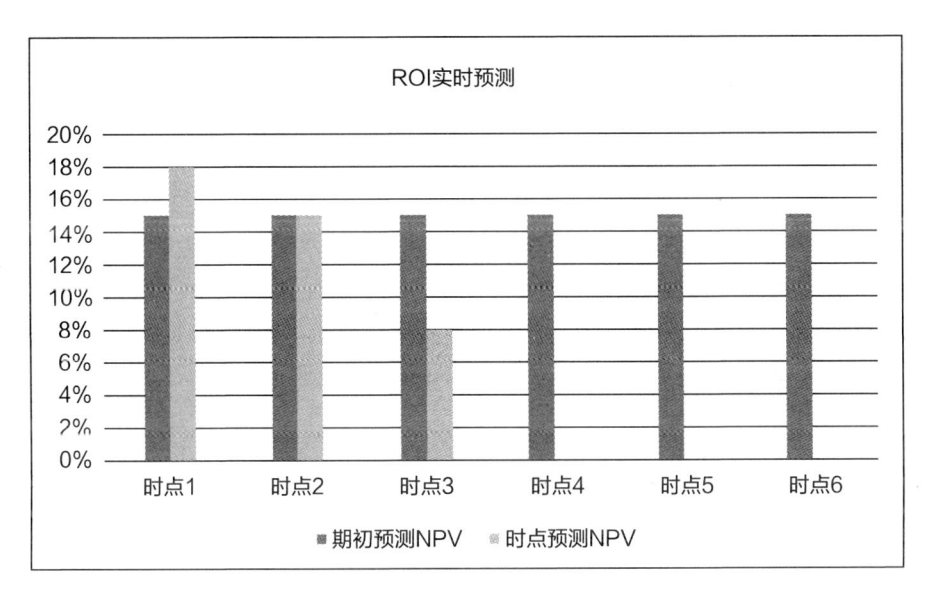

图9.16 项目过程中对ROI的持续跟踪

5. 效益成本比

效益成本比就是用项目的预期效益除以项目的预估成本。如果项目的效益成本比大于1，说明可以考虑为该项目投资。计算公式如下：

$$成本效益比=预期效益 \div 预估成本$$

比如某个项目需要投资20万元，项目完成后可以拿回30万元的收益，则效益成本比为1.5（30÷20）。指标大于1，所以可以考虑投资。多个项目或多个方案相比时，效益成本比越高越好。

当项目收益发生在未来年份时，也可以采用折现的方法把未来收益折为现值后再进行计算。另外，还有一些领域喜欢用成本效益比指标，就是把上述指标倒过来，用成本除以效益，此时比值小于1说明可以考虑投资。

再次强调，以上这些经济指标只是项目决策时需要考虑的部分关键因素，事实上，还需要考虑其他因素。比如，当面临合规性要求，或者项目旨在创造社会效益时，即使上面所有指标都给出负面建议，投资人仍然会考虑向项目投资。

6. 实际收益与计划收益之比

采用敏捷方法的项目，在项目过程中就开始交付价值；采用传统预测型方法的项目，如果采用分期交付的方式，也可以在项目中途交付价值。以商业论证和项目收益管理计划为依据，对实际收益进行跟踪（见表9.8）。

表9.8 收益跟踪表

收益	发布1		发布2		发布3		测量说明
	计划	实际	计划	实际	计划	实际	
用户数增长							
成交金额增长							
满意度提升							

跟踪该指标可以促使项目团队始终以价值为驱动来开展工作，及时识别非增值活动，采取纠正措施。跟踪该指标还可以帮助组织做出是否继续向该项目投资的决策。在项目结束后，组织仍然会按照项目收益管理计划继续对项目产品的后续收益进行跟踪和评价。

本章情境思考题

小张的公司正在进军社区在线团购业务。为了快速发展业务，公司设置了一系列的考核和激励指标，并且采用层级分解制，自上而下要数据，层层往上交数据。主要的测量指标是商品交易总额（Gross Merchandise Volume，GMV）。员工的薪酬直接与GMV挂钩。制定指标的时候既要和竞争对手对标，又要和上一年同期的业绩对标，所以指标非常具有挑战性。比如，某个区域的GMV指标是1000万元，但实际乐观的估算是400万元，缺口很大。如果GMV指标完成不了，则相关的管理层和员工都不能拿到全额工资。为了实现目标，公司也推出了一些激励措施，如发放平台补贴。在这种情况下，滋生了大量的刷单行为。完成刷单需要区域负责人、社区团长、供应商等多方的配合。为了完成GMV指标，区域负责人联合社区团长大量下单购买某一供应商的货物，交易完成之后，小张的公司把货款结算给供应商，供应商再把货款返还给社区团长。通过这样的操作，区域负责人完成了GMV指标，拿到了全额工资，社区团长拿到了平台补贴。到年底总结的时候，数据显示，各区GMV都完成了指标，但公司的亏损远远超出了预期，投资人开始纷纷离场。

思考： 在案例中，指标制定有哪些问题？如果你是小张，你会如何制定指标？

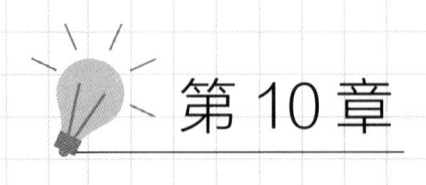

第 10 章
项目控制和适应

在项目执行过程中,需要随时监督实际情况与计划的偏差,或者所交付的产品增量与不断变化的市场需求的差距,并针对这些偏差或差距采取纠正或调整措施。在传统方法中,将这一过程称为"控制";在敏捷方法中将这一过程称为"适应"。图10.1说明本章在整本书中的位置,同时说明管理项目的基本路线。

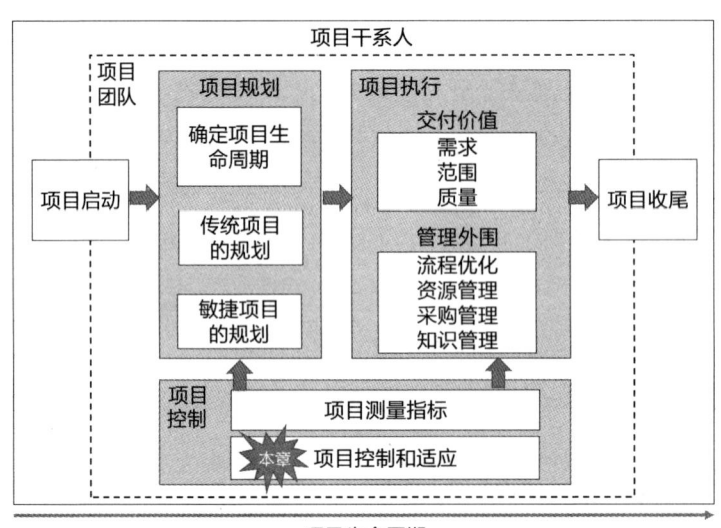

图10.1 融合传统方法和敏捷方法的项目管理路线

10.1 项目可视化

通过可视化手段可以让项目团队和干系人了解项目的情况,从而及时采取有效的调整,以确保项目处于最佳的运行状态。如果可视化获取的数据和信息得当,不仅有助于事后管理,也可以通过趋势分析,采取预警性的事前主动管理措施。

可视化的手段和工具有很多，下面主要介绍传统方法中使用的项目仪表盘和敏捷方法中使用的信息发射源。需要注意的是，可视化的目的是让项目过程变得透明，从而让干系人了解真实、全面、及时的信息，所以项目经理应该深入项目现场，与一线人员沟通，实地观察和分析项目过程和成果，获取一手信息。

1. 项目仪表盘

项目仪表盘（Project Dashboard）是传统方法中常用的可视化工具，将项目的关键信息放在一个集中的位置，方便干系人获取。就像汽车上的仪表盘一样，驾驶者可以方便地看到汽车的实时指标，如车速、转速、油耗、里程数、故障提醒等。项目仪表盘展示项目的关键指标，如进度、成本、范围、质量等方面的绩效，通常包括以下内容：

- 项目整体进展情况。可以采用百分比的方式，如当前完成了 80% 的工作量；也可以采用里程碑的方式，如当前通过了第 4 个里程碑。
- 项目进度情况：可以采用进度偏差、进度绩效指数等。
- 项目成本情况：可以采用成本偏差、成本绩效指数等。
- 项目范围情况：可以采用工作分解结构图，说明当前范围与计划范围的偏差。
- 项目质量情况：可以采用缺陷率、返工率等指标。
- 项目重大风险情况：可以采用文字描述或风险趋势图。
- 项目重大问题情况：可以概要说明问题和解决方案。

项目仪表盘可以展示如上所述的项目高层级信息，也可以展示干系人关注的某些具体方面，如某个重大问题的进展情况。针对具体项目，仪表盘中展示什么信息应该在项目规划阶段就与干系人进行讨论并达成共识，并记录到项目沟通管理计划中。仪表盘中的内容应该易于阅读和理解，让干系人通过一次阅读就可以快速找到应该关注的重点问题。

对于大型项目来说，可能需要建立项目指挥中心，也就是项目团队开会的固定会议室，项目目标、项目计划和项目仪表盘等关键信息都会张贴在指挥中心的墙上。没有指挥中心的项目团队，也可以利用可用的墙面或者白板来建立项目仪表盘。大部分的项目团队使用电子仪表盘，以电子方式收集信息并生成描述状态的图表。与手工编制方式相比，电子方式可以大幅减少收集数据、汇总数据、计算指标以及图表美化的工作，同时可以提高信息传递的速度，确保干系人可以得到实时或接近实时的信息。

仪表盘通常会包括一些图表，如横道图、饼状图、控制图、趋势图等，对于超出临界值的指标通常需要附加文字说明。信号灯方法是仪表盘中常用的一种展示工具，信号灯图也被称为RAG图，RAG是红（Red）、黄（Amber）、绿（Green）三个英文单词首字母的组合。信号灯图可以表示项目当前的执行状况，具体怎么定义红黄绿，因项目的不同而不同，普遍的定义如下所示：

- 红色代表问题比较大，需要升级处理。
- 黄色代表有问题，但是团队有信心自己处理。
- 绿色代表正在按计划进行，没有显著的问题。

图10.2是项目仪表盘示例。该项目的仪表盘中包含的数据有：项目当前所处阶段、项目已经消耗的时间、项目预算情况、发生延误的任务、小组成员的工作负荷和即接下来的关键任务等。

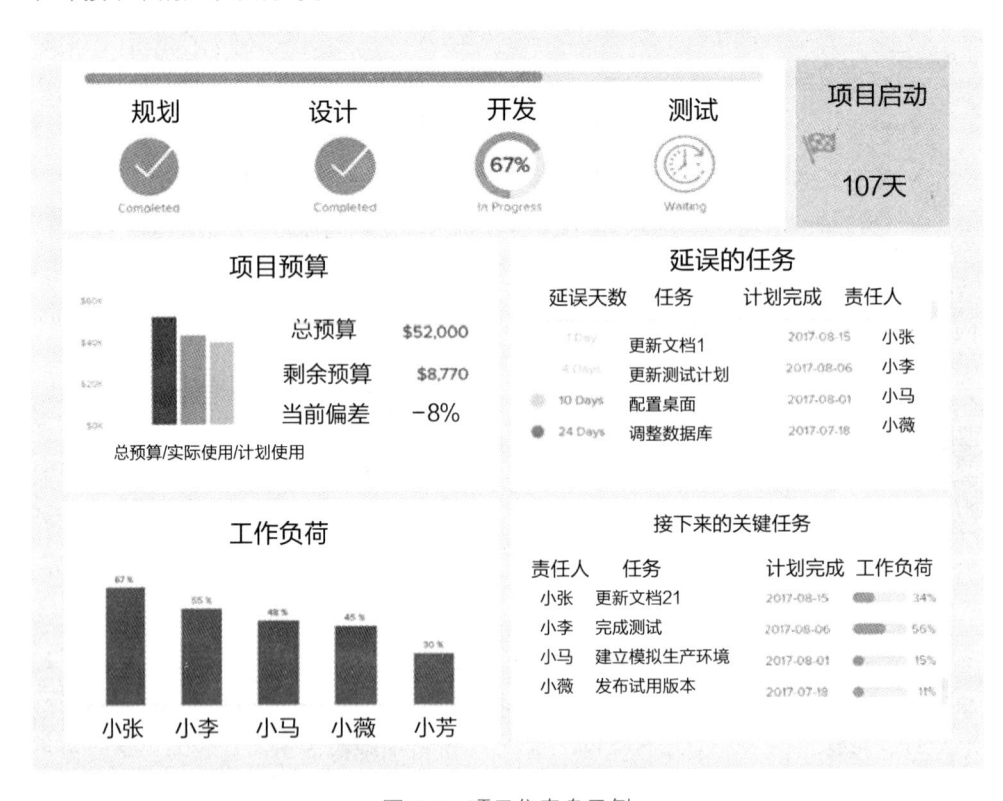

图10.2 项目仪表盘示例

2. 信息发射源

信息发射源是敏捷方法中常用的团队协同工具和沟通工具，项目的实时信息被放入信息发射源，方便项目团队和干系人及时了解项目状态。信息发射源可以采用电子形式，但更提倡采用手工绘制的形式，通常是贴在墙上或挂在白板上的图表，项目团队可以随时进行手动更新。信息发射源讲究"低科技高触感"（Low-tech and high-touch），不依赖复杂的技术和软件，白板、即时贴和海报就是最好的材料。

信息发射源放置在团队和干系人经常路过的区域，当人们路过这个区域时，有意无意就会被这些信息所吸引。对于不能同地办公的分布式项目团队来说，信息发射源可以采用电子大屏幕进行在线共享，也有的团队安装了网络摄像头，持续对着贴在墙上的信息发射源进行拍摄。

信息发射源所包含的内容通常有：

- 产品愿景。
- 产品路线图。
- 产品待办事项列表。
- 任务板或看板。
- 迭代燃尽图。
- 发布燃尽图。
- 风险燃尽图。
- 障碍板。

信息发射源使项目信息更容易更新和获取，提高了项目过程的透明度，提高了团队责任意识，并且使干系人可以更加便捷地了解项目和参与项目。

10.2 偏差管理

偏差管理是传统方法中的重要工作，发生在项目控制过程中。偏差管理需要三个数据，第一个是基准，第二个是实际值，第三个临界值。通过对实际值和基准进行比较得出偏差，如果偏差落入临界值范围内，则偏差可以接受，不需要采取纠正措施；如果偏差超出了临界值范围，则需要运用问题解决流程，分析原因，采取有针对性的纠正措施。项目管理的三个主要基准为范围基准、进度基准和成本基准。临界值是干系人可以容忍的偏差范围，如基准中定义的完工日期是9月15日，临界值为±10天，那么意味着在9月5日—9月25日完成都是可以接受的。在制订项目计划的时候，就应该建立项目基准，同时明确临界值范围。随着项目的进展，基准可能需要变化，干系人的容忍范围也会发生变化，所有这些变化都应该通过正式的变更控制流程进行管理。

1. 控制范围偏差

传统方法中需要在项目执行过程中对项目范围进行控制，目的是保证项目中应该做的工作都得以完成并满足干系人期望，同时保证项目团队没有在范围之外的工作上花费时间和资源。简言之，控制项目范围的目的是保证整个项目范围既无溢出，也无缩水。项目团队以项目范围管理计划和范围基准为依据，结合变更控制流程对项目范围进行管控。本书第5章介绍了如何建立范围基准，第7章介绍了确认范围和控制范围的主要内容，第9章介绍了传统方法中关于范围的绩效指标——产品绩效测量指标和技术绩效测量指标。本节讨论实际工作中造成范围偏差的原因以及常用的应对措施和预防措施。

1）造成项目范围偏差的常见原因

（1）范围基准在发布之前没有得到关键干系人的批准，导致交付成果的验收环节出现意见分歧。

（2）执行过程中，项目团队在对范围基准进行调整时，只获取了部分干系人的认可（如项目团队成员），而遗漏了另一部分干系人（如客户）的意见，导致验收环节出现意见分歧。

（3）客户需求增加没有通过变更控制流程，导致新增需求没有体现在项目基准中。

（4）被否决的变更请求没有及时向客户说明，使客户误以为新增需求已经生效，导致在验收时发生争议。

（5）由于执行过程遇到困难，导致项目部分工作不能按原定的需求和技术规范完成。

2）常用的应对措施和预防措施

范围偏差会导致成本增加，因为交付成果不能通过验收，需要返工，会增加返工成本。项目进度也会因为返工而延误，导致客户满意度下降、团队士气低落。下面列出了针对范围偏差的一些应对措施和预防措施：

- 马上停止超出范围基准的工作。
- 检查项目变更控制流程并严格执行。
- 召开项目扩大会议，请专家参加并提供纠正偏差的建议。
- 与客户协商把范围偏差作为遗留问题，承诺在运维过程解决。
- 进行问题升级，获取管理层的关注。
- 采用商务方案解决范围偏差。
- 评估项目技术风险，根据需要聘请技术顾问。

- 加强各个环节的检查，从原材料到设计和施工，把测试环节往前提。
- 检查项目成员的技术能力，根据需要提供培训。

2. 控制进度偏差

传统方法中，进度偏差是衡量项目绩效的重要指标之一，对项目进度的控制应以项目进度管理计划和进度基准为依据。本书第5章介绍了进度基准的形成过程，第9章介绍了有关项目进度的测量指标，如进度偏差和进度绩效指数，本节介绍如何控制进度，讨论实际工作中造成进度偏差的原因以及常用的纠正措施。

1）造成进度偏差的原因

调查进度偏差的原因时，项目经理可以召开团队会议分析讨论，也可以和存在进度偏差任务的责任人直接交谈。造成项目进度偏差的原因很多，基本上所有的问题最后都体现为进度延误，下面列出一些常见的原因：

- 进度计划本身存在问题，如计划不周、存在漏洞、不切实际。
- 人员技能水平不符合要求。
- 团队协作欠缺，成员之间配合不力。
- 团队士气不高，消极怠工。
- 项目成员同时奔波在多个项目之间。
- 组织中烦琐陈旧的流程阻碍了项目的进展。
- 客户关系管理不善，导致客户配合懈怠。
- 客户不理解项目管理方法，因而无法有效配合项目经理的工作。
- 需要外部机构批复的事项，对批复所需的时间无法控制。

2）常用的纠正措施

进度延误造成的危害很大，如果不能及时纠正，很可能把项目拖垮。常用的进度偏差纠正措施包括：

- 赶工，投入更多的资源，加班加点赶进度。
- 快速跟进，把原计划顺序进行的工作改为并行进行。
- 把非关键路径上的资源移到关键路径上。
- 识别并减少项目中价值不大的工作。
- 用专业方法主动管理客户配合事项。
- 在组织内部进行问题升级，引起管理层的关注。

3. 控制成本偏差

传统方法中，成本偏差是衡量项目绩效的重要指标之一。对项目成本的控制应以项目成本管理计划和成本基准为依据。在本书第5章介绍了成本基准的创建过程，第9章介绍了挣值分析，其中包括成本偏差、成本绩效指数、成本预测指标（ETC、EAC、VAC和TCPI）等，本节主要介绍如何控制成本，讨论实际工作中造成成本偏差的原因以及常用的纠正或预防措施，下面从采购成本和人工成本两个方面进行分析。

1）采购成本偏差

采购或分包成本发生偏差的一个主要原因是合同中的工作说明书描述有遗漏或不清晰，在执行过程中，由于需要修改或增加工作内容不得不向卖方支付额外的成本。在过分压低供应商价格的情况下，这种情形出现得更为频繁。分包商通过低价拿到合同，然后通过变更抬高价格，从而留出利润空间。除此之外，造成偏差的其他原因有：

- 没有采用总价合同，导致成本风险不能转移给分包商，而是留在项目团队内部。
- 市场价格大幅度上涨，导致分包商无法承受额外的成本负担而要求更改合同价格。
- 分包商存在问题，导致项目团队对分包的管理成本过高，如需要更多的现场检查，需要派驻更多的监督人员，有时甚至需要更换分包商。

针对采购和分包商通常出现的问题，常用的预防和纠正措施包括：

- 在选择分包商的时候，遵循严格的招投标流程。
- 尽可能采用总价合同，减少不确定性因素对价格的影响。
- 通过合同条款降低或转移风险。
- 和分包商的工作界面一定要定义清楚，避免模糊。
- 关键任务预备后备分包商。

2）人工成本偏差

项目中的人工成本通常根据人员在项目中实际投入的时间乘以人员费率来计算，所以这部分成本和项目的进度情况密切相关。项目进度延误会使这部分人员在项目中滞留的时间过长，导致成本增加。造成人工成本增加的主要原因有：

- 项目成员技能不足，导致完成项目工作实际投入的时间大于预计投入时间。
- 项目团队没有受到充分激励，士气低落导致效率缓慢，投入时间过长。
- 项目进度由于其他原因延误，导致人员投入项目中的时间相应延长。
- 估算失误，对工期、效率、人员技能、环境变化等因素做了过于乐观的估计。
- 没有遵循变更控制流程。在评估变更时没有充分考虑对人工成本的影响。

常用的纠正或预防措施包括：
- 对于外部聘请的人员，尽量签订固定价格合同，降低超支风险。
- 提高科学估算成本的能力。
- 提高费率高昂的人员的工作效率，最大限度地消除其工作过程中的等待和返工时间。
- 营造积极的工作氛围，改进项目管理和技术水平，提升项目团队的整体效率。

10.3 问题管理

项目问题（Project Issue）是指对项目目标产生负面影响或对项目过程造成阻碍的事件、条件或情形。当某个问题尚未发生但有可能发生时，我们称其为"风险"。当某个风险实际发生时，我们称其为"问题"。问题发生后，项目经理首先要做一个初步判断，如果问题的影响不大，可以由项目经理自己解决，则只需登记到项目经理自己的工作日志，不需要填写正式的问题报告，也不需要记录到问题日志，如小张临时请假半天。如果问题的影响比较大，尤其是需要跨职能沟通，需要干系人参与解决时，则应该启动正式的问题解决流程，编写问题报告，登记到问题日志进行跟踪。如果在项目团队层面无法解决，则项目经理应该将问题升级至项目发起人或项目指导委员会。

1. 问题解决流程

采用结构化的方法有助于找到最佳的解决方案，长期有效地解决问题。结构化的方法关注信息收集、批判性思维模式、创造性、量化和逻辑性。问题解决流程包含以下步骤：
- 定义问题。
- 识别根本原因。
- 生成可能的解决方案。
- 选择最佳解决方案。
- 执行解决方案。
- 验证解决方案的有效性。

2. 问题报告

表10.1是问题报告的基本格式，记录了从发现问题到解决问题的全过程。在发现

问题之后，首先要对问题进行分级，不同级别的问题处理方式不同，一般问题由团队自己处理，严重问题需要升级管理层，在发起人或项目指导委员会的监督和指导下解决问题。对项目问题进行分类也有好处，同一类型的问题可以放在一起处理，如关于技术方面的多个问题，可能通过一次集中培训就可以解决，从而提高解决问题的效率。另外，对问题进行分类也有利于后续的统计分析和知识共享。在问题得到解决之后，要总结经验教训。

表 10.1　问题报告示例

项目编号：		问题编号：		填报日期：	
填报人：		问题发现人：		解决问题的负责人：	
发现日期：		计划解决日期：		实际解决日期：	
当前状况：□正在解决　□已经解决　□其他					
问题分级： □一般问题（团队解决） □严重问题（升级管理层）					
问题分类：（可多选）					
□技术问题 □管理问题 □商务问题 □其他问题		□集成 □开发 □测试 □硬件 □基础设施 □需求		□进度问题 □范围问题 □质量问题 □成本问题 □人力资源问题 □采购问题 □沟通问题	
问题描述：					
问题造成的影响评估： □高　　　□中　　　□低					
问题原因分析：					
问题解决方案：					
解决情况：					
经验教训总结：					

3. 问题日志

问题日志是项目中所有问题的登记簿，包含了所有问题的概要信息，有助于对问题进行持续跟踪和管理，确保所有问题都有明确的责任人，都在按照计划进行解决。在整个项目生命周期中，应该随同执行和监控活动的开展对问题日志进行持续更新，登记新的问题，更新问题状态，关闭已经解决的问题。问题日志的关键信息通常包括问题编号、问题类型、问题提出者和提出时间、问题概述、影响程度、优先级、解决问题的责任人、计划解决日期、当前状态、最终解决情况等。其中，责任人是指负责执行解决方案的责任人，而不是追溯造成问题的责任者。项目团队通常在每周例会上检查问题执行情况并更新问题日志。表10.2是问题日志示例。

表 10.2　问题日志示例

序号	问题编号	问题描述	责任人	承诺解决日期	状态
1	B31	B2 两个房间的数据点根据大楼设计完成管槽和底盒	小张	2月28日	进展中
2	B30	配线间的正式电方案（设计变更）	小李	2月25日	进展中
3	B28	配线间和存储分配线架上PDU临时方案切换为正式方案	小马	择机	进展中
4	B27	室外空调机进入大楼后的内部路由方案提供，并签字	小李	2月26日	进展中
5	B23	和网络集成商签署合同，并提交搬迁技术方案	小万	3月5日	进展中
6	B15	提供大楼水平线测试报告	物业	2月28日	跟踪
7	B13	所有配电柜的市电到位	物业	2月20日已经解决	关闭
8	B12	新风机的安装	物业	2月28日	跟踪
9	A01	现场安全问题	老王	15日/持续	跟踪
10	A02	农民工工资问题，不得出现任何有关此方面的问题	老王	持续	跟踪

说明：正在跟踪的问题21个，已经关闭的问题26个。

4. 障碍板

有些敏捷团队会采用障碍板（Obstacle Board）的做法。障碍是指阻碍团队达成目标的任何干扰因素，如图10.3所示，障碍板就是把障碍用任务板的形式展示出来，放在信息发射源。采用这种方法，可以随时跟踪障碍解决的状态，并且加强责任意

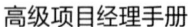

识，鼓励采取行动。在采用障碍板时，团队需要就什么是障碍达成共识。跟踪过于细琐且重要度不高的障碍会浪费团队的精力并干扰注意力，同时要区分障碍板中的事项和任务板中的事项的不同，以免给团队带来混乱。项目经理对障碍板负责。

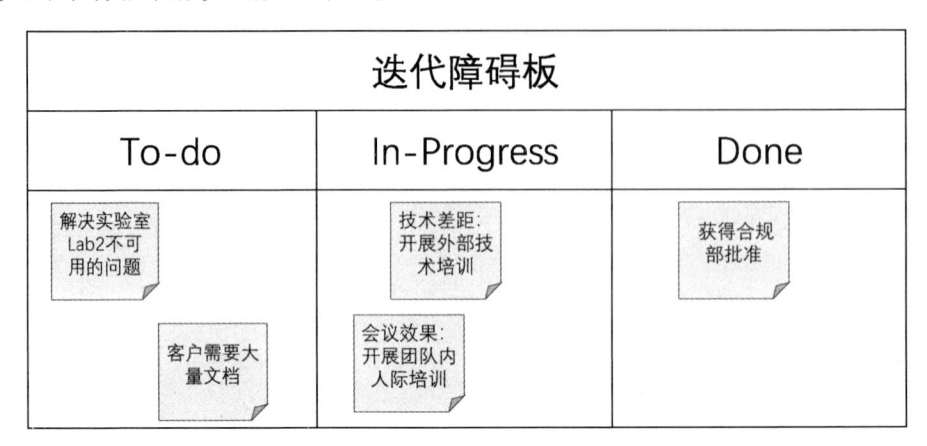

迭代障碍板		
To-do	In-Progress	Done
解决实验室Lab2不可用的问题 客户需要大量文档	技术差距：开展外部技术培训 会议效果：开展团队内人际培训	获得合规部批准

图10.3 迭代障碍板

不论是采用可视化的障碍板，还是其他方式，在管理障碍的时候都要遵循下面的步骤：

- 澄清和定义障碍。
- 对障碍排列优先级，以确定行动顺序。
- 采取行动消除障碍。
- 监督效果。
- 反思是否需要实施流程改进。

10.4 变更管理

传统项目中对变更进行严格管理，所有变更都需要通过变更控制流程进行审批；敏捷方法采用拥抱变更的理念，通过变更提升产品价值。在传统项目中，变更是指对项目基准、计划、受控文件、可交付成果等的修改。未包含在计划中的缺陷补救、纠正措施和预防措施等都属于变更。变更可能来源于项目内部，也可能来源于外部，如发布了新的法律和政策引发了项目方案的变化。传统项目采用严格的变更控制流程，从整体角度考虑变更对项目目标造成的影响。项目经理对变更管理过程负责。整个变更管理过程依据项目规划阶段制订的变更管理计划执行。

1. 变更控制流程

传统项目并非拒绝变更，而是对变更采取严格的控制，充分评估变更带来的益处和变更造成的影响，由变更控制委员会（Change Control Board，CCB）做出谨慎的变更决策。整体变更控制流程包括以下步骤。

（1）提交变更请求。变更请求需要以书面、正式的形式提出，口头和非正式的变更请求将不被接受。这么做的一个好处是确保变更的提出人对变更进行了深思熟虑，并建立了相应的责任意识，降低变更的随意性。

（2）评估变更影响。由项目经理会同项目团队、主题专家、关键干系人对变更造成的影响进行充分评估，包括评估变更对项目目标、收益、范围、进度、成本、质量、风险等各个方面的影响，也包括变更对设计、开发、建造、维护等生命周期中各个阶段的影响，还包括变更对不同利益群体的影响。

（3）做出变更决策。如果变更影响项目的范围基准、进度基准或成本基准，则变更需要由CCB来做出决策。如果未触及基准，则由项目经理、团队和受影响者进行决策。通常项目发起人和客户高级代表都是CCB中的成员，并且具有更高的话语权。

（4）沟通决策结果。决策的结果通常为拒绝或者接受，有的时候可能由于信息不全，需要推后决策，或者需要相关人员提交补充材料。不论是哪种结果，都应该由决策者向变更提出人和其他干系人就决策结果和理由进行充分沟通。

（5）更新项目文件并通知执行。要在变更日志中更新变更的状态，同时根据变更的批复情况，更新相关的项目计划或文件，如调整项目预算，调整项目进度，更新相关的技术文档。文档更新之后需要通知相关人员按照新的文档执行工作。

2. 变更申请和审批表

传统项目中，任何干系人都可以提出变更请求，通常要求变更提出者填写书面的变更请求文件。项目经理有责任与变更提出者进行深入沟通，了解其提出变更的初衷，引导其从整体角度分析变更的优劣。之后，项目经理需要与更多的干系人沟通，从更大的范围内评估变更造成的影响。对于由于政策等引发的变更，项目经理负责记录并填写变更请求文件。即使针对政策等引发的变更，也需要执行变更控制流程，需要对变更的方案进行选择和批准。有些情况下，由于应对变更的成本过大，或者项目团队和组织没有能力应对变更，导致项目无法继续。CCB对变更进行评审，最后做出决策。变更申请和审批表的主要内容包括：

- 变更描述。
- 必要性分析。

- ○ 不采取变更的影响。
- ○ 变更对项目成败的影响。
- 变更评估。
  - ○ 应对变更的方案。
  - ○ 变更对项目进度的影响。
  - ○ 变更对项目成本的影响。
  - ○ 变更对项目产品质量的影响。
  - ○ 变更对其他方面的影响。
  - ○ 风险分析。
- CCB 决议。

3. 变更日志

变更日志是项目中所有变更的登记簿，如表10.3所示。变更日志包含了所有变更的概要信息，有助于对变更进行持续跟踪和集中管理，也被用于向受影响的干系人传达有关变更的信息，如变更请求的批准、推迟和否决情况。在整个项目生命周期中，应该随同执行和监控活动的开展对变更日志进行持续更新，登记新的变更，更新变更的评审状态，对于已经批准的变更还需跟踪其执行情况。

表 10.3 变更日志

变更编号	申请人	申请日期	变更内容简述	评审人	评审结果	执行情况

4. 敏捷项目中的变更管理

敏捷方法拥抱变更，把变更视为改善产品、扩大价值的机会。敏捷方法中，变更的管理者是产品负责人，管理文件是产品待办事项列表。当客户或其他干系人有新的需求时，产品负责人把这些新需求纳入产品待办事项列表，并排列优先级。

10.5 风险管理

项目风险是指不确定的事情或状况，一旦发生，就会对项目目标（如时间、成本、范围等）产生正面或者负面的影响。产生负面影响的风险被称为威胁，产生正面影响的风险被称为机会。项目风险是指将来的事情,已经发生的消极风险被称为问题。完整地描述一个具体的风险,需要说明三个要素,即风险事件、风险发生的概率和发生之后造成的影响。

1. 风险管理相关术语

1)已知风险和未知风险

已知风险是人们根据经验和判断可以事先识别的风险,因而可以采取应对措施。未知风险无法事先识别,只有出现之后,人们才意识到它的存在。为了应对未知风险,通常会为项目预留一笔管理储备,既包括资金,也包括时间。人们通常用"灰犀牛"指那些被提示却没有得到充分重视的已知风险,用"黑天鹅"指那些超出人们想象、无法预判但破坏力极大的未知风险。

2)单个风险和整体风险

单个风险指的是单个事件,一旦发生会对项目目标造成影响,如一个零部件的延误可能造成项目工期的延误。整体风险是所有风险事件对项目的综合影响,从而导致项目目标的实现存在不确定性,如项目按期完成的概率为38%描述的就是项目的整体进度风险。采用蒙特卡洛模拟方法可以对项目整体风险进行评估,模拟时输入的是每个活动的工期或成本的变化区间,输出的是整个项目的工期或成本的变化区间。

3)风险敞口

评估风险敞口要同时考虑风险发生的概率和风险可能造成的影响,风险影响是指风险发生后造成的损失,概率是风险发生的可能性。

$$风险敞口 = 影响 \times 概率$$

项目风险敞口是对项目所面临的风险总值的度量,可以把已经识别的各个风险的敞口进行汇总,得出项目整体风险的量值,也可以采用蒙特卡洛模拟法来评估项目整体风险敞口。对于一个健康的项目,随着项目工作的开展,更多因素得以确定,且对已识别风险采取了应对措施,风险敞口应该逐步降低,可以用风险燃尽图来跟踪这种趋势。

4)风险临界值

风险临界值定义了干系人对项目风险的容忍程度。比如,对于某个项目来说,干系人一致认为,2周以内的延误可以接受;或者风险敞口在2万元以内的风险可以接受。风险临界值与干系人的风险偏好有关,有的人属于风险热衷者,它们享受冒险所带来的收益;有的人属于风险逃避者,他们害怕不确定性带来的损失;还有的人属于风险中立者，他们通过对风险的影响和概率等因素进行分析，依据分析数据制定决策。风险临界值与干系人本身的损失容忍度也有关系，如拥有雄厚资金的公司对损失的承担能力大一些。项目团队应该和干系人就风险临界值进行清晰的沟通，并形成书面记录，这样才能在管理风险的过程中做出合理的决策，避免过于谨慎，或者过于松懈。

2. 风险管理步骤

在传统项目中，项目团队按照项目规划阶段制订的风险管理计划对风险进行管理，风险管理的过程可以简化为4个步骤，分别为：

- 识别风险。
- 评估风险。
- 制订风险应对计划。
- 实施应对策略并监控效果。

因为项目过程中总是有新的风险出现，旧的风险消失，正在活跃的风险其状态也在变化，所以这4个步骤在项目过程中需要反复开展。

1）识别风险

项目团队必须尽最大努力把风险识别出来。如果风险不能被识别，就无法主动开展评估和应对，只能被动等待风险的攻击。以下是识别风险的主要方法：

- 分析以往类似项目的经验教训。
- 从项目成员和干系人处获得输入。
- 根据组织提供的风险分类框架进行识别。
- 根据组织提供的风险查对清单进行排查。
- 分析项目文件，如假设日志、采购文件等。
- 对项目所在的内部和外部环境展开审查，如采用SWOT分析法、PESTLE分析法等。

（1）工具：风险分解结构（Risk Breakdown Structure，RBS）。风险分解结构是对某类项目的风险分类框架。图10.4是风险分解结构示例。实际工作中，项目团队可以采用本组织PMO为各类项目设计的RBS，或者根据项目自身特性，建立适合项目的RBS，可以如图10.4所示分解到第二层，也可以根据情况分解到多层。采用RBS可以避免在识别风险的过程中漏掉某些关键的领域，还可以根据RBS对已经识别的风险进行分类，同一类风险可能采用一个集中的应对措施就可以解决。

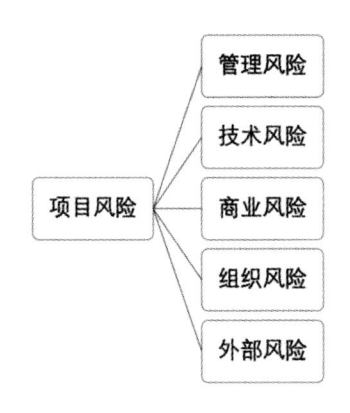

```
                    ┌── 管理风险
                    │
                    ├── 技术风险
                    │
项目风险 ──────┼── 商业风险
                    │
                    ├── 组织风险
                    │
                    └── 外部风险
```

图10.4 风险分解结构示例

（2）工具：假设日志。假设日志记录了整个项目生命周期中的所有假设条件和制约因素。在项目启动时，会识别在战略和运营方面的高层级的假设条件与制约因素。在项目期间随着进度估算、成本估算等活动的开展，会逐步识别在较低层级的假设条件和制约因素。

假设条件举例：项目成本估算为100万元，假设条件是材料不涨价、资源没有浪费等。

制约因素举例：项目工期估算为12个月，包含1个月的第三方验证时间，因为目前的法规要求，产品在上市之前必须通过第三方验证。

通过分析假设日志可以识别项目风险。从假设条件的不准确、不稳定、不一致或不完整，可以识别威胁；通过清除或放松制约因素，可以创造机会。

（3）工具：风险登记册。风险登记册记录项目所有风险的状态和详细信息，随着风险被识别、被评估、被应对，风险登记册中的信息要持续更新。风险登记册通常包含的内容有风险编号、风险描述、风险类型、风险概率、风险影响、严重程度、应对措施、风险责任人、次生风险、残余风险等。表10.4是风险登记册示例。

表10.4 风险登记册示例

风险编号	风险描述	风险类型	风险概率	风险影响	严重程度（概率×影响）	应对措施	风险责任人	次生风险	残余风险
1	用户无法清楚描述详细需求	需求类	0.5	0.5	0.25	采用启发式需求调研法，分析用户的在用系统，帮助用户挖掘需求			遗漏实际需求

续表

风险编号	风险描述	风险类型	风险概率	风险影响	严重程度（概率×影响）	应对措施	风险责任人	次生风险	残余风险
2	对用户的需求和项目范围理解不准确	需求类	0.3	0.7	0.21	尽早介入，验证客户真实需求，走访客户，充分沟通			
3	没有识别全干系人，忽略了关键用户需求	干系人	0.3	0.7	0.21	加强干系人的识别，对干系人和需求进行分类比较和分析			新出现的干系人
4	有新的竞争对手，对竞争对手了解不够	市场类	0.3	0.3	0.09	尽可能了解行业内对手，关注新兴企业，参与论坛			新出现的竞争对手
5	没有做好预算，报价过高或过低	商务类	0.3	0.9	0.27	根据以往经验和行业现状编制预算，留有一定余量		报价过高，丢掉合同	
6	没有做好可行性分析，导致项目亏损	商务类	0.1	0.5	0.05	交叉评审，由项目经理承诺成本估算，由销售承诺合同价格		失去市场机会	

2）评估风险

评估风险的目的是了解风险的严重程度和紧迫程度。由于项目的资金、资源、时间都是有限的，所以最高效的做法是首先应对那些既严重又紧迫的风险。评估风险分为定性和定量两种方法。

（1）定性评估。定性评估主要从风险的概率和影响两个方面进行评估，可以把概率和影响各自分为高、中、低等级别，严重程度需要综合考虑概率和影响，通常采用概率影响矩阵。风险程度的分级并不能在项目之间通用，需要根据具体项目中干系人对风险的临界值进行定义，通常在规划阶段制订风险管理计划时就应该明确，以确保项目团队和干系人在评估风险时采用相同的尺度。表10.5是某个项目在执行定性风险分析时所使用的概率量表、影响量表和概率影响矩阵示例。

表 10.5　概率影响矩阵举例

概率量表	
类似风险去年一年内发生的次数	级别
发生 6 次及以上	高
发生 3~6 次	中
发生 1~2 次	低

影响量表		
对项目进度的影响	对项目成本的影响	级别
造成延误 15 天以上	造成成本超支 15% 以上	高
造成延误 5~15 天	造成成本超支 5%~15%	中
造成延误 5 天以内	造成成本超支 5% 以内	低

概率影响矩阵				
风险评估结果		影响		
		高	中	低
概率	高	高	中	中
	中	中	中	低
	低	中	低	低

采用定性分析方法，除了考虑概率和影响两个维度，还可以考虑风险的紧迫性、可管理性、可控性、邻近性等其他因素。

（2）定量评估。定量评估用风险的预期货币值（Expected Monetary Value，EMV）来表示风险的严重程度，计算公式为：

$$预期货币值 = 概率 \times 影响$$

式中，概率来自基于历史数据的预测，影响需要细化到货币值。

比如，历史数据显示，某个供应商供货延误的概率是25%，在本项目中延误造成的损失为10万元，则该风险的期望货币值为2.5（10×25%）万元。

通过定量分析可以评估单个风险的绝对严重程度，也可以对多个风险进行排序。比如，某个项目中存在两个风险。风险1发生的概率为80%，发生之后不会造成进度延误，但是会由于质量问题需要向客户赔款10万元；风险2发生的概率为40%，发生之后会造成项目整体延误45天，消耗率=2000元/天，并同时由于部分产品的质量问题需向客户赔款6万元。

用消耗率来量化进度延误造成的影响，可以计算出每个风险的期望货币值分别为：

风险1的EMV= 0.8×10＝8（万元）

风险2的EMV= 0.4×6＋0.4×45×2

＝2.4＋0.4×9

＝6（万元）

基于这种分析，风险1的优先级别高于风险2。

定量分析方法除了用来评估单个风险的严重程度，还可以评估项目整体的风险程度。蒙特卡洛方法，或称计算机随机模拟方法，是一种基于"随机数"的计算方法。这一方法源于美国在第二次世界大战时期研制原子弹的"曼哈顿计划"，该计划的主持人之一数学家冯·诺伊曼用驰名世界的赌城——摩纳哥的蒙特卡洛（Monte Carlo）赌场——来命名这种方法。蒙特卡洛模拟通过输入单个活动的成本或进度的变动范围，通过成千上万次的随机取值计算出项目总的成本或进度的变动范围。把模拟的结果与干系人进行沟通，根据干系人的期望和容忍范围，对项目的应急储备进行调整。

定量分析方法还有决策树、敏感性分析等，并非所有的项目都需要开展定量风险分析，通常开展定量分析的项目包括大型复杂的项目、具有战略重要性的项目、合同或关键干系人要求进行定量分析的项目等。

3）制订风险应对计划

根据风险评估的结果来制定相应的应对措施，如优先级比较低的风险将采用接受的策略。制定策略的过程中要邀请成员、干系人、专家和其他可提供有效见解的人员参加，要识别多个可选方案，评估各个方案的成本效益、实施的难易程度、相应的次生风险和残余风险。

次生风险（Secondary Risk）是指实施风险应对措施所带来的二次风险。比如，某个时间紧迫的项目，为了避免分包延误，制定的风险应对措施是，每提前一天奖励20万元。这个措施又引入了新的风险：为了获得奖金，分包商工作质量下降；为了获得奖金，分包商不遗余力，最后竟然提前了30天，导致项目成本严重超支。

残留风险（Residual Risk）是采取风险应对措施之后仍然余留的风险。比如，某个计算机房为了应对机房着火的风险，采取的应对措施是安装消防设备。但是，仅仅安装消防设备并不能把风险降低到干系人可以容忍的范围内，也就是残余风险过大，这时就需要继续采取措施，如建立数据备份或建设灾备机房等。

（1）针对威胁的应对策略。如果次生风险和残留风险不在可接受的范围内，则必须重新选择应对策略或加强应对策略，直到可接受。风险应对策略要具体化，落实到具体的人员、确定具体的完成日期和评估标准。常见的针对威胁的应对策略有以下五类。

①上报：风险不在项目范围内或提议的应对措施超出了项目经理的权限。比如，客户的资信程度出现了重大问题，可能影响项目付款，项目经理没有权限处理客户合同，所以把这个风险事件上报给项目指导委员会。上报之后，责任也转移给对方。项目团队不再对风险进行监控，但可以继续在风险登记册中记录其信息。

②规避：采取行动消除威胁，使项目免受威胁。适用于高优先级的风险。比如，分包商A的工作在以往总是不能令人满意，本项目中不再与分包商A合作，规避了分包商A带来的风险。最彻底的规避就是不做项目。

③转移：将风险的责任转移给第三方，如购买保险。通常转移的是风险带来的财务损失。

④减轻：采取措施来降低威胁发生的概率或影响。比如，客户方的关键人员A总是在验收时出难题导致验收不顺利，本项目中关键人员A也会参与验收，所以从项目一开始就每星期和A进行一对一汇报，了解期望，增进关系，降低不验收的风险。

⑤接受：承认威胁的存在，不主动采取措施，适用于低优先级的威胁。比如，某个安装人员可能有跳槽的风险，鉴于可替换的资源充足，所以不提前采取行动。接受分为主动接受和被动接受，主动接受会预先留出一定的资金或时间储备，以备风险发生时使用。被动接受则不做储备预留。

除了以上五种应对策略，根据需要还可以针对某个具体风险采取应急响应策略，也就是制定应急方案，并确定风险触发因素或风险征兆。在项目过程中要跟踪触发因素，这个因素一旦被触发，就马上启动应急方案。比如，消防演习就是对应急响应策略的演练。需要注意的是：第一，必须有明确的、易于识别的风险征兆，以确保人们能够及时意识到风险即将发生；第二，必须确保在风险征兆发生后，人们有足够的时间来实施应急方案。

（2）针对机会的应对策略。不确定性可能带来威胁，也可能带来机会，上面讨论的风险应对策略主要针对的是威胁，项目团队还需要主动管理项目机会。管理机会的方法步骤和管理威胁大同小异，针对机会的应对策略也包括五类。

- 上报：机会超出了项目的范围或项目经理的权限。比如，正在实施的项目的客户提出，希望和团队签署新的项目合同，此时，项目经理需要把此机会上报给项目指导委员会或者公司的商务部。上报之后，责任也转移给对方。项目团队不再对机会进行监控，但可以继续在风险登记册中记录其信息。

- 开拓：将机会出现的概率提高到100%，获取机会收益。针对优先级高的机会可以采用该策略。比如，把最精明强干的人员调到项目组，以期以最短的工期交付项目，抢占市场。

- 分享：把机会分享给第三方，使其可以共享收益，比如，很多公司建立和供应商的长期合作关系，并采用了机会共享和风险共担的合作策略。

- 提高：想办法提高机会发生的概率或发生后的收益。比如，从项目开始就采取良好的干系人管理策略，以期干系人满意度持续保持高水平。

- 接受：虽然判断出机会的存在，但并不主动采取措施，适用于优先级低的机会。

4）实施应对策略并监控效果

需要召开定期的风险审查会议，来推动和检查风险应对措施的落实情况，有时候在实施应对措施的过程中，需要项目团队外部人员采取行动，此时项目经理需要利用人际关系技能，通过协商、谈判、激励、人际网络、影响力等方法促进行动的落实。

对风险应对效果的监控，可以通过重新评估风险的严重程度来判定，也可以通过评估项目或相关任务的进度、成本、技术、质量等绩效指标来反推风险措施的有效性。监控风险还包括对项目储备的分析，储备分析是指在项目过程中持续对剩余应急储备和剩余风险量进行比较，从而确定剩余储备是否仍然合理，是否需要增补或者释放。图10.5是储备燃尽图示例，可以看出储备消耗的速度比计划要快。

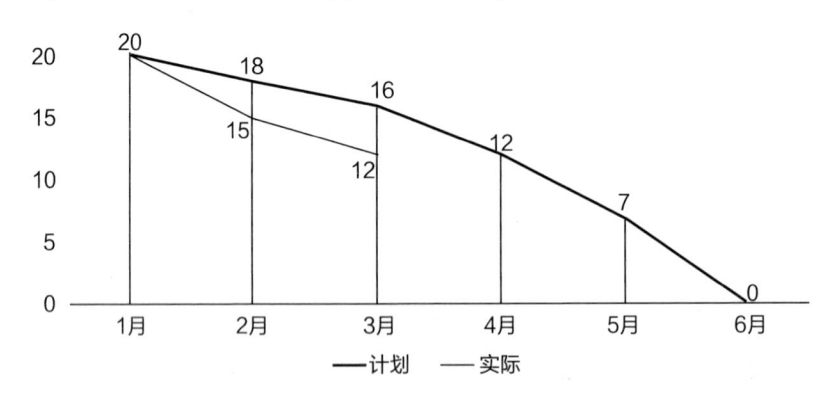

图10.5 储备燃尽图示例

如果发现风险应对措施没有起到预期的效果，项目经理需要开展分析，调查原因，调整风险策略，有的时候需要开展风险审计，以发现风险管理流程中的系统性问题。

3. 敏捷项目中的风险管理

毋庸置疑，敏捷方法本身就是针对项目的不确定性而建立的一种方法，其中内置的很多做法都旨在降低风险，包括市场风险、技术风险、收益风险、进度风险和成本风险等。敏捷方法中降低风险的具体做法包括但不限于：

- 将项目的整体开发任务分解为更小的版本。
- 采用迭代和增量方式进行开发和交付。
- 首先开发和交付高价值的功能。
- 识别最小可行产品（MVP）。
- 尽早投入使用，尽早开始投资回收。
- 轻量级的估算和规划技术。
- 滚动计划方式。
- 在最后决策时刻再做出决策。
- 推迟对低优先级工作的投资。
- 对产品和流程进行持续的回顾和改进。
- 主动识别和发现变更，及时对变更做出响应。
- 主动定期听取客户的声音。
- 将高风险工作放在早期迭代中，降低整体风险。
- 为降低风险而开展刺探（Spike）。

1）根据风险调整优先级

敏捷项目中，在确定产品待办事项列表的优先级时，既要考虑实现功能之后带来的价值，也要考虑实现功能所包含的风险。如何在考虑风险之后对待办事项列表进行优先级排序，下面介绍几种常用的方法。

（1）方法1：根据功能优先级对风险进行排序。采用这种方法，如果风险A所影响的功能在列表中处于高优先级，风险B所影响的功能在列表中处于低优先级，那么风险A的优先级高于风险B。表10.6就是采用这种方法对待办事项列表进行调整的一个例子。针对某个具体功能的风险应对措施就排到紧随其后的位置，比如1.3.1是针对功能1.3的风险应对措施，3.2.1是针对功能3.2的风险应对措施。

表 10.6　根据功能优先级对风险进行排序

ID	任务	优先级	故事点	状态
1.1	准备调查的目标受众	1	8	完成
1.2	开展调查	2	2	完成
1.3	记录调查结果	3	4	进展中
1.3.1	如果反馈不充分,重新开展调查	4	2	
2	澄清角色和职责	5	8	进展中
3.1	开发市场资料的第一版	6	13	进展中
3.2	审查市场资料	7	5	已委派
3.2.1	如果需要寻找更多的评审者	8	8	
3.3	市场资料的最终版	9	3	已委派
4.1	网站编码	10	20	进展中
4.1.1	如果 MySQL 不能用则推迟编码	11	20	
4.2	测试网站	12	13	已委派
4.3	部署网站	13	5	已委派

（2）方法2：根据风险的期望货币值进行排序。这种方法计算风险的期望货币值（EMV），EMV高的风险有更高的优先级。下面列举了采用这种方式进行排序的例子。表10.7是已经识别的需求及其预期收益，表10.8是已经识别的项目风险及其概率和影响数据。

表 10.7　已经识别的需求及其预期收益　　　　　　　　　　　单位：元

条目	优先级	预期收益
需求 1	2	10000
需求 2	3	8000
需求 3	1	25000

表 10.8　项目风险及其概率和影响数据　　　　　　　　　　　单位：元

风险	风险影响	风险概率
风险 1	5000	75%
风险 2	4000	50%
风险 3	20000	45%

如表10.9所示，接下来计算每个风险的期望货币值。

表 10.9 计算每个风险的期望货币值　　　　　　　　　　　　　　　　单位：元

风险	风险影响	风险概率	期望货币值
风险 1	5000	75%	3750
风险 2	4000	50%	2000
风险 3	20000	45%	9000

如表10.10所示，最后按照风险的EMV和需求的预期收益进行综合排序。

表 10.10　按照风险的 EMV 和需求的预期收益进行综合排序　　　　　单位：元

条目	优先级	价值
需求 3	1	25000
需求 1	2	10000
风险 3	3	9000
需求 2	4	8000
风险 1	5	3750
风险 2	6	2000

（3）方法3：从经济角度考虑风险对价值的影响。还有一种方式是从经济角度考虑，计算风险对交付成果或功能的投资回报率（ROI）的影响。比如，针对功能A，首先预估这个功能可以带来的收益，如通过用户数增加或者单价提高，假如预估获得收益为10万元。接着估算开发这个功能的成本，用人工费率×预估工时，假设为6万元，则得出：

$$ROI=（收益-成本）\div 成本 \times 100\%$$
$$=（10-6）\div 6 \times 100\%$$
$$\approx 67\%$$

此时计算出来的ROI是没有考虑风险的ROI。假设识别出一个关键的风险，一旦该风险发生，会导致用户数不增反降，预估损失为7万元，此时预期收益将变为3（10-7）万元，则得出：

$$ROI=（3-6）\div 6 \times 100\%$$
$$=-50\%$$

如果考虑到该风险发生的概率为40%，采用期望货币值的方法，则EMV为2.8（7×40%）万元，预期收益将变为7.2（10-2.8）万元，则得出：

$$ROI=（7.2-6）\div 6 \times 100\%$$
$$=20\%$$

可以用图10.6来表示风险对该功能的ROI的影响。

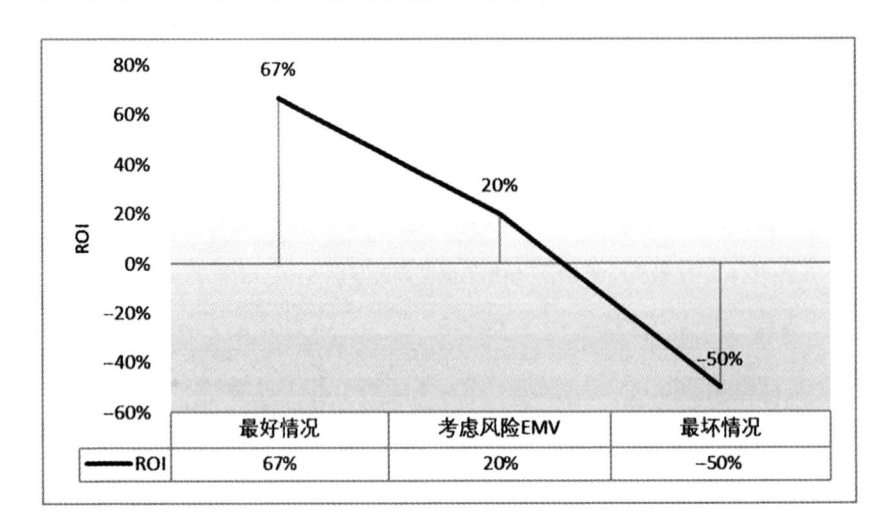

	最好情况	考虑风险EMV	最坏情况
ROI	67%	20%	−50%

图10.6　风险对该功能的ROI的影响

不论采用哪种方式，都应该注意到风险是动态变化的，应该在待办事项列表梳理会议上及时更新风险信息，包括识别新的风险，评估旧的风险，根据新的信息对优先顺序做出调整。

2）风险燃尽图

风险燃尽图是敏捷项目中常用的一种可视化方法，是团队和干系人就项目风险进行沟通的良好工具。风险燃尽图展示项目中关键风险随时间的变化情况，从而判断项目整体风险的大小以及风险管理的有效性。如图10.7所示，图中横轴是项目生命周期中的时间，纵轴是关键风险的严重程度，每一个色带表示一个具体的风险，某个时间点上的带宽就是风险在这个时点的严重程度。评估严重程度时需要综合考虑风险发生的概率和造成的影响，通常采用0~3分的评分刻度，所以风险的最高得分为9分，表10.11是一个示例。

理想情况下，由于团队采取了有效的风险应对措施，每个风险的严重程度都应该随着时间的推移而降低，项目的整体风险严重程度也随之不断收敛。图10.7是根据表10.11中的数据绘制的风险燃尽图，可以看出，在2月识别了新的风险E，对风险E的管控好像遇到了麻烦，因为风险E的严重程度在一路走高。对风险A、B、C和D的管控很有效，风险程度显著降低。

表 10.11 风险随时间的变化

风险	1月			2月			3月			4月		
	概率	影响	严重程度	概率	影响	严重程度	概率	影响	严重程度	概率	影响	严重程度
A	3	2	6	2	2	4	0	2	0	0	2	0
B	3	3	9	2	3	6	1	2	2	0	2	0
C	2	3	6	2	2	4	2	2	4	2	1	2
D	3	3	9	3	2	6	2	2	4	1	1	1
E				1	3	3	2	3	6	3	3	9

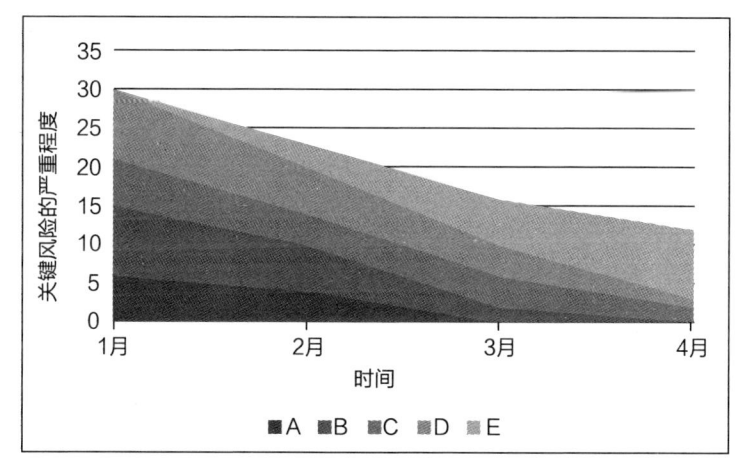

图10.7 风险燃尽图

本章情境思考题

小张中途接手了一个在线采购平台建设项目，项目问题百出，项目进度严重延误，成本严重超支，团队士气低落，客户抱怨不断。为了提振各方信心，公司决定更换项目经理，委派资深项目经理小张来力挽狂澜。

小张的公司不是在线采购平台的原始开发者，而是需要借助一个国外软件公司的产品，在这个产品的基础上进行定制开发。目前最大的问题就是国外这家软件公司已有的产品模型过于简单，不符合客户需求，不得不重新开发，开发的速度非常缓慢。和这家公司进行了多次沟通之后，仍然无法推动进度，而且无法得到承诺，小张拿出合同，准备和这家公司谈一下合同违约的事情。但国外这家公司告诉小张,他们没有违约,因为小张公司的第二笔付款没有到位。小张急忙去查,发现果然没有支付,问财务部门,财务部门说项目经理没有通知付款。

小张当地的开发团队中采用了外包人员,这些人员是按照时间付费的,在项目中多待一个月,就多赚一个月的钱,所以这些人看上去根本不为进度着急。

客户在每周例会上都会提出新需求,这次的需求是把所有界面汉化。小张查了合同,发现合同中并没有这个要求,客户很生气地说:"这个还用写吗?在中国的企业你当然要用中文界面。"小张也觉得客户说得不无道理。

思考: 请你帮助小张分析一下当前项目中的问题,并针对这些问题提出整改措施。如果从一开始你就是这个项目的项目经理,你准备如何控制风险,以避免项目落入当前的困境?

第 11 章

人的因素：干系人管理和团队管理

因为有客户需求，才有了项目的存在；因为有项目团队，才创建了项目产品；需求和产品对接，才产生了价值。项目实施的顺畅程度很大一部分取决于项目干系人的参与和支持程度。本章讨论与人相关的因素，包括管理干系人参与和管理项目团队，以及与干系人和团队的沟通活动，与人打交道时需要使用的软技能。图11.1说明本章在整本书中的位置，同时说明管理项目的基本路线。

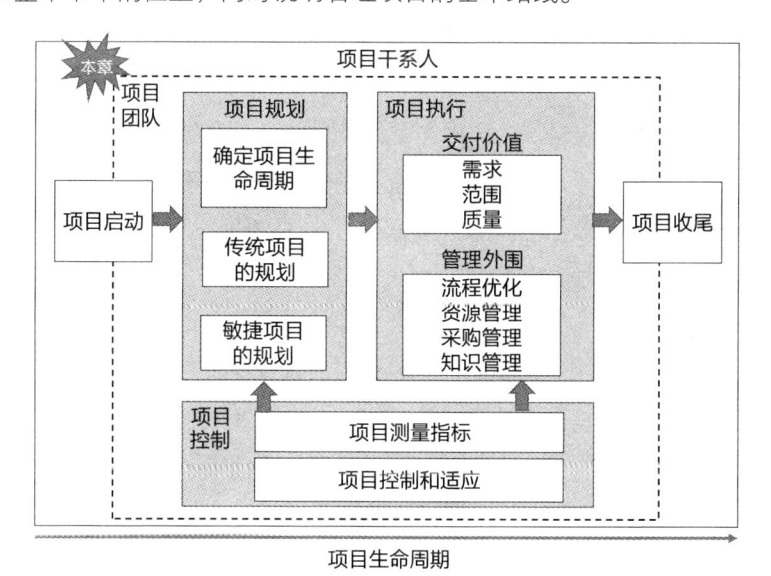

图11.1 融合传统方法和敏捷方法的项目管理路线

11.1 管理干系人参与

项目干系人是指可能影响项目决策、活动或结果的个人、群体或组织，以及会受到（或自认为会受到）项目决策、活动或结果影响的个人、群体或组织。干系人参与对项目成功至关重要。项目团队也属于项目干系人，本节主要讨论项目团队之外的干系人，下面专门讨论项目团队。

干系人管理是一个持续而复杂的过程，为了便于理解和执行，可以简化为以下几个步骤。

（1）识别干系人，要全，不要漏掉某些人员或单位；要对，不要把不相关的人员或单位纳入干系人行列。

（2）理解干系人与项目相关的特征，如权力、作用、态度等。

（3）根据理解和分析对干系人进行优先级排序或分类。需要注意的是，并不是优先级高的干系人我们要管理，优先级低的就不管了，而是要针对不同类别的干系人采取不同的管理方法。比如，高优先级的干系人可能要获得他的批准，优先级低的干系人则要随时知会进展。

（4）采取行动让干系人参与到项目中，要清楚说明干系人需要在什么阶段、什么时间、参与什么活动，具体是让他做出决策，还是让他采取行动。

（5）监督效果，看干系人有没有照着预期的方式参与项目，以及参与之后有没有起到预期的作用。

项目干系人群体是变动的，随时可能有新的干系人进来，已有的干系人退出，即使一直留在项目中的干系人，他的角色和特征也可能在变化，所以要根据需要反复执行这些步骤。下面介绍在干系人管理过程中常用的工具，这些工具可以根据需要应用于以上描述的各个步骤。

1. 干系人登记册

干系人登记册记录已识别的干系人的信息，包括基本信息、评估信息和分类信息等。创建干系人登记册需要首先识别干系人，之后对其相关的信息进行收集和分析。可以通过分析项目文件如商业论证、项目章程、客户合同、分包合同、以往项目的经验教训等文件来识别干系人，也可以邀请团队成员、专家、发起人等一起来参加头脑风暴会议来识别干系人，还可以和已经识别的干系人进行访谈，以帮助识别更多的干系人。识别干系人时，首先要找到正确的人，然后要找到关于这些人的正确的信息。通常需要考虑关于干系人以下方面的信息。

- 职位权力：干系人所在的单位、所处的职位，以及该职位赋予的权力。
- 影响力：个人对他人的影响能力，比如，德高望重的人即使没有一官半职，对他人的影响力也很大。
- 作用：改变项目计划或执行的能力，如一线的工作人员。

- 利益：对项目成果的关心程度。
- 合法性：是否有正当的理由参与项目活动、发出指令或提出要求。
- 邻近性：与项目工作在时间、空间和关系上的接近程度。
- 紧迫性：因时间约束或干系人对项目成果有重大利益诉求而导致需立即加以关注的程度。

干系人及其信息识别出之后，要登记到干系人登记册。这些信息通常包括：干系人姓名、单位、职位、项目中的角色、联系方式、关键需求、期望需求、权力、利益和分类等。干系人登记册要持续更新，因为项目中的干系人是动态变化的，对于已有的干系人来说，随着对其了解的深入，相关信息也会越来越丰富。表11.1是干系人登记册示例。

表11.1 干系人登记册示例

姓名	职位	角色	权力	利益	需求	关注
老马	信息部经理	发起人	大	高	系统在Q4投入使用	绝对不能耽误下一财年的记账
小李	财务经理	需求和测试	小	高	系统易用，能解决现有问题	新旧系统割接时的数据安全
老布	CEO	—	大	低	收益增长5%	合规

2. 干系人分类方法

项目中的干系人众多，为了高效管理干系人，要根据干系人信息对干系人进行分类或者排列优先顺序。需要注意的是，干系人分类并不是要把干系人分为三六九等，所有的干系人都需要得到尊重，都应该被平等对待。对干系人进行分类的目的是为不同类型的干系人提供个性化服务。比如，系统用户并不关心项目开发的财务预算，与管理者频繁沟通并无法获取详细需求。下面介绍对干系人进行分类的两种主要方法。

1）权力-利益方格

权力-利益方格根据权力和利益两个维度，分为四个方格，如图11.2所示。位于方格A的干系人权力大，与项目的利益相关性高，如项目发起人、客户方的负责人等。对这类干系人的管理策略是"密切关注"，要及时报告、及时听取反馈、及时响应其需求。位于方格B的干系人权力大，但是与项目的利益相关性低，如支持部门的部门经理。对这类干系人的管理策略是"令其满意"，因为他们的权力大，如果不能让他们满意，他们对项目的破坏力是极大的。位于方格C的干系人权力小，但是与项目的利益相关性高，如系统用户。对他们的管理策略是"随时告知"，因为他们的利益与项目息息相关，他们非常关注项目的动向。位于方格D的干系人权力小，且与项目的利益相关性低，如项目中的支持人员。对他们的管理策略是"观察"，保持一般关注，他们暂时对项目不太关心，但他们的状态是变动的，也许某天会挪到其他方格。

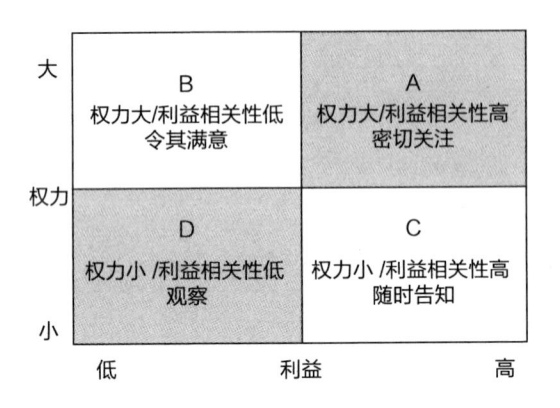

图11.2　权力–利益方格

除了权力–利益方格，还有其他的二维方格也可以用于对干系人进行分类，如权力–影响方格、作用–影响方格等。所有这些二维方格都适用于干系人群体人数较少、关系比较简单的情况。

2）凸显模型

米切尔（Mitchell）、阿格尔（Agle）和伍德（Wood）在1997—1999年提出干系人分析的凸显模型，"凸显"（Salience）一词意味着突出、特别、引人注目和重要。大型项目可能有数百位干系人，在这种人数众多、关系复杂的情况下，凸显模型有助于找到那些最突出、最需要关注的干系人。凸显模型根据干系人的三个主要特征进行分类。

- 权力：在组织中的授权、权威或影响。
- 合法性：有正当的理由参与项目、干涉项目。
- 紧迫性：紧迫性基于两个属性。第一个是时间敏感性，即干系人的需求本质上是时间敏感的。第二个是关键性，即需求对干系人来说至关重要。

以上三个特征中，"紧迫性"属于动态因素，因此凸显模型所体现的干系人分类也会随着紧迫性的变化而动态变化。如图11.3所示，凸显模型根据权力、合法性和紧迫性三个特征，将干系人分为七类，对七类干系人的分析如下。

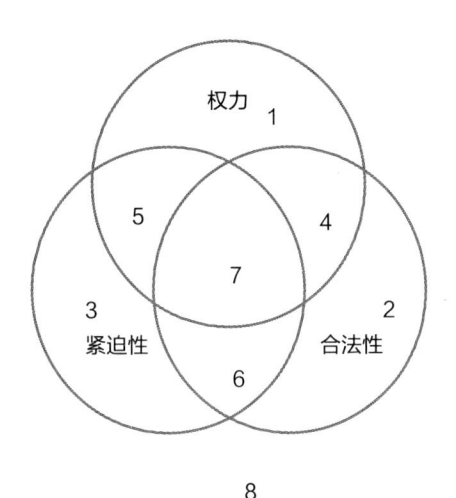

第11章 人的因素：干系人管理和团队管理

图11.3 凸显模型

（1）位于区域1的干系人：这类干系人有权力，但他们没有参与项目的合法性，也没有紧迫性。项目经理应该让这些人了解项目的概要信息，但不需要也不应该提供给他们太多的细节。需要密切关注他们，如果他们变得不满意，他们能够让自己拥有合法参与项目的权力。

（2）位于区域2的干系人：这类干系人在项目中有既得利益，但他们没有权力，也没有紧迫性。这些人需要了解项目进展，接收常规的项目报告，按照项目沟通计划与他们展开沟通即可。

（3）位于区域3的干系人：这类干系人认为他们的需求是迫切的，但是他们在项目中没有真正的权力和合法性。他们的紧急需求会扰乱项目经理的正常工作，但项目经理不需要花费太多的时间来处理这类干系人的需求。

（4）位于区域4的干系人：这类干系人拥有权力，也拥有参与项目的合法性，但对大多数问题没有过高的紧迫性。项目经理应密切关注这类干系人，但可以把他们的需求稍微放在后面一些。

（5）位于区域5的干系人：这类干系人有权力和紧迫性，但是他们在项目中没有既得利益。这类干系人很危险，因为他们有能力让自己合法参与项目，所以项目经理应该让这些人了解项目，并让他们适度参与项目，保证他们满意。

（6）位于区域6的干系人：这类干系人拥有参与项目的合法性和紧迫性，但他们没有真正的权力把自己的意志强加在项目中。项目经理需要主动听取这类干系人的反馈，因为如果他们不满意，他们可能与有权力的干系人结盟。

（7）位于区域7的干系人：他们是绝对关键的干系人，是核心干系人，他们有权力，有合法的理由干预项目，对大多数问题的关注都很紧迫，项目经理应密切关注和快速响应这些干系人。

位于区域8的是非干系人，他们没有权力，没有合法性，没有紧迫性。

采用凸显模型可以把干系人分为三个优先级，优先级最高的是位于区域7的干系人，第二优先级的是位于区域4、5、6的干系人，第三优先级是区域1、2、3的干系人。凸显模型的好处是对七个区域都有详细的分析和建议的策略。

3. 干系人参与计划

项目团队需要制订干系人参与计划，说明什么时候、需要谁参与、做什么事情、目的是什么，同时对那些不支持项目的干系人，项目团队要制定策略，改变其态度。让干系人参与项目的最终目的是提高干系人满意度，以促进项目成功。表11.2是干系人参与计划示例。

表 11.2 干系人参与计划示例

干系人	当前态度	需要他做什么	原因分析	管理策略
张某 研发部门/部门经理	不支持	派人	没有利益关系	邀请他加入项目指导委员会
李某 研发部门/技术大牛	不支持	技术把关	没有利益关系	邀请他担任项目技术总顾问，设置奖金
王某 专利部门/项目专员	不支持	申报专利	不是领导布置的	和他的领导谈一谈

4. 干系人参与度评估矩阵

项目经理需要持续分析干系人的参与程度，如果发现与预期不符合，则需要制定策略，调动其参与。分析干系人的参与程度可以使用干系人参与度评估矩阵，该方法将干系人的参与度分为五个级别。

（1）领导：能够理解项目的重要性，积极投入项目，带领或推动项目向正确的方向前进。

（2）支持：能够理解项目的重要性，能够有效配合项目执行，完成自己的工作，并在必要时对其他工作提供支持。

（3）中立：对项目的重要性没有认识，或者认为项目与自己无关，既不会支持项目，也不会反对和阻挠项目。

（4）抵制：认为项目的过程或结果损害了自己的利益或权力，因此对项目进行阻挠，或者消极响应。

（5）不知晓：对项目以及项目的影响暂时不知晓，所以也就没有态度。

表11.3是干系人参与度评估矩阵举例，根据对干系人的分析，将其当前参与度和期望参与度标注在表中合适的位置。从表中可以看出，小李、小王、小马目前的参与度存在差距。项目经理应该分析原因，采取有针对性的措施。应该定期重新评估干系人的参与度，从而判断针对干系人开展的行动是否起到了作用。

表 11.3 干系人参与度评估矩阵举例

干系人	不知晓	抵制	中立	支持	领导	行动
小张					当前 / 期望	常规沟通
小李	当前			期望		特殊沟通
小王		当前		期望		特殊沟通
小马			当前	期望		特殊沟通
老李				当前 / 期望		常规沟通

5. 解决干系人问题

项目经理需要随时审视干系人参与的情况，如果发现干系人无法按照预期要求参与项目，或者参与之后并未起到期望的作用，则应该启动纠正措施，解决问题。面对来自干系人方面的问题，应该采用直接、直面的原则，并且采用结构化的问题解决流程。

1）直接、直面的原则

当与干系人的互动出现问题时，比如，干系人不能按照预期支持或参与项目，或者干系人表示不满甚至提出投诉时，项目经理应该采取直接、直面的原则，也就是直接对人、直接对事。

直接、直面的原则也适用于项目经理与团队成员的互动。

举例来说，如果某个干系人跳过项目经理，直接向团队成员分配工作，那么项目经理应该直接与这个干系人见面沟通，而不是向团队成员提要求，如不让成员接受该干系人布置的工作，也不是马上寻求发起人的支持，也不是跳过这个干系人去向他的上司投诉，更不是召开全员会议，或者向无关的人员抱怨和披露信息。当与这个干系人沟通的时候，也应该开诚布公，直奔主题，而不是采用所谓的迂回曲折和旁敲侧击的方法。

2）问题解决流程

问题解决流程适用于项目中的所有问题，包括技术问题、质量问题，也包括人际问题。下面是问题解决流程的六个步骤。

（1）定义问题。

（2）识别根本原因。

（3）生成可能的解决方案。

（4）选择最佳解决方案。

（5）执行解决方案。

（6）验证解决方案的有效性。

举例来说，如果项目经理通过第三方了解到某个干系人对项目的态度不合适，项目经理首先应该直接与该干系人见面沟通，探明真相，而不是依据道听途说来采取措施，这就是问题解决流程中的第一步——定义问题。

再举例，某个干系人迟迟不对项目计划做出承诺，项目经理采取强迫或者上报的做法也许并不合适，应该先分析原因，通过见面直接沟通，项目经理了解到这个干系人目前并没有资源调配权，因此没有足够的权力对项目工作做出承诺。

6. 敏捷项目中的干系人管理

传统项目中，干系人通常在项目前期需求调研阶段参与，在项目验收的时候再深度参与，并对验收起着决定性的作用。在项目执行过程中，则根据项目和干系人的情况，参与度不同。参与程度少的情况下，干系人只是定期接收项目团队发送的状况报告；参与程度多的情况下，干系人会参与项目阶段审查会、项目月度报告会和项目周例会等。

敏捷项目中，干系人在项目中的关键作用之一是对项目团队创建的产品增量提供反馈和见解。在整个项目开发过程中，如果干系人没有持续的兴趣和反馈，敏捷的迭代和增量方法就会大打折扣。如果干系人可以持续参与项目，对于敏捷团队来说，干系人给出的反馈是非常宝贵的，包括持续细化已经提出的需求，持续发现新的需求，持续评估需求的价值和优先级。在每个迭代结束时要参加迭代评审会，审查和接受交付成果（产品增量），提出反馈意见。

在传统项目中，通常会把项目经理定义为项目对外的单一接口，由项目经理和客户及其他干系人进行沟通，负责团队内部和干系人之间的信息传递，担当了沟通的桥梁。这么做的本来用意在于降低信息的混乱程度，减少团队受到的外部因素打扰，但也会由于沟通环节的增多，造成信息的遗漏和失真。敏捷环境中，团队和业务人员（产品负责人）直接沟通来理解需求，把交付成果定期直接演示给业务人员和干系人，获取反馈。这种做法的好处是，信息的内容更加准确，信息的获取更加快捷，但对成员的沟通技能和人际关系技能提出了更高的要求。项目经理有责任帮助成员提升这方面的能力。

11.2 管理项目团队

项目团队由分配了项目角色和职责的人员组成，他们一起协作完成项目工作，实现项目目标。传统项目中，项目团队通常是变化的，根据项目中不同任务的开展，团队成员的数量和类型都会发生变化。项目团队成员可能包括项目管理人员、技术人员、专业人员、支持专家、用户和客户代表、供应商人员、业务伙伴成员等。敏捷项目中，项目团队通常比较稳定，项目前后期人员变化不大，团队拥有项目所需的全部技能，对外部专业人员的依赖性相对较小。团队成员聚焦于项目开发工作，由项目经理负责与外围职能如采购部门、风险监控部门、专利部门等进行工作协调。

项目团队管理是一个持续而复杂的过程，为了便于理解和操作，可以简化为四个步骤。

第一步：规划团队。根据项目所采用的开发方法来设计团队的组织结构，定义其中的角色和职责。

第二步：组建团队。根据项目任务的要求，明确每个角色的技能需求，项目经理根据需求，招募人员。根据组织政策，招募可能是内部招募，也可能会面向组织外部招募。同时，项目经理要在人员到岗后初步评估技能差距，制订培训和提升计划。

第三步：建设团队。项目经理需要采取措施，如适当的团队建设活动，促进成员之间相互了解，建立信任，开展合作。

第四步：管理绩效。项目经理需要监督团队的整体绩效，如进度延误率、进度绩效指数、团队速度，也需要监督成员个人的工作绩效，及时识别绩效差距，及时提出整改措施。监督个人绩效并不是为了批评、设置奖金、贴标签、分级别，而是为了帮助成员做出改进，因此在具体操作时，项目经理需要采用专业的方法，扩大正面效果，规避负面作用。

团队绩效和个人绩效的问题可能源于团队结构设计的不合理或者不灵活，也可能由于团队成员发生变化导致信任缺失，因此团队管理的四个步骤在项目过程中应该持续循环开展。

1 规划团队

采用预测型方法的项目，团队结构通常采用层级式团队结构，按照项目内容分成不同的小组，各个小组长向项目经理汇报，成员向小组长汇报。采用敏捷方法的项目，通常采用扁平式的团队结构，不存在明确的汇报关系。如果采用Scrum方法，则有三个重要角色，分别为产品负责人、开发团队和敏捷教练。项目经理需要提前设计好团队结构，定义角色和职责，并得到项目指导委员会的同意。

1）组织分解结构

组织分解结构（Organization Breakdown Structure，OBS）是传统瀑布型项目中的方法，用来设计团队结构，展示职位分布和汇报关系。对于项目型组织，可以根据项目特征设计全新的项目组织结构。对于职能型组织，项目组织结构需要服从于现有的组织结构，通常的做法就是以当前的组织结构图为基础，把项目中分配给各个部门的活动或工作包写在部门下面。

组织分解结构可以确保不同层级的工作都有明确的责任人，确保全体团队成员都清楚理解其角色以及与其他成员之间的关系。图11.4是项目团队的组织结构图示例。

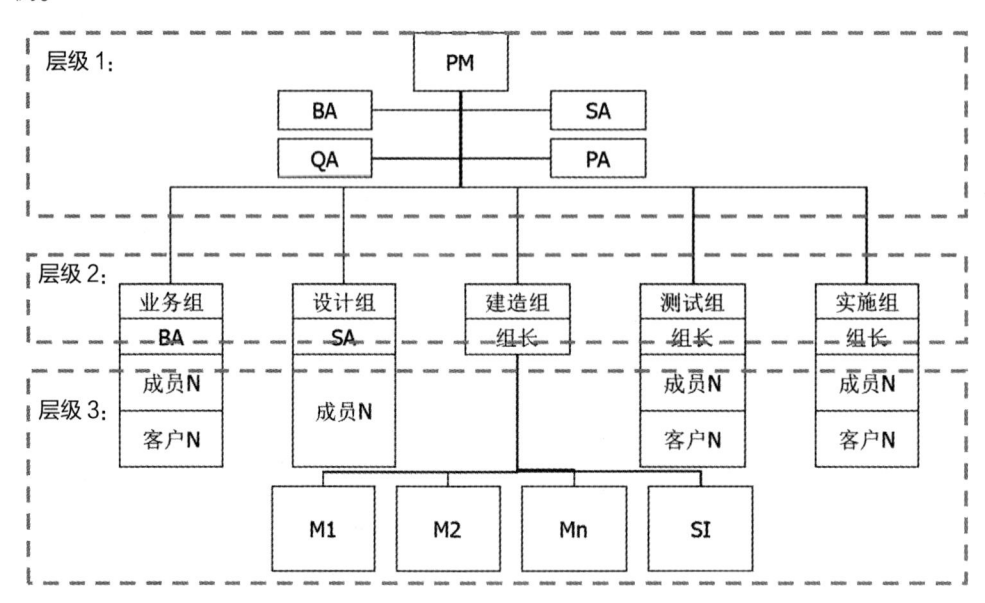

图11.4　项目团队的组织结构图示例

2）责任分配矩阵

责任分配矩阵（Responsibility Assignment Matrix，RAM）是一种项目管理工具，展示工作与人员之间的关系，它有助于就每个成员在每项工作中的责任进行清晰沟通。通过该工具，可以了解：

- 每个成员参与的工作任务。

- 每个任务所涉及的人员，以及这些人员之间如何配合。
- 确保每个任务有唯一的最终负责人。
- 帮助成员了解其他人的工作，以及自己所负责工作在整体工作中的位置。

高级别的RAM中，职责仅分解到部门级别、小组级别或者WBS中的控制账户级别；详细的RAM则需要把职责分解到个人的层面。责任分配矩阵有多种具体的模式，其中最常用的是RACI图，RACI图定义了每个人可以被分配到的角色：R（Responsible，责任人）、A（Accountable，负责人）、C（Consulting，被咨询人）和I（Be informed，被通知人）。一项工作可以有多人参与，但负最终责任的只能有一人。表11.4是RACI图示例。

表 11.4 RACI 图示例

任务	珍妮	凯文	罗杰	雷切	露西
工作1	R	C	R	I	A
工作2	C	A	C	I	R
工作3	R	R	A	I	C
工作4	C	C	R	A	I
工作5	A	R	C	R	I
工作6	R	A	I	I	C
工作7	A	R	C	I	I

3）工作描述

工作描述（Job Description，JD）对项目团队成员的职责进行详细描述，需要包括以下内容。

- 角色：岗位名称，如业务分析师。
- 授权：该岗位可以使用资源、制定决策、签署批准的权力。
- 职责：该岗位需要完成的工作。
- 能力：该岗位所需要的技能和能力。

工作描述应该清晰、简洁、完整、结构化，便于应聘者进行自我评估，并提供所需的支持信息。工作描述也会作为项目过程中成员进行绩效自查和绩效反馈的依据。需要注意的是，工作描述可以随着项目环境和需求的变化进行调整，调整之后项目经理应该对岗位人员提供辅导和培训，帮助其适应新的角色要求。

2. 组建团队

项目经理负责项目团队的组建，虽然在不同的组织环境下，项目经理对资源掌控的程度不同。为了快速组建高绩效的团队，项目经理首先需要了解组织可用资源的情况，包括资源日历、人员技能、以往表现等，还需要有人际关系网络，了解组织以外的资源的可用情况。下面介绍组建团队的关键工作和相关的概念。

1）谈判

项目经理需要良好的谈判技能。谈判是双方通过友好协商达成共同目的的过程，并不是一定要剑拔弩张，你赢我输。在大部分的情况下，项目经理需要说服资源的拥有者和资源本身，以获得理想的人选。项目经理还需要充分了解劳动法、公司人事管理制度等环境因素。另外，项目经理需要准备多个备选方案，因为即使采取了各种措施，仍然有可能无法获得最佳资源。

在获取资源的过程中，项目经理可能需要与其他项目的项目经理谈判，争抢稀缺资源；可能需要与供应商谈判，以最佳的条件和合作模式获得最理想的人选；可能需要与职能部门经理谈判，让他们了解项目的重要性，提高项目在资源委派时的优先级；有些时候，项目经理也需要和候选人本人沟通，以确认他的技能和态度，说服他积极投身项目工作。

2）创建团队章程

团队章程和项目章程不同。项目章程在项目启动时发布，其中定义了项目理由、项目目标、项目的成功标准，对项目经理进行了授权。如果是敏捷项目，则在项目章程中会明确说明项目将要采用的工作模式，如采用Scrum方法。

团队章程在团队初建时制定，由所有成员一起参与确定其中的内容，主要包括团队的价值观、达成的共识、基本的规则、行为规范等。基本的行为规则包括沟通方式、协作模式、决策模式、会议指南、冲突处理方法等。在敏捷项目中，还可能就具体的工作模式进行细化，如时间盒、DoD、DoR的使用等。

由于团队是动态的，有人进来有人出去，即使是一直留在团队中的人员，他们的想法也会发生变化，所以需要定期审查团队章程，并做出适当的调整。一份定义良好的团队章程可以降低混乱程度，规避没有必要的冲突，提高成员满意度，同时促进工作效率，提高团队整体绩效。项目经理需要以身作则，遵守团队章程，成员之间也需要相互督促，共同遵守。

3）全职团队和兼职团队

有的项目团队是全职团队，团队中的主要人员均为全职参与项目，他们只负责项目中的工作，不会同时兼职其他工作，如项目型组织中的项目团队、集中封闭式开发的项目团队、敏捷方法中的Scrum团队等。有的项目团队是兼职人员，团队中的大部分人员都身兼数职，开发人员可能同时参与多个项目中的开发工作，测试人员可能同时负责多个项目中的测试工作。全职团队的成员更加投入和聚焦于项目工作，同时避免多个项目之间切换造成的效率损失。兼职团队的成员则可以从多个项目中获取不同的知识和洞见，更快地提升自己的专业能力，从而为项目工作带来好处。

4）集中办公和分布式团队

有的项目团队采用集中办公的形式，大部分团队成员集中在相同的物理空间办公。集中办公便于成员沟通、互动和协作，成员之间可以传递更加丰富的信息，可以快速做出决策，并且可以比较深入地关注成员的情绪变化。有的项目团队采用分布式的形式，也被称为虚拟团队，成员分布在不同的地理位置，甚至处于不同的时区，他们通过协同办公的方式展开协作。分布式团队有一些好处，比如：由于不受地理位置的限制，可以在更大的范围内寻找所需的专业人才；可以节省成本，包括节省差旅费用，或者把工作转移到资源成本相对较低的地区。分布式团队使得组织和项目能更好地履行社会责任，让更多的人有机会加入项目工作中，允许在家办公，可以更好地兼顾工作和生活，节省通勤时间等。分布式团队的弊端主要有沟通不便利，成员没有集体感，信息传递不丰富、不完整、不及时，很难交换隐性知识，无法体验同地办公的渗透式沟通等。如果成员遍布于不同的时区，则为沟通和协作带来更大的挑战。下面是针对虚拟团队的一些管理方法：

（1）建立协同工作平台。

（2）建立共享项目信息的虚拟空间。

（3）召开音频和视频会议。

（4）采用即时通信工具。

（5）让成员互相认识并加深了解。

（6）至少有一次面对面会议的机会。

（7）采用"追赶太阳"的工作模式。对于有时区差异的分布式团队，可以在东部时区的团队完成当天工作后，把成果交给西部时区的团队继续工作。寻找重叠的工作时间，召开每日会议，进行工作移交。

（8）采用"鱼缸窗口"的工作模式。不同现场之间建立长期视频会议链接，创建一个"鱼缸窗口"，人们可以随时看到其他地方成员的工作情况，可以随时进行沟通。上班时打开，下班时关闭，营造一种仿如同地的感觉。

（9）采用远程结对的工作模式。通过虚拟会议工具共享屏幕，加上语音和视频链接，建立远程结对的工作模式。

（10）花费更多时间来设定明确的期望，激励成员主动沟通、参与决策、共享喜悦。

3. 建设团队

建设团队的目的是将聚集在一起的人员转变为相互信任、相互合作的团队。任何团队都需要经过团队建设，而且团队建设是一项持续的工作。团队建设的方式有很多，并非花费越高的方式效果越好，项目经理应该根据项目和团队情况精心设计团队建设活动。正式会议前的10分钟游戏可能比团队出去唱卡拉OK的效果更好，召开一个讲故事的晚会可能比昂贵的室外拓展效果更好。在项目环境中，培训是一种很好的团队建设活动，尤其是针对软技能、文化意识、多样性等方面的培训。除了具体的团队建设活动，项目经理还需要在整个项目过程中正确使用激励技术和工具，提升和保持团队士气。通过培训提升能力，通过激励提升意愿，通过开展性格测试可以让合适的人做合适的事。下面介绍建设团队的关键工作和可以使用的方法理论。

1）培训

成员的士气与其技能水平有很大关系，项目经理需要持续识别技能差距，持续安排培训，持续提升技能。具体包括四个步骤：

（1）识别技能差距，确定培训需求。

（2）制定培训方案，获得成员认可。

（3）安排资源和时间，实施培训。

（4）评估工作能力是否得到提升。

培训的方式应该灵活实用，并不一定是正式的教室课程，也可以采用非正式的会谈等方式。培训的方式有轮岗培训、互相培训、课堂培训、在线培训、计算机辅助培训、导师辅导（Mentoring）、教练指导（Coaching）等。

采用传统预测型方法的项目，在项目规划阶段制订人力资源管理计划时，其中就包含了已经识别的培训活动。在项目执行过程中，根据对工作绩效的评估，可能需要对原来制订的培训计划进行更新，增加某些培训，或者去除不再需要的培训。

采用敏捷方法的项目，项目经理要鼓励和促进团队能力的提升。因为敏捷项目充满不确定性，成员必须面对新的技术、需求和挑战，项目经理需要保持和成员的及时互动，了解他们的培训需求，及时安排培训，并促进成员之间的知识共享。

2）德雷福斯技能获取模型

德雷福斯技能获取模型（Dreyfus Model of Skill Acquisition）是由休伯特·德雷福斯（Hubert Dreyfus）和斯图尔特·德雷福斯（Stuart Dreyfus）兄弟于1980年提出的。该模型认为，当一个人通过外部指导学习一项新技能时，会经历五个发展阶段，分别是新手、高级新手、胜任度、精通者和专家。

（1）新手：新手学习者几乎没有经验和背景知识。因此，他们必须遵守一套明确的规则或指导方针，通常需要监督才能完成任务。

（2）高级新手：当新手学会了一项技能的基本规则后，他们就会进入高级新手阶段。在这个阶段，他们开始将规则应用于新情况，并在犯错时获取反馈，个人能够在无人监督的情况下完成一些任务。

（3）胜任者：在这个阶段，学习者掌握了很多规则和步骤，但是在选择使用哪个规则的时候可能会遇到麻烦。他们开始深思熟虑，综合考虑长期目标和背景信息，寻找解决方案。胜任者可以有效、有组织地开展工作。

（4）精通者：精通者可以自信地为任何情况选择适当的行动方案。这是从基于规则到基于情境的关键转变点。达到这一阶段需要许多时间的刻意练习，没有办法跳过这一阶段。

（5）专家：在此阶段，根据对主题的深入理解所产生的直觉来驱动行为。德雷福斯说，"能够做出更微妙、更精细的辨别是专家与精通者的区别"。专家阶段不是一劳永逸的，如果专业领域发生变化，他们需要重新学习，从新手开始。

处于前面几个阶段的学习者，根据规则和流程来开展工作，处于后面几个阶段的学习者，可以根据情境的不同，通过自己的能力找到最佳的解决方案。如图11.5所示，采用传统项目管理方法的项目，由于有可以遵循的流程和计划，对成员能力的包容范围要更为广泛一些。而敏捷项目团队则需要提升能力，达到图中上面几个层级的水平，方可实现真正的自组织和高绩效。

3）守—破—离

在敏捷项目管理方法中，团队学习和裁剪流程的时候可以参考"守—破—离"（Shu-Ha-Ri Model）的理念。该理念源自日本剑道学习方法，后发展到其他行业。

- "守"：最初阶段须遵从老师教诲，认真练习基础，达到熟练的境界。
- "破"：基础熟练后，试着突破原有规范，让自己得到更高层次的进化。
- "离"：在更高层次得到新的认识并总结，自创新招数，另辟新境界。

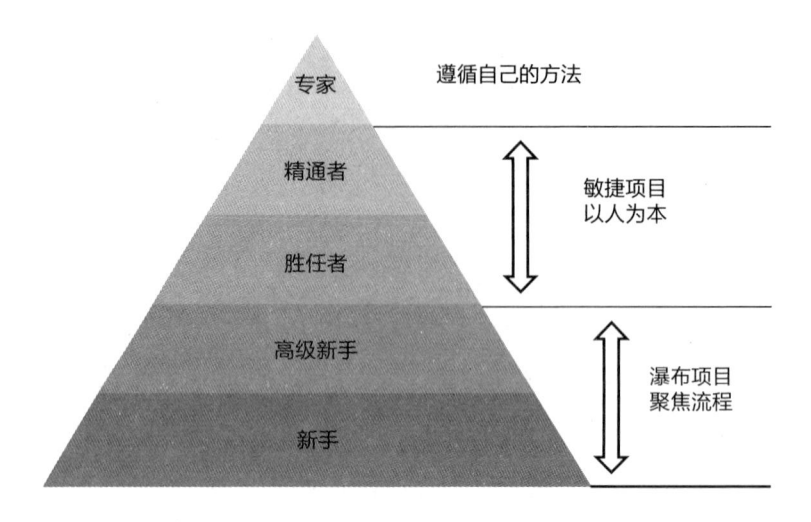

图11.5　德雷福斯技能获取模型与项目管理方法的关系

4）激励

项目的成功很大程度上依赖于项目团队成员的责任感，而成员的责任感又与他们受到的激励程度直接相关。对成员进行激励的方式包括：工作满意度、具有挑战性的工作、工作成就感、金钱和物质奖励，以及成员认为对其有价值的其他奖励。在对成员进行奖励的时候，需要注意以下几个方面：

- 内在的激励与外在的激励相比，其效果更为强大和持久。
- 充分考虑成员的需求，只有对成员有价值的东西，才具有激励的作用。
- 考虑项目所处的文化氛围，从而决定是对个人进行奖励还是对团队进行奖励，不适当的奖励不但不能起到激励的作用，还有可能会影响团队士气。

下面介绍的马斯洛需要层次理论、双因素理论、X理论和Y理论、Z理论等都与激励相关，项目经理需要学习已经被证明行之有效的理论和模型，并根据需要应用到自己的项目中。

5）马斯洛需要层次理论

了解马斯洛需要层次理论（Hierarchy of Needs）有助于项目经理针对不同情况采取有针对性的激励措施。马斯洛需要层次理论的基本思想是：较低水平的需要必须得到满足，或者至少基本满足后，更高水平的需要才能被激活。马斯洛按照优先级顺序把这些需要从低到高排列为：生理的需要，安全的需要，爱和归属的需要，尊重的需要和自我实现的需要。

- 生理的需要（Physiological Needs）：这是每个人生存的最基本需要，包括食物、水、氧气、体温的维持等。生理的需要优先于所有其他需要。
- 安全的需要（Safety Needs）：包括身体安全、生活稳定、有所依靠、受到保护；免受战争、恐怖主义、疾病、恐惧、焦虑、危险、动乱和自然灾害等的威胁。对法律、秩序和制度的需要也属于安全的需要。
- 爱和归属的需要（Love and Belongingness Needs）：包括渴望得到友谊，希望找到配偶和生儿育女，希望被某个俱乐部或某个团体所接纳。
- 尊重的需要（Esteem Needs）：包括自尊、有信心、有能力、在别人心目中有高地位。马斯洛把尊重分为两种：荣誉和自尊。荣誉来自别人，自尊来自自己。
- 自我实现的需要（Self-actualization Needs）：包括自我完善，实现自己所有的潜能和渴望，让自己的创造力得到充分发挥。

6）激励保健双因素理论

20世纪50年代末，赫茨伯格和助手们在美国匹兹堡地区对200名工程师、会计师进行了调查访问。访问主要围绕两个问题：在工作中，哪些事项是让他们感到满意的，并估计这种积极情绪持续多长时间；又有哪些事项是让他们感到不满意的，并估计这种消极情绪持续多长时间。结果发现，使员工感到满意的都是属于工作本身或工作内容方面的；使员工感到不满的，都是属于工作环境或工作关系方面的。他把前者称为激励因素，把后者称为保健因素。根据调查结果，赫茨伯格提出了"激励保健双因素理论"。

激励因素（Motivators），就是那些使员工感到满意的因素，只有它们的改善才能让员工感到满意，给员工以较高的激励，调动积极性，提高劳动生产效率。激励因素主要有：工作表现机会、工作本身的乐趣、工作上的成就感、对未来发展的期望、职务上的责任感等。

保健因素（Hygiene factor），就是那些造成员工不满的因素，它们的改善能够化解员工的不满，但不能使员工感到满意并激发员工的积极性。保健因素主要有企业的政策、行政管理、工资发放、劳动保护、工作监督以及各种人事关系处理等。

表11.5列出了常见的保健因素和激励因素。

表 11.5　常见的保健因素和激励因素

保健因素	激励因素
薪水	成就感
技术支持	挑战性的工作
工作条件	责任
工作规则	提升、进步
福利	认可
工龄	工作本身

7）X理论和Y理论

X理论和Y理论是管理学中关于人们工作原动力的理论，由美国心理学家道格拉斯·麦格雷戈（Douglas McGregor）于1960年在其所著《企业中人的方面》一书中提出来的。这是一种基于两种完全相反的假设的理论，X理论认为人们有消极的工作原动力，而Y理论则认为人们有积极的工作原动力。

X理论的人性假设理论为"实利人"，认为人的工作动机就是为了获得经济报酬。因此企业管理的唯一激励办法，就是以经济报酬来激励生产，只要增加金钱奖励，便能取得更高的产量。这种理论重视满足员工生理及安全的需要，同时很重视惩罚，认为惩罚是有效的管理工具。麦格雷戈以批评的态度对待X理论，指出这种软硬兼施的管理办法，其后果是导致员工的敌视与反抗。

Y理论的人性假设理论为"自动人"，认为人并非天生厌恶工作，如果给予适当机会，人们会喜欢工作，并渴望发挥才能。因此，激励的办法是：将个人目标与组织目标融合；扩大工作范围；尽可能把员工工作安排得富有意义，并具挑战性；工作完成后触发自豪感，满足其自尊和自我实现的需要；使员工实现自我激励。只要启发内因，实行自我控制和自我指导，在条件适合的情况下就能实现组织目标与个人需要统一起来的最理想状态。

8）Z理论

Z理论由日裔美国学者威廉·大内（William Ouchi）在1981年出版的《Z理论》一书中提出，其研究的内容为人与企业、人与工作的关系。这一理论提出的背景是当时美国企业面临着日本企业的严重挑战。

Z理论认为，领导对员工的承诺最为重要，而这种承诺又是建立在信任与合作的基础上的。一切企业的成功都离不开信任、敏感与亲密，因此主张以坦白、开放、沟通作为基本原则来实行民主管理。大内把由领导者个人决策、员工处于被动服从地位的企业称为A型组织，他认为当时研究的大部分美国机构都是A型组织。而全盘照抄日本企业的做法在美国文化中也是行不通的，因此大内结合日本企业的做法和美国文化提出了Z理论。

9）评测工具

可以用专业的评测工具来分析成员的优势和劣势，评估成员的偏好和愿望，了解成员处理信息、制定决策、与人打交道的方式，从而更好地与成员互动，提升团队协作。常用的方法有态度调查、细节评估、结构化面谈、能力测试、专题小组讨论等。在工具和方法的选择上一定要谨慎，分析团队文化对工具的接受程度，同时要考虑工具的效率和效果。评测过程和结果应该保证团队成员的好感度，而不是造成紧张和不愉快。MBTI®是一种被广泛使用的评测工具。

在荣格的性格类型理论问世之后，美国著名的母女心理学家组合凯瑟琳·库克·布里格斯（Katharine Cook Briggs）与她的女儿伊莎贝尔·布里格斯·迈尔斯（Isabel Briggs Myers）在其理论基础上进行了优化，并经过近40年的不断研究和发展，形成了今天的MBTI®（Myers-Briggs Type Indicator）性格分析工具。

性格类型与识别信息、收集信息、决策方式以及与外界交流的方式有关。MBTI®将这些特征概括为四组倾向组合。在每个组合中，选出最符合自己性格的一个，据此可以得出一组由四个英文字母组成的性格倾向组合，即MBTI的16种性格类型之一。

- 外向型/内向型倾向组合（E/I）：描述了不同的人与外界的交互方式。外向（Extraversion）的人通常比较关注外界，以行动为导向，内向（Introversion）的人则性格内敛，喜欢思考。
- 实感型/直觉型倾向组合（S/N）：界定了不同的人获取信息的方式。实感型（Sensing）的人通常关注事实和数据，直觉型（Intuition）的人对于抽象的模型或者概念兴趣浓厚。
- 理性型/感性型倾向组合（T/F）：反映了不同的人处理信息和决策的方式。理性型（Thinking）的人通过逻辑分析得出合理的结果和决定，感性型（Feeling）的人则更多考虑个人价值观以及决定对于他人的影响。
- 判断型/理解型倾向组合（J/P）：描述了不同的人安排时间和生活的方式。判断型（Judging）的人决断、喜欢掌控，井然有序，理解型（Perceiving）的人则随时抱有开放的态度，个性灵活，喜欢即兴。

MBTI®可以帮助人们了解自己以及自己与他人互动的风格，从而有助于确定自己的发展方向，建立与他人的协作关系。

4. 管理团队

管理团队可以说软硬两手都要抓。所谓"软"，就是项目经理要通过领导力、愿景力、激励、说服等软技能带领团队；所谓"硬"，是指项目经理需要对团队绩效负责。

团队情绪板、满意度、离职率等指标可以反映团队当前的状态。项目经理可以通过直接指标和间接指标来评估团队绩效。直接指标包括项目的技术绩效指标、进度绩效指标、成本绩效指标等。在敏捷项目中，每次迭代的交付成果就可以说明团队的绩效，另外，还可以参考燃尽图、速度、吞吐量等指标。间接指标包括成员技能的提高、团队协作能力、人员流动率、团队成员满意度等。

项目经理既需要关注团队绩效，也需要关注个人绩效。对成员个人绩效的评估需要参考最初为其设定的岗位角色和职责，项目经理通过观察和交谈等方式，为团队成员提供有效的反馈，帮助其发现问题和解决问题。大部分情况下，项目经理并没有权力对成员做出正式的绩效评价，相反，项目经理需要提供的是针对具体成员的培训或提升方案，并且促进这些方案的落实。项目经理需要及时识别团队中具有破坏性的角色，这些角色通常体现为攻击者、阻碍者、后退者、人云亦云者、转移话题者和独裁统治者。项目经理需要主动和这些角色进行开诚布公的沟通，影响对方调整其行为方式。

下面介绍管理团队时可以使用的主要方法理论。

1）塔克曼团队发展阶梯模型

图11.6展示了塔克曼团队发展阶梯模型，该模型认为大部分团队都会经过五个阶段，项目经理需要了解每个阶段的特征，并针对不同的阶段采取不同的管理措施。

- 阶段1：形成阶段。分配角色和职责，人们刚刚认识，信任不够，独立工作，尚未形成合作。
- 阶段2：震荡阶段。人们开始工作，但思维模式、工作理念、行为习惯等不一样，出现了纠纷和冲突。
- 阶段3：规范阶段。随着工作的开展，人们开始彼此了解，逐渐有了信任，人们开始调整自己的行为习惯来支持团队协作。
- 阶段4：成熟阶段，是绩效最好的阶段。人们组织有序，相互协作，相互依赖，工作平稳高效。

- 阶段 5：解散阶段。人们完成了工作，纷纷离开团队。

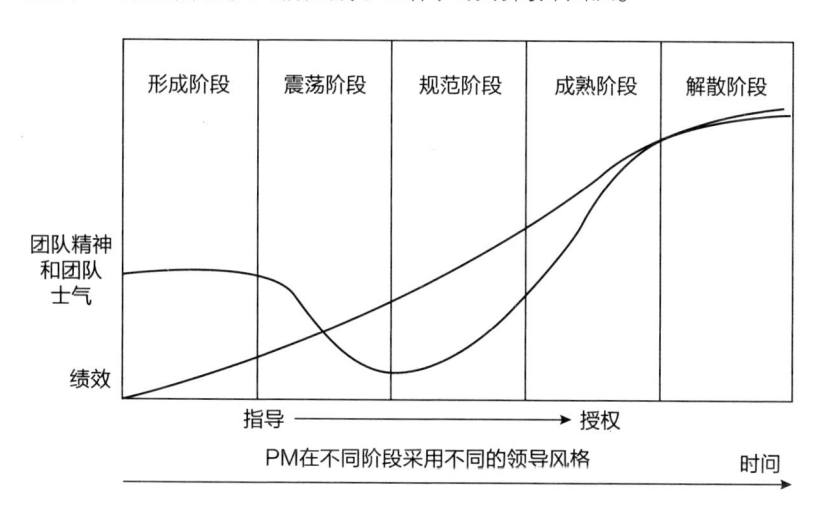

图11.6 塔克曼团队发展阶梯模型

对五个阶段的特征有了基本了解之后，项目经理要做的就是尽量缩短前三个阶段所花费的时间，让团队尽早进入成熟阶段。图11.6中的U形曲线，描述的是从前到后团队精神和团队士气的变化情况，在震荡阶段降到最低。向右上方倾斜的曲线描述的是团队整体绩效的情况，即使由高手组成的团队，在刚刚开始合作的时候，整体绩效仍然不乐观。另外，在不同的阶段，项目经理采取的领导风格应该不同。在团队成立初期，应该采取指导风格，要微观管理；当团队进入成熟阶段时，项目经理就应该授权，让团队充分发挥潜能。需要注意的是，塔克曼阶梯模型中的阶段通常按顺序进行，但也可能由于某些因素发生停滞、回退或者跳跃，因此项目经理需要随时关注团队的变化情况。

2）Drexler/Sibbet团队绩效模型

艾伦·德雷斯勒（Allan Drexler）和大卫·西贝特（David Sibbet）开发了团队绩效模型，用于理解团队的发展过程，该模型与塔克曼阶梯模型有一定的相似之处。Drexler/Sibbet团队绩效模型说明，一个团队形成时，成员的担忧和问题会以可预测的顺序浮现，如果团队成员对问题的答案不满意或不信服，团队就会停滞不前。如表11.6所示，模型包含七个阶段，前四个阶段说明了建立团队的过程，后三个阶段说明了团队绩效提升的过程，可以在项目环境中应用该模型的七个阶段来管理团队。

表 11.6 Drexler/Sibbet 团队绩效模型的七个阶段

阶段名称	成员的疑问	如何消除疑问
1. 确定方向	我为什么（Why）在这里	项目章程、商业论证文件、商业模式画布、开工会议
2. 建立信任	我要和谁（Who）一起工作	互相认识，团队建设，干系人识别
3. 澄清目标	我们要做出什么（What）成果	了解高层级需求、产品愿景
4. 做出承诺	我们怎么（How）做出成果	制订详细计划，制订发布规划
5. 开始实施	执行工作，交付成果	周计划、迭代计划、每日会议、成果展示
6. 展示高绩效	配合默契，绩效很好	团队情绪板、客户满意度、过程效率指标
7. 更新调整	团队协作方式是否需要调整	回顾反思

在 Drexler/Sibbet 模型中，有一个先下降再回升的概念，团队刚刚形成的时候，人们充满激情和期望，充满想象力，自由开放，随着人们的工作被细化，目标被明确，诸多约束条件浮出水面，人们变得越来越现实。之后团队士气触底反弹，随着工作的开展、成果的创建，人们又变得充满活力和创造力，团队绩效进入高水平。

5. 敏捷团队管理

敏捷团队采用自组织模式，成员具备项目所需的技术和能力，并且具有良好的价值观，可以高效协作，完成项目工作。敏捷团队中成员运用知识自己判断完成工作的最好方式，而不是由项目经理或其他人告知应该怎么做。项目经理应当采取仆人式的领导风格，保护团队不被打扰，移除障碍，并规定可接受的行为，对团队进行授权，为团队创造环境和提供支持，处理好外围的工作如资源、采购等。敏捷团队由通用的专才而不是主题专家组成，他们能够不断适应变化的环境并采纳建设性反馈，持续提升团队绩效。

敏捷团队信奉成长思维模式，他们相信即使目前在某些方面存在能力短板，但是只要去学习和实践，就可以逐渐获得这种能力。同时他们在面对挑战和挫折的时候保持乐观心态，认为人们有能力掌控和改变情境。和成长思维模式相反的是固定思维模式，持该思维模式的人的口头禅是"这个我不会，那个我们做不到"。他们认为智力、才能和其他品质是与生俱来的，是无法通过后天努力改变的。项目经理应该帮助团队建立成长思维模式。

1）保持团队聚焦

项目经理有责任保持团队聚焦，让团队专心致志地致力于交付价值的工作，而不是低价值的、无价值的或一些行政类的工作，要让团队处于良好的、愉快的、健康的、安全的工作环境中。项目经理要关注长期目标和短期目标的平衡,不能为了短期目标让团队加班加点,最后累得人仰马翻,导致士气低、流动率高,这样就牺牲了长期目标,不具有可持续性,这是不可取的。既要关注个人工作负荷的平衡,也要关注整个团队工作负荷的平衡,要随时观察和测算团队的能力和效率,既要让团队交付足够的具有商业价值和客户价值的工作,也要让团队处于健康、满意和受激励的状态。

为了做到这些,项目经理需要调整自己的领导风格,不能采用指挥命令的方式,而要转变为仆人式的、服务型的风格,要为团队扫除障碍,了解成员的担忧,关注成员的成长,这样团队才能聚焦于真正有交付价值的工作,而不是担心其他的工作。

2)消除障碍

消除障碍是项目经理的主要职责之一,项目经理需要不断地识别、解决和消除团队遇到的障碍。比如,可以通过每日站会和其他方式识别障碍,之后要根据障碍的影响对其排列优先级。与结构化解决问题的流程一样,消除障碍要寻找根本原因,识别多种可能的解决方案,并通过评估找到最佳方案。然后,跟踪和评估障碍的解决情况,确保障碍得到消除。在消除障碍的过程中,不一定需要用正式的流程或文档,但仍需要采用结构化解决问题的思维,这样才能确保从系统层面消除障碍,而不是"按下葫芦浮起瓢"。

障碍可能存在于多个方面,可能来自团队外部,如干系人对项目不支持,组织其他部门的现有流程影响了团队的敏捷性;也可能来自团队内部,如成员缺乏人际关系技能造成关系紧张等。对障碍的解决尽量不要影响团队的开发工作,每日站会只是识别障碍,并不需要就障碍展开进一步的讨论,每日站会遵守15分钟的时间盒长度,项目经理可以在会后根据需要组织其他的会议来消除障碍。

3)管理多样性

每个团队都在一定程度上存在多样性特征,成员可能在年龄、国籍、地域、种族、宗教背景、个人历史、专业背景、技能、性格或政治倾向等方面存在差异,这些差异可能带来冲突,但如果管理得当,这些差异可以为项目带来好处,包括:

- 从多元化视角看待问题,有助于找到更加趋于完美的解决方案。
- 可以为团队带来新的活力和创新性思维。
- 提升团队的适应性,可以应对各种不同场景。
- 可以更好地与不同背景的客户互动。

- 可以更完整地了解不同用户群的特征。
- 有助于吸纳更加优秀的成员加入团队等。

项目经理在组建团队时要关注多样性特征，在团队建设和团队管理中要激活多样性，创建相互尊重和欣赏的文化，激励所有成员开诚布公地交流看法。在目前纷繁复杂的环境下，多样性团队的竞争力远远高于同质化团队。为了降低多样化造成的麻烦，同时扩大多样化带来的益处，项目经理应该鼓励团队提高人际关系技能和思维模式，包括协商能力、谈判能力、群体创新能力、冲突解决和问题解决能力、批判性思维能力等。

4）提升团队成员的人际关系技能

在敏捷项目中，团队成员和干系人的互动增加，成员之间的互动也增加，为了保证互动的效率和效果，成员需要具备良好的人际关系技能。因此，在敏捷项目中，提升人际关系技能不是项目经理一个人的事情，而是团队每个人的事情。需要发挥人际关系技能的场景包括：

- 分析用户数据、理解用户需求时，需要具备同理心，才能看出数据背后的真实需求。
- 理解项目愿景、项目目标、项目路线图等高层级规划工件时。
- 与产品负责人沟通和澄清需求时。
- 与产品负责人就本次迭代的工作量进行协商时。
- 团队一起估算工作量时。
- 领取工作任务时。
- 成员之间互动时，敏捷团队没有具体和严格的职责分配矩阵和分工界面。
- 遇到问题需要其他人帮助时。
- 在为其他成员提供帮助时。
- 采用结对编程工作方法时。
- 参与每日站会时。
- 解决瓶颈问题时。
- 处理障碍时。
- 处理来自团队外的要求时。
- 展示产品，获取和理解干系人反馈时。
- 对迭代进行回顾反思时。

项目经理有责任通过组织培训等手段帮助团队成员提高人际关系技能，还需要在实际工作中以身作则，展示这方面的技能。同时，项目经理需要营造安全、尊重、无偏见的团队氛围，鼓励成员练习和展示人际关系技能。

5）为团队提供服务

在高度变化的环境中，项目越来越复杂，仅靠项目经理一个人是没法管理复杂项目的，此时，项目经理最合适的做法是采用服务型领导风格，充分授权团队，调动所有成员的能量。项目经理为团队提供的服务工作主要包括以下内容。

- 管理关系。在组织内部建立关系，促使组织支持项目，让项目团队的工作更流畅。
- 促进、鼓励、推动。推动人们之间的协作、对话、知识分享，让他们自己解决问题，项目经理不替成员做决策。
- 简化流程。比如，有一个部门要求团队提供大量文档，项目经理应该与该部门沟通，看哪些文档是必须的，哪些可以省略。
- 挑战那些阻碍团队和组织敏捷的流程。流程可能来自财务部、CCB、审计等职能，项目经理应该与其协作，一起审查和优化流程。比如，敏捷团队每两周可以交付增量，但公司需要更长的时间才能批准发布，这就阻碍了价值的快速交付。服务型领导应该改变和移除这些障碍。
- 教育干系人。让他们就关键理念达成共识，比如，敏捷的适用场景和益处；采用优先级排序方法可以交付更多的商业价值；为团队授权可以得到更高的责任感和生产效率；执行频繁的迭代评审可以获得更高的质量。
- 辅导、鼓励和支持团队。培养和发展团队成员，组织培训，促进专业提升和职业发展，让团队成员获得自信，承担更大的责任，做出更重要的贡献。
- 成就他人。促进每个人发挥最好的水平，帮助他们超越自身当前的角色，即使团队将因此而失去他们也在所不惜，比如，他们可能被调任去其他项目担任项目经理、系统架构师等角色。
- 发挥自己的项目管理技术技能，如定量风险分析。根据需要主动向团队提供培训，或者主动承担这些活动。
- 庆祝团队的成功，创造欣赏和善意的文化。

11.3 沟通管理

1. 传统项目和敏捷项目中沟通管理的不同

不论采取何种项目管理方式，沟通都非常重要，但是传统项目和敏捷项目对沟通的管理还是有所不同，具体体现在以下方面。

- 传统项目中书面沟通比较多，如项目周报、项目月报等，敏捷项目中口头沟通多一些。
- 传统项目的沟通渠道有电子邮件、项目信息管理系统等，敏捷项目中面对面沟通多一些。
- 敏捷项目在每个迭代中建立了规范的沟通模式，包括会议名称、会议目的、会议议程和会议时间盒，传统项目中没有这样的参考范式。
- 传统项目中的信息存放在计算机系统中，或者张贴在关着门的项目"作战室"，敏捷项目把信息发射源设置在人们经过的地方。
- 敏捷项目提倡同地办公，增加渗透式沟通的机会，传统项目由于工种较多，工作场地分散，实现同地办公有难度。

2. 沟通管理步骤

沟通管理是一个持续而复杂的过程，为了便于理解和执行，可以简化为以下三个步骤。

（1）制订沟通计划。分析干系人需求，根据需求制订沟通管理计划。

（2）执行沟通。按照沟通管理计划开展沟通，同时也要响应临时增加的沟通需求，如出现问题之后，要迅速召开问题调查会议。

（3）监督沟通效果。可以访谈干系人，确定他们对沟通的满意度；可以评估信息传递的速度和质量，比如，12日写的项目报告到18日才发送到项目发起人手上，这肯定有问题；可以审视干系人的参与度，有效的沟通不仅是发了报告、开了会议，更重要的是取得了效果，获得了干系人的信任和支持。

项目中的干系人是动态变化的，因此对于沟通的需求也在动态变化。有的时候团队发现现有的沟通策略效果不好，因此需要重新修改沟通管理计划，所以在项目过程中会根据需要反复执行以上三个步骤。

3. 沟通形式的类型

项目经理和团队需要根据情境选择合适的沟通形式。表11.7根据正式/非正式、书面/口头两个维度将沟通形式分为四类，并列出了每种形式的适合情形。

表 11.7 不同沟通形式的适用场景

沟通形式	正式	非正式
书面	• 形式：书面文件 • 项目章程、项目计划、复杂问题、远距离沟通、法律文件、合同、绩效报告、会议纪要等	• 形式：便条、即时信息 • 状况更新、信息更新、日常沟通等
口头	• 形式：会议、演讲、对话 • 说服他人接受观点或产品、报告绩效、投标人会议等	• 形式：非正式会议、非正式面谈 • 团队建设、日常沟通等

4. 沟通模型：沟通的三个层次

沟通模型如图11.7所示，其中包含的要素有发送者、编码、信息、媒介、噪声、解码、接收者等。

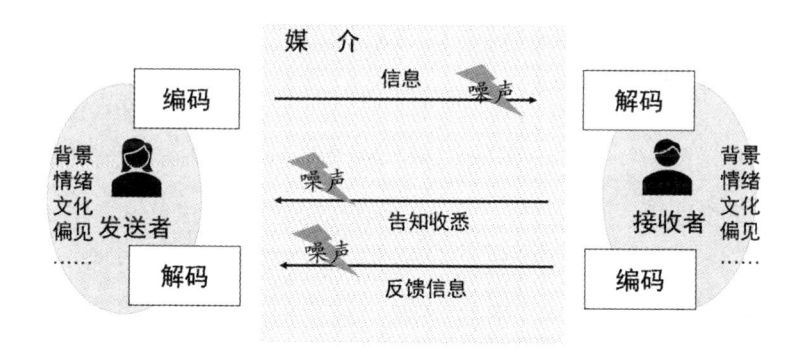

图11.7 沟通模型

根据沟通中对沟通模型中要素调用的多少，可以将沟通分为三个层次。

（1）第一个层次：最基本的线性沟通。包含三个步骤：编码、传递信息、解码，关注信息送达，而非信息理解。采用这种方式，发送者发出信息后就不管了；接收者收到信息也不回复，无法形成沟通闭环，很难建立合作关系。

（2）第二个层次：增加了反馈元素，首先告知发送方信息收到了，第二告知对方自己对信息的理解。关注信息理解，通过反馈降低噪声。发送方负责信息的传递，确保信息的清晰性和完整性，并确认信息已被正确理解；接收方负责确保完整地接收信息，正确地理解信息，并需要告知已收到或做出适当的回应。采用这种方式，形成了沟通闭环，建立了合作的基础。

（3）第三个层次：更具互动性的复杂沟通。为确保信息理解正确，并能够达到沟通的预期效果，不论是发送方还是接收方，都需要对对方的背景信息有更多的了解，如年龄、国籍、民族、性格、文化、偏见、专业学科、沟通风格、决策方式等，沟通双方都能主动启用同理心，倾听对方内心的声音，理解和考虑对方的处境和诉求。采用这种方式，有利于建立长久坚固的合作关系。

5. 沟通方法：推式、拉式和互动

沟通方法分为推式沟通、拉式沟通和互动沟通，每种方法都有其适用的场景。

1）推式沟通

向需要接收信息的特定接收方发送信息。可以确保信息的发送，但不能确保信息送达或被理解。采用推式沟通时，项目经理把信息推送给接收者，并不期望他们马上回复和反馈，但通常也需要接收者随后采取一些行动。这种方法的缺点是，信息发送出去之后，并不能确定信息被接收和被正确理解。推式沟通的使用场景包括情况不紧急且只想让一部分特定人员接收到信息时。具体的方法有写信、发纪要、发电邮、发报告、语音留言等。

2）拉式沟通

要求接收方自行访问相关内容，适用于大量信息或大量受众的情况，需要建立安全设置，避免不适当的人访问信息。采用这种方法，发送者把信息放到一个共享空间，然后邀请接收者自己去这个空间查看信息或下载信息。采用这种方法，同样不要指望看到信息的人能够马上反馈。拉式沟通的使用场景包括：发送大量信息，如旅行结束后的大量照片；保密程度不高的信息；非敏感信息。具体的方法有网站、知识库、公告牌、网盘、网络共享空间、门户网站、企业内网、电子在线课程、经验教训库等。

3）互动沟通

在两方或多方之间进行的实时多向信息交换，适用于交换看法、说服、动员或其他深度沟通。互动式沟通是最有效的沟通方式，项目中经常采用这种方法从成员和干系人那里获得反馈，了解他们的想法，并向他们提供方案或说明。互动沟通的使用场景包括：情况紧急；需要快速回复；沟通的事项很重要；涉及敏感话题；信息复杂容易产生误解；需要判断对方的态度并根据态度开展后续沟通的情况等。具体的方法有会议、访谈、视频会议、电话会议等。电话会议因为无法看到对方的表情和肢体语言，效果可能会打折扣。

推式沟通和拉式沟通虽然存在不足，但沟通成本相对较低。随着信息技术的发展，也可以通过技术手段跟踪对方是否收到信息、是否阅读信息、是否下载信息等状态。同时，对于不确定性高的沟通，项目经理可以主动设计闭环模式，如要求收

到信息的人做出简要回复。

6. 梅拉宾法则

心理学家阿尔伯特·梅拉宾（Albert Mehrabian）对情商领域有深入的研究，他关注语言信息和非语言信息的研究，其著名发现有7%-38%-55%定律。梅拉宾认为，任何面对面的沟通都存在三个传递信息的渠道（见图11.8）。

- 语言，可以传达总信息量的7%。
- 语气语调，可以传达总信息量的38%。
- 非语言，如表情、肢体语言等，可以传达总信息量的55%。

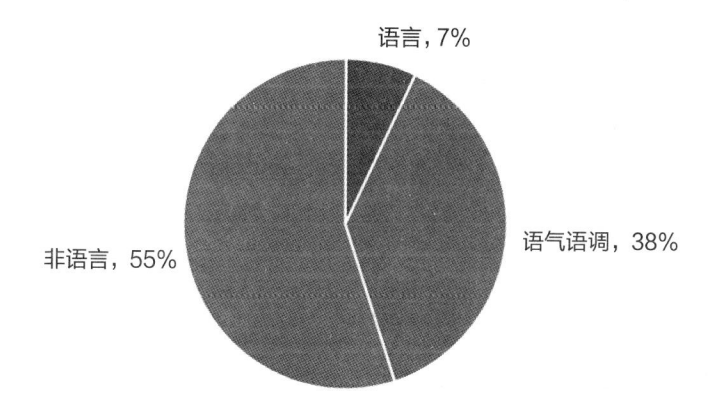

图11.8　梅拉宾法则

在对感觉和态度的沟通上，非语言更为重要，所以此时应该采用面对面的沟通形式，而不是电邮或电话。如果语言和语气语调、非语言产生冲突，人们更倾向于相信非语言。

7. 会议管理

不论是传统项目还是敏捷项目，会议始终占据了项目的大量时间。会议属于面对面的沟通，相关人员聚在一起，就某个主题展开互动式沟通。相比采用邮件等方式的单向沟通，会议更加高效，且有助于触发新想法，发现被忽略的问题。但是管理不善的会议会占用太多的时间，且无法达成预期的目标，因此项目经理需要具有会议管理能力，且成为一名训练有素的会议主持人。项目经理需要事先准备议程，邀请参会者，并确保他们出席会议，处理会议现场发生的冲突，编写和分发会议纪要，跟进会议的后续行动。会议管理的步骤包括：

（1）提前发送会议目的和会议议程。

（2）落实后勤事宜，确保会议可以在计划的时间和地点举行。

（3）确保邀请了适当的参与者，并确保他们出席会议。

（4）管理会议时间，管理每位发言者的时间，管理每个环节的时间。

（5）切题，如果发现有人偏题，及时采用引导技术，让会议回到正轨。

（6）处理会议中的期望、问题和冲突。

（7）记录行动项和行动责任人，发送会议纪要。

（8）跟进行动项，处理问题，确保落实。

8. 敏捷项目中的沟通

传统项目中，沟通管理的责任属于项目经理。但是，敏捷将基本沟通和信息共享的责任转移给了团队成员，因为从事工作的人最了解他们工作的细节，更多的沟通环节只会导致信息失真，并且增加沟通成本。项目经理在沟通中的责任是促进富有成效的会议并消除障碍，确保团队拥有沟通所需的工具和技术，使得团队能够高效地协作和沟通。

毫无疑问，敏捷项目也需要制订沟通计划。敏捷环境倡导面对面的直接沟通，不提倡在编写报告上花费大量的时间。表11.8列举了敏捷项目中的沟通活动。

表 11.8 敏捷项目中的沟通活动

沟通活动	类型	沟通目的
项目规划会议 发布规划会议 迭代计划会议	会议	向项目团队宣讲有关项目、发布或迭代的重要信息
产品愿景陈述	工件	与项目团队和组织沟通项目的最终目标
产品路线图	工件	与项目团队和干系人沟通项目的长期发展路线和关键里程碑
产品待办事项列表	工件	与项目团队沟通项目的整体范围
发布规划	工件	沟通某次发布的目标
迭代待办事项列表	工件	每天更新，沟通项目的实时状态。可用燃尽图传达团队本次迭代的进展和速度
任务板	工件	可视化的信息发射源，挂在人们经常路过的地方，展示具体工作的进展
每日站会	会议	给成员提供一个面对面口头沟通的场景，理解彼此动态，相互促进
面对面交谈	非正式活动	高效的沟通方式，可以沟通任何事情
迭代评审会议	会议	与产品负责人和干系人沟通迭代的成果，收集他们的意见。这种方式比项目报告更高效

第11章 人的因素：干系人管理和团队管理

续表

沟通活动	类型	沟通目的
迭代回顾会议	会议	成员之间的沟通，识别改进项
会议记录	非正式工件	记录会议得出的结论。可以直接把白板上的东西拍照分享，没必要书写正式的会议纪要。正式的会议纪要浪费时间，而且通常会无意识地加入编写者的个人理解
共创讨论	非正式会议	轻松愉快，不设限制，让每个人畅所欲言，激发创意

时间盒（Time-box）方法就是为项目活动分配固定的时间长度，为了达到此目的，必须对时间盒内的工作排列优先级，以确保在规定时间内完成高优先级的工作项，同时要求参与者集中精力在既定的工作上，杜绝分心和跑题。时间盒方法有助于提高工作效率，避免无谓的拖延和浪费，以及在低优先级工作上花费不必要的时间。同时，时间盒方法还有助于建立良好的工作节奏，提升团队士气。

敏捷团队的会议都有明确的时间盒长度。在一个迭代中，五个典型的会议（也被称为仪式）分别为：迭代计划会议、每日站会、迭代评审会议、迭代回顾会议、产品待办事项列表梳理会议。为了保证会议效率，每个会议都有明确的时间长度。表11.9是针对一个为期4周的迭代所建议的各个会议的时间盒长度。

表 11.9 为期 4 周的迭代中各个会议的时间盒长度

会议名称	时间盒长度
迭代计划会议	少于 8 小时
每日站会	15 分钟
迭代评审会议	少于 4 小时
迭代回顾会议	少于 3 小时
产品待办事项列表梳理会议	少于 16 小时

敏捷项目不需要写进展报告，不用百分比等绩效指标，也不编写花哨的PPT，而是在每个迭代完成时举行演示和评审会议，项目干系人都可以参加会议，亲眼看见项目的成果，并及时提出自己的疑问、意见和期望。

敏捷项目进展很快，细节随时都在变化，需要通过可视化方式让人们及时了解进展。常用的工具有看板、任务板、燃尽图等，从中可以快速了解项目进展、任务的流程、每个人在其中的角色。敏捷团队会建立信息发射源，把这些关键信息集中放在团队和干系人容易看到的地方，让沟通更加便利、简化和高效。

渗透式沟通是集中办公所带来的好处。由于团队位于同一个物理位置，当其他人进行沟通的时候,他们发送的信息也渗入了整个团队的"背景音乐"中,人们可以根据需要获取其中对自己有用的信息。

11.4 软技能

在管理干系人参与和管理团队的过程中,项目经理都需要发挥软技能(Soft Skills)。软技能也被称为人际技能(People Skills)或社会技能(Social Skills)。软技能是一种通用技能,适用于所有职业,其中包括批判性思维、问题解决、决策、领导力、情商等。硬技能指的是某个特定职业所需的技能。软技能体现个人的做事风格,直接影响一个人如何与他人进行互动和合作,软技能的获取非常困难,一部分取决于先天的性格,还有一部分与成长环境有关,当然,通过有意识地学习也可以极大地提升软技能。而硬技能的获取相对容易,可以通过集中强化学习而获得。下面介绍一些与软技能相关的模型或理论。

1. 决策模式

项目环境中用到的决策方式主要有三种:单方决策、群体决策、发散-汇聚决策。在敏捷项目中,虽然项目经理、产品负责人可能需要独自做出一些决策,但大部分决策是团队集体做出的,团队集体对项目结果负责。

1)单方决策

单方决策就是由一人或几人为整个集体制定决策,独裁属于单方决策。采用这种模式时,决策者也会收集大家的想法,倾听大家的意见,但其他人并不能左右他的决策。这种模式的优点是决策的速度快、流程简洁、责任明确。但是决策的质量对决策者个人的智慧有很大的依赖,通常人们认为,集体智慧大于个人智慧。单方决策还有一个明显的缺点,由于其他人没有参与决策,所以对决策的理解不到位,导致没有意愿或没有能力参与决策的执行。

2)群体决策

群体决策会邀请干系人、团队成员、主题专家等一起参与决策,优点就是集中大家的智慧做出的决策更为周全和明智。同时,每个人都感觉受到了尊重和重视,因此更有积极性,更愿意做出承诺。群体决策的缺点就是费时费力,人们总是被叫去开会,从而影响了投入实际工作中的时间。多标准决策是群体决策经常用到的一种方法,表11.10是多标准决策分析示例。

表11.10 多标准决策分析示例

决策标准	权重（1~5）	瘦腰机	跑步机	乒乓球台
成本	5	4	2	4
吸引力	5	5	3	2
风险控制	4	4	4	2
维修	4	4	3	5
占地	3	5	3	1
变卖价格	1	1	3	1
得分		93	65	62

多标准决策分析识别关键事项和合适的备选方案，并通过一系列决策排列出备选方案的优先顺序。使用该方法的步骤包括：

（1）确定多个标准。

（2）对标准进行排序并分配权重。

（3）对所有备选方案打分。

（4）计算出各个备选方案的加权分数。

（5）根据得分对备选方案排序。

在面临多方案选择且对决策的过程及结果的质量要求比较高时，可以采用这种方法。比如，选择项目技术方案、选择项目管理方案、选择供应商、选择关键人选、明确解决问题的优先顺序时。

3）发散–汇聚决策

发散–汇聚决策兼具群体决策和单方决策的优点，决策过程快速，决策结果更加合理。如图11.9所示，这种模式包含两个步骤：第一步，邀请成员、专家和其他干系人参与，群策群力，共同识别多个备选解决方案；第二步，所有人参加投票表决，快速确定首选方案。这种模式在快速决策的同时，吸收多样化团队的智慧，同时体现了人们的包容和尊重，所以是敏捷环境中推荐的决策模式。

图11.9 发散–汇聚决策

投票是一种快速的决策技术，可以调动团队和干系人的参与，提高决策的正确性，增强成员对决策的责任感。投票决策的方式有一致同意、大多数同意或相对多数同意。

- 一致同意，所有人都投同意票。
- 大多数同意，一半以上的人员投同意票。
- 相对多数同意，如果备选方案超过两个，那么得票最多的方案获胜，并不一定要超过半数。

敏捷方法中经常会使用罗马投票或五指投票的方式，不仅快速，而且生动活泼。罗马投票是投票表决的一种方式，罗马人曾经使用向上或向下竖大拇指的方式来对角斗士的生死进行表态。敏捷团队使用类似的方式进行投票表决。在投票之前，需要对方案进行陈述、讨论和澄清，之后每个参与者进行投票。如图11.10中上端所示，拇指向上表示赞成，拇指向下表示反对，拇指水平表示中立。

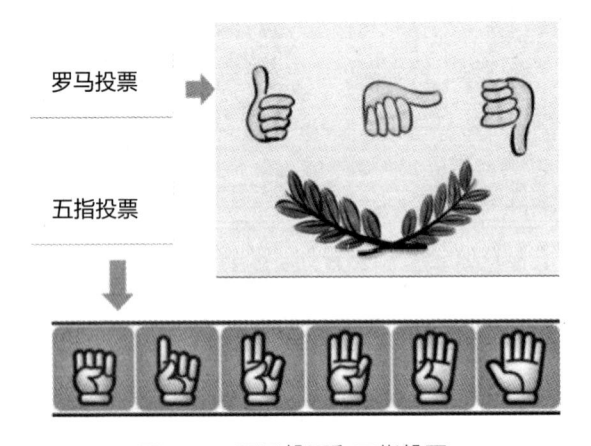

图11.10 罗马投票和五指投票

采用五指投票时，成员可以表达更多的意思，如图11.10中下端所示，不同数量的手指表示不同的含义，通常的定义如下：

- 五个指头表示这是个绝好的主意，完全支持。
- 四个指头表示这个主意还不错，支持。
- 三个指头表示中立。
- 两个指头表示这个主意不太好。
- 一个指头表示不支持。
- 拳头表示坚决反对。

也有的团队会把这个方法简化一些，用五个指头表示支持，用拳头表示反对，用三个指头表示需要进一步讨论和澄清。

2. 冲突解决模式

有人的地方就有冲突，项目中的冲突不可避免，冲突分为建设性的冲突和破坏性的冲突。建设性的冲突对项目有益，可以收集到不同的意见，增加创新，利于决策。破坏性的冲突会破坏团队氛围和合作关系，对于破坏性冲突，应该由涉及冲突的个人负责解决，如果对项目产生影响，或者成员升级之后，则由项目经理负责协调。

解决冲突应该尽早和直接，并抱有开诚布公和尊重、协作的态度。冲突解决要对事不对人，要着眼未来，而不是追究既往。如果冲突一直无法解决，则可能需要启动正式程序。建立团队基本规则，有助于降低冲突。成功处理冲突，可以提升生产效率，增进工作关系。图11.11是基于TKI冲突模型而发展的五种冲突解决模式。

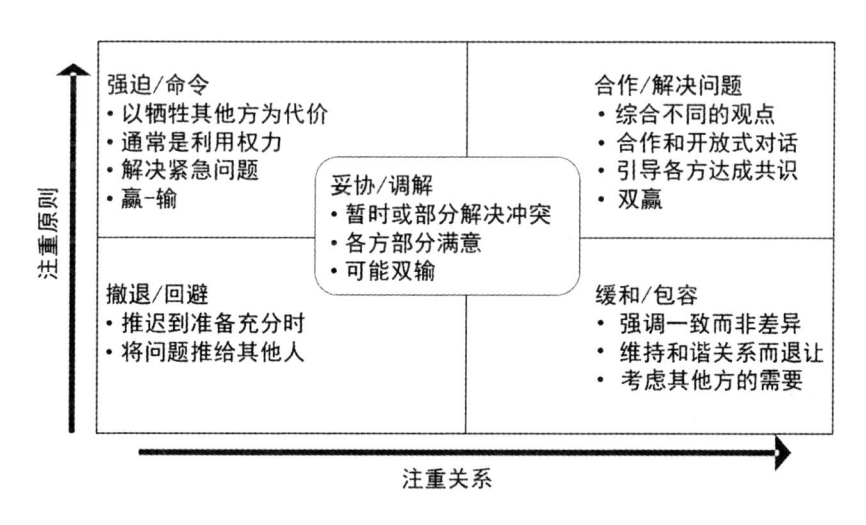

图11.11 冲突解决模式

- 撤退/回避。从实际或潜在冲突中退出，将问题推迟到准备充分的时候，或者将问题推给其他人员解决。
- 缓和/包容。强调一致而非差异；为维持和谐与关系而退让一步，优先考虑其他方的需要，把自己的需要放在后面。
- 妥协/调解。为了暂时或部分解决冲突，寻找能让各方都在一定程度上满意的折中方案。
- 强迫/命令。以牺牲其他方为代价，推行某一方的观点；只提供赢－输方案。通常是利用权力来强行解决紧急问题。
- 合作/解决问题。综合考虑不同的观点和意见，采用合作的态度和开放式对话引导各方达成共识和做出承诺。

每个人都有自己熟悉的或偏好的冲突解决模式，但在项目中，应该根据情形选择最有利于项目的模式。通常考虑的因素包括冲突的重要性、冲突的激烈程度、解决冲突的时间压力、冲突双方所处的地位，以及是想长期解决冲突还是只想短期解决冲突。

3. 斯彼得·里斯冲突级别模型

斯彼得·里斯（Speed Leas）提出的冲突级别模型（Level of Conflict Model）可以帮助项目经理和团队理解冲突和控制冲突。模型把冲突划分为5个层级，其程度从1到5逐层增加。团队只有在层级1的情况下，才能展开合作和研讨。从层级2到层级5，冲突的级别不断升高，人们的理智逐渐被情绪和愤怒所代替，这时候无法展开有价值的讨论，即使勉强做出决策，决策的正确性和接受度都是值得怀疑的。模型的5个层级如下所示。

- 解决问题（Problem Solving）：团队成员有开放的心态，用基于事实的言语进行交流。
- 不同意（Disagreement）：自我保护，言语带有防御性。团队成员之间产生距离感，会使用你们、我们、他们等词语。
- 争辩/辩论（Contest）：获取胜利的欲望会超过实际问题的解决，言语中有互相指责，甚至出现派系。
- "圣战"（Crusade）：不能输是最关键的事情，语言交流上升到了意识形态和价值观。
- 世界大战（World War）：胜利已经不足够，对手必须输，必须摧毁对手。

4. 情商模型

情商是识别、评估和管理个人情绪、他人情绪及群体情绪的能力。如图11.12所示，情商模型分成左侧和右侧，左侧是讲自我，右侧讲与其他人的关系。在自我这一侧，又分为两层，下面一层是自我意识，自己对自己要有正确的了解和正确的评估，在此基础上，才能进行良好的自我管理，包括管理好各种因素对自己情绪的影响，管理好自己内心的冲突。右侧说的是与他人的关系，也分为两层，下面一层是社交意识，就是对他人的理解，具备同理心，可以读懂别人的感受和情绪，在此基础上，才能走到上面一层，和别人良好互动，建立融洽的关系，开展合作。

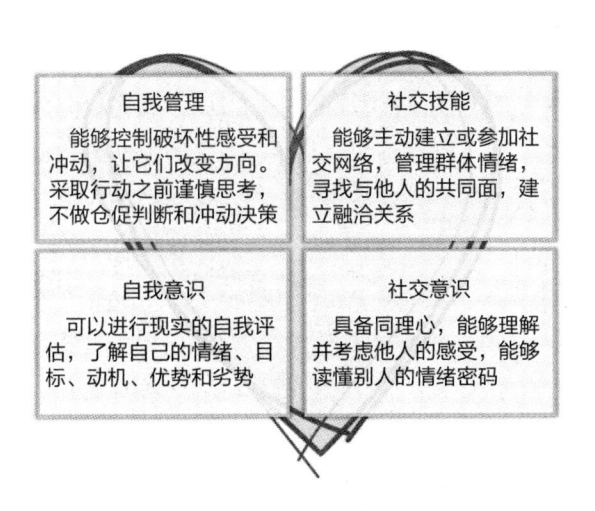

自我管理 能够控制破坏性感受和冲动，让它们改变方向。采取行动之前谨慎思考，不做仓促判断和冲动决策	**社交技能** 能够主动建立或参加社交网络，管理群体情绪，寻找与他人的共同面，建立融洽关系
自我意识 可以进行现实的自我评估，了解自己的情绪、目标、动机、优势和劣势	**社交意识** 具备同理心，能够理解并考虑他人的感受，能够读懂别人的情绪密码

图11.12 情商模型

在项目环境中，项目经理需要提高自己的情商能力，也需要帮助团队成员提高情商能力。高情商有助于团队应对挫折，减少冲突，从而以良好的状态聚焦于有价值的工作。高情商也有助于增加团队凝聚力，构建和谐的团队氛围，降低不必要的人员流动。

同理心是情商模型中的关键因素，只有具备同理心，才能真正理解他人。同理心是站在当事人的角度和位置上，客观地理解当事人的内心感受，且把这种理解传达给当事人的一种交流方式。具备同理心的人可以正确了解他人的感受和情绪，进而做到相互理解、关怀和情感上的融洽。

5. 权力的五种来源

1959年，社会心理学家约翰·弗伦奇（John R.P.French）和伯特兰·拉文（Bertram Raven）提出了一种权力来源的模式，其中包括五种主要的权力。

- 职位权力（Legitimate power）：来源于个人在组织中的职位和职权。
- 参考权力（Referent power）：个人吸引他人并建立忠诚度的能力，来源于个人魅力、人际关系技能。
- 专家权力（Expert power）：来源于个人的技能和专业能力，这些技能正是组织所需要的。
- 奖励权力（Reward power）：能为他人提供奖励（如福利、休假、礼物、提升、涨工资、责任）的能力。
- 惩罚权力（Coercive power）：使用惩罚措施（如降级、扣奖金）的能力。应尽量少用。

在项目环境中,项目经理需要不断拓展自己的权力,获取各方支持,从而确保项目获得成功。专家权力和奖励权力是最好的方式,惩罚权力是最不提倡的方式。另外,职位权力、奖励权力和惩罚权力都与个人的职位有关,具有一定的时效性,而专家权力和参考权力则在一定程度上隶属于自己,好好维护,可以伴随一生。

6. 情境领导力

情境领导模型由保罗·赫塞(Paul Hersey)与肯尼思·布兰查德(Kneneth Blanchard)共同提出。模型简单明了,具有很强的操作性,尤其对于那些刚刚担任管理者角色的新手们来说更有帮助。模型把模糊的领导行为以及因需而变的思想理念变得可识别、可看见、可行动和可评估。采用该模型时,项目经理需要事先评估成员的状态,根据其状态选择对应的领导风格。成员的状态主要由其技能水平和意愿程度决定,四个状态(从低到高)如下所示。

- R1:能力低,意愿低,没有自信。
- R2:能力低,但有意愿,有自信。
- R3:有能力,但意愿低,没有自信。
- R4:有能力,有意愿,有自信。

对应成员四种状态的领导风格如下所示。

- S1(告知式):对成员提供具体的指导,并严密监督其表现。
- S2(推销式):向成员解释决策,并且提供澄清的机会。
- S3(参与式):项目经理和成员共同参与解决问题和制定决策。
- S4(授权式):把决策和实施的责任移交给成员,领导根据需要提供帮助。

以上对情境领导模型的介绍参考了凯文·福斯伯格(Kevin Forsberg)等著的《可视化项目管理》一书,读者可以查阅更多资料或参与相关培训,了解更加详细的内容。

7. OSCAR教练和辅导模型

OSCAR教练和辅导模型由凯伦·惠特尔·沃思(Karen Whittle Worth)和安德鲁·吉尔伯特(Andrew Gilbert)开发,OSCAR是五个英文单词首字母的缩写,是成功实现教练目标的五个关键因素。这个模型提供了一套非常具体的、可操作的方法步骤,此时,团队领导者就是一位教练,他采用教练的方式达成管理目的。对于项目经理来说,采用教练技术而不是指挥命令的方式,在当前时代下更为合适。项目经理可以在实际工作中使用OSCAR教练和辅导模型来开展领导工作,帮助成员提升,使其达到或超越项目工作所需的技能水平,交付期望的工作成果。不论是在敏捷方法中,还是在传统瀑布方法中,这个模型都可以使用。

- 成果（Outcome）：明确教练活动的最终目的，成员期望从教练活动中获得什么结果。一个完整的教练活动可能包含多次教练会谈，要确定本次教练会谈的期望成果是什么。
- 情况（Situation）：了解成员当前的情况是什么样的。通过教练会谈，了解成员当前的技能水平、知识水平，以及为什么处于当前的水平，这种水平是否会影响成员的绩效以及与队友之间的关系。
- 选择和后果（Choices/Consequences）：面对目前的情况，有哪些选择？把能够实现目标的方案都列举出来，并且分析每个方案所带来的积极和消极的后果。基于这些信息，成员从中选择一个最适合的方案。
- 行动（Actions）：方案会化解为一个一个具体的行动，每个行动都聚焦某个方面的改进。针对每个行动，要有可以快速实现的、具体的、可衡量的目标，有明确的时间框架。
- 评审（Review）：举行定期会议为成员提供支持和帮助，确保成员一直在预期的轨道上前行。要一起分析哪些事项进展顺利，哪些进展不顺利。如果有些行动采取之后不见效，可能要调整这些行动。如果发现成员遇到挫折，要鼓励成员继续燃起热情，奔赴目标。

上面介绍了OSCAR教练和辅导模型中的关键步骤。采用OSCAR教练和辅导模型的好处在于鼓励发挥成员的自主性。让成员自己思考并形成对未来"期望状态"的定义，也就是自己为自己确定目标。成员自己识别、分析并选择提升路径，自己来掌控自己的发展。采用OSCAR教练和辅导模型时，项目经理要让成员明白，虽然项目经理会提供支持，但整个学习和提升过程由成员自己负责。

OSCAR教练和辅导模型的另一个好处是适用性。这个模型几乎对所有人都适用，并没有专业之分，因为并不需要项目经理为成员提供专业技术上的指导，成员自己确定需要哪些方面的培训，项目经理帮助他们获得这些培训。

8. 成功领导者的五项实践

领导力是指有能力让一个群体为了一个共同的目标而努力，并像一个团队那样去工作。詹姆斯·库泽斯（James Kouzcs）和巴里·波斯纳（Barry Ponser）定义了成功领导者的五项实践。

- 以身作则：领导者创造卓越的标准，并为其他人树立榜样。
- 共启愿景：展望未来，创造理想而独特的未来组织形象。
- 挑战现状：寻找机会挑战当前状态，用创新思维提升组织能力，领导者应该有勇气，而不是害怕和屈服。
- 使众人行：建立充满活力的团队，让每个人都感到有能力和更强大，通过其他人把事情做成。
- 激励人心：鼓励成员分享由于他们的努力所创造的成果，一起庆祝成就，让每个人都感觉自己像英雄。

在项目管理过程中，领导力在项目开始阶段尤为重要。因为这个时候，需要向项目团队和干系人宣讲项目愿景，激发参与者的热情，并获取他们的承诺。在项目执行过程中，仍然需要通过领导力来不断强调项目愿景和战略；增进成员互信；促进团队建设；对干系人施加影响；指导、监督和评价项目和项目团队的绩效。领导和管理不同，领导关注的是"做正确的事情"，管理关注的是"正确地做事情"。

本章情境思考题

A公司和小张所在的B公司合作。A公司是甲方，加上A公司项目经理脾气不太好，所以每次A公司项目经理下发任务时都比较强势。比如，上周五一大早，公司的项目经理就来找小张，说A公司项目经理早上八点就给他打电话，要求明天必须做完一项工作。小张是开发组组长，他粗略估计了一下，至少需要投入两人全天工作再加上加班，不出任何差错的话，两天勉强能做完。问题是开发人员每天还有已经安排的其他工作。这项工作根本就没有什么必要性和紧迫性。小张说明情况后，公司项目经理说："人家是甲方，咱得无条件答应……"没办法，小张只好让两名成员停下手中的工作开始干这项紧急的工作。

紧赶慢赶总算完成了这项工作。可仅仅过了一天，公司项目经理又走过来说："客户要求回退程序，这个功能暂时不启用了……"所有开发人员都气炸了：难道项目经理的作用就是传话筒吗？

思考： 请你分析上述的情境，B公司项目经理的做法有哪些不当之处？如果你是项目经理，你会如何处理与客户、团队的关系？

第 12 章

项目收尾

当项目中定义的交付成果完成并通过验收时，项目就应该开始收尾。如果项目发起人或项目治理主体决定在项目没有完成的情况下提前终止项目，也应该执行项目的收尾工作。有的项目中包含采购，则收尾阶段也包括对采购工作的总结评价，以及对采购资料的归档。对于执行客户合同的项目来说，项目收尾过程也包括客户合同的收尾工作。有的合同中会同时签署产品维护的内容，则此时需要把这部分工作移交给相应的人员或部门，继续为客户提供服务。

有的项目忽略了项目收尾工作，项目工作结束后项目经理和成员马上被委派到其他项目或工作中。这样做会导致一些不好的后果，包括：

- 人员士气受到影响，他们没有因为在项目中的工作而得到评价和肯定，这会影响他们对下一个项目的投入，也影响他们的职业发展。他们理应拿着每个项目的贡献认可书去争取更好的工作机会。
- 组织水平提升受到影响。这个项目中的各种度量值没有被收集，以后的项目在估算的时候仍然无据可依，导致估算的可信度打折扣。经验教训没有总结，导致以后人们还会重复犯同样的错误，在遇到问题时没有前面的案例可供参考。
- 维护工作受到影响。由于没有充分移交，导致维护团队在职责上、技术上都存在不清晰的地方，尤其是对遗留问题和隐性知识的移交，这对于后期维护非常重要。

本章讨论项目收尾阶段的工作，具体包括项目结束的情形、收尾阶段的关键工作、敏捷项目的收尾以及项目成果的落地。图12.1说明本章在整本书中的位置，同时说明管理项目的基本路线。

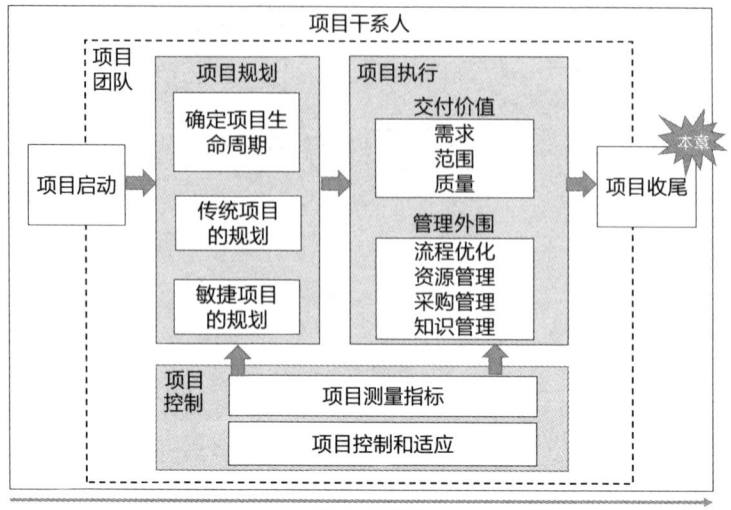

图12.1　融合传统方法和敏捷方法的项目管理路线

12.1 项目结束的情形

1. 正常结束的项目

项目按照计划完成，项目交付成果通过验收，并且移交给了客户或者内部的运维部门。正常结束只是一种状态，并不表示项目绩效。项目绩效的好坏要通过项目评价之后才能确定。

2. 提前终止的项目

提前终止指的是项目范围尚未完成，组织决定停止项目投入和项目活动。这类项目占比不大，这样做的原因通常包括但不限于：

- 组织合并或收购，有些项目在新的组织中不再需要。
- 组织战略发生了变化，某个产品线被砍掉，这个产品线下的项目就不再需要继续执行了。
- 市场或技术发生了重大变化，项目产品尚未开发出来就已经过时。
- 当初决策错误。启动项目时，由于调研不充分，选择了错误的产品方向或技术方案。

提前终止的项目除了需要完成正常的收尾工作，还需要分析和记录项目终止的正式理由，并存档项目终止的决策文件。提前终止只是一种状态，并不意味着项目失败。如果混淆了两个概念，就会导致人们因为害怕失败，而不去主动关闭没有价值的项目。

3. 烂尾项目

项目中遇到了重大的技术问题、资金问题、资源问题、社会问题、法律问题等，导致项目没法按照原计划执行，远远超过了原定的交付期限，问题一直得不到解决，项目一直持续着，消耗着项目的资源、团队的士气和干系人的耐心。出现这种问题的主要原因是组织的治理机制出现问题，没有明确的项目退出机制，也没有人真正为项目和企业负责任。一个庞大的组织会隐匿一些烂尾项目，有的烂尾项目最后仅留下一个成员负责向各方报告项目状态，以掩饰失败，拖延项目失败的曝光。而对于小型组织来说，一个烂尾项目可能会拖垮一个部门、一个产品线甚至整个组织。烂尾项目对于人员的杀伤力也是巨大的，除非有迫不得已的理由，否则应该早点撤离这类项目。烂尾项目对于企业来说，无时无刻不在吞噬着企业的利润、声誉和信心，企业需要建立严格的治理体系，及时发现这些项目，及时采取动作结束这些项目，哪怕会遭遇艰难的谈判甚至造成暂时的损失。

12.2 收尾阶段的关键工作

1. 确认验收

检查项目过程产品和最终产品的验收情况，确保都通过了验收，包括检查和汇总验收文件、遗漏问题清单，并核实实物的状态。

2. 产品移交

将项目交付的最终产品、服务或成果从项目团队转交运维团队、生产部门或其他适合的组织，在商业论证、收益管理计划、项目章程、范围说明书中都需要事先定义项目产品的接收者。如果是客户项目，则移交给客户内部的团队，具体移交的细节会在客户合同中有明确定义。接受产品的团队或组织，将负责产品的运营、维护和支持等。

对于提前终止的项目，也需要把尚未完成的产品移交给组织指定的部门。组织需要指派人员评估这些项目的残留价值。

移交产品的同时还需要移交相关的资料文件。为了确保接收团队可以执行好后续的运维，项目团队可能需要向接收团队提供培训，有时候需要项目团队护航一段时间，也就是和运维团队并行工作一段时间。如果产品将投入大批量生产，则在开始生产之后，项目团队仍然会保留一些技术人员，为生产继续提供一段时间的支持。一方面是帮助生产人员更好地理解产品、掌握工艺；另外一方面是根据生产人员提出的反馈修正产品或工艺过程。团队还需要为售后服务、市场销售等部门提供技术支持，直到与产品相关的采购、生产、服务和销售等工作都纳入正轨。

如果是信息系统，则可能采用直接切换、并行运行或者分阶段上线的方式，确保新旧系统的平稳过渡，保证用户体验。移交过程最好有正式的仪式、记录和签字手续。

3. 资料归档

项目执行过程中生成了大量的文档，可以简单归类为技术文档、管理文档和采购文档。

- 管理文档：有关收益、进度、范围、质量和成本绩效等方面的计划、信息和报告，以及变更日志、问题日志、风险登记册、质量登记册、经验教训登记册等。
- 技术文档：设计文件、施工文件、竣工文件、手册、培训文件、故障排查文档等。
- 采购文档：与供应商有关的所有文档，包括招标文件、投标文件、合同、合同执行过程中的检查报告、付款记录、变更处理等。采购文档也可以进一步分为管理文档和技术文档。

所谓归档，指的是将项目中的文件按照组织过程资产中的存档目录分门别类存放好，并不是说在收尾阶段才开始补写文件和收集文件。为此，PMO应该为项目团队提供组织统一的项目文件目录结构，团队应该从项目之初就按照该目录存放文件，并通过配置管理系统进行版本控制。

在项目过程中，项目经理需要对项目文档进行持续管理，包括：根据项目进行裁剪，删除多余或无用的文档；管理文档的版本更新，确保人们拿到的都是最新版本；保证文件的易获取性，团队成员可以根据需要用最便捷的方式获得文件；建立安全管理机制，避免重要文件外泄。

4. 合同收尾

项目中如果有采购，则需要对采购合同进行收尾。有些采购合同在项目过程中已经执行完毕并完成了收尾工作，此时要做的只是确认、核实和归档。有些采购合同的收尾则和项目收尾并行进行，如项目全程雇用的外包人员的合同，项目主要设备、平台或原件的采购合同等。有些采购合同必须在通过客户验收之后才能完结。

合同收尾的主要工作是核实合同义务的履行情况，确保供应商完成了合同中规定的工作，项目团队根据合同条款对分包进行了支付。合同中可能会有一些义务需要在项目完成后继续履约，如售后服务，这些内容应该由项目团队移交给其他合适的团队继续监督执行。对于客户项目来说，也需要对客户合同进行收尾，项目团队查对合同，确保己方工作按要求完成，客户相应的付款到位。

不管是采购合同还是客户合同，合同可能会附带一些时效更长的保密条款、反行贿条款等，项目团队和采购团队、合同部门可能要采取一些行动或措施以确保项目结束后相关责任主体能继续履约。

项目团队要尽最大可能就合同履约过程中的争议达成解决方案，如果出现旷日持久的纠纷，则可以委托合同管理部门和法务部门继续处理，以便项目按时收尾，使得项目资源可以投入新的项目或工作中。

5. 行政收尾

项目经理需要和财务部门协作，确保所有成本都已计入项目成本。同时关闭项目账户，不再接收新的费用报销，在项目管理信息系统或配置管理系统中，不再接收新的资料更新。项目经理宣布人员可以离开项目团队的正式日期，并办理好相应的交接手续；归还项目占用的场地、设施、设备和其他资源；对于多余的项目材料，需要转交给合适的部门或组织。

6. 经验教训总结会议

虽然在项目执行过程中，尤其是在每个阶段结束时，都会举行经验教训总结会议，但在项目结束时举行经验教训总结会议更加重要，可以从更加完整的视角来看待问题。

最好的做法是举行一个项目回顾大型会议，邀请所有团队成员、干系人和组织内其他感兴趣的人士参加。项目经理应当主动担任会议的主持人，事先制定会议议程，安排重要人员做主题分享。在会议上控制会议基调，避免成为指责、自责、邀功、表扬、庆功的会议，而是要成为开放的、专业的、客观理性的实践研讨会。

结构化加发散型的会议比单纯的发散型会议效果更好，因此项目经理需要提前做会议准备，回顾项目过程中的定期绩效报告和阶段报告，梳理出项目执行的脉络和过程中的关键决策点、出现的关键问题。以此为底图，在会议上邀请人们对每个决策点和问题点进行回顾和分析，重要的不是分析原因，而是探讨"我们有没有更好的方案"。

项目执行过程和项目收尾过程中识别的经验教训都会被及时记录到经验教训登

记册中，项目结束后，该登记册和其他项目文件一起被纳入组织过程资产，供将来的项目团队参考。

7. 项目评价和最终报告

项目经理首先应该对项目进行自评，并提交项目最终报告，报告的内容通常包括如下几项。

- 概述：对项目完成情况的概述。
- 范围目标的实现情况：最终产品是否完整交付，是否达到完工标准。
- 成本目标的实现情况：实际成本、临界值、偏差原因。
- 进度目标的实现情况：实际工期、临界值、偏差原因。
- 质量目标的实现情况：评估标准、核实信息、偏差原因。
- 项目收益实现的情况：是否实现，是否有偏差，是否需要继续跟踪，对未来的预测。
- 对项目过程中的重大问题的概述。
- 项目是否有遗留问题，如有，怎么处理。

根据项目经理提交的最终报告，PMO组织对项目进行全面评价。评价包括三个重要的部分，第一部分是对项目完工绩效的评价，主要从项目范围、质量、进度和成本等几个方面展开；第二部分是对项目人员的评价，包括对项目经理、项目团队成员的评价，主要考虑角色和职责的履行情况、所负责和参与的项目任务的完成情况，以及干系人的反馈；第三部分是对项目收益的评价，根据商业论证和收益管理计划进行评价，有的项目的收益在项目收尾阶段就可以进行完整的评价，而大部分项目的收益需要在后续运营阶段持续跟踪和评价。

PMO应该提供项目评价的框架、标准和流程，并组织对重要项目的评价工作。

8. 持续改进

除了经验教训总结会议，还可以通过以下的活动推动组织层面的持续改进。

- 回归分析：分析项目中收集到的数据，发现其中的规律，在可能的情况下建立初步的参数估算模型，或者其他预测模型。比如，分析每个功能花费在需求讨论上的时间、开发上的时间、测试上的时间，看是否存在某种规律。
- 趋势分析：在项目过程中，在不同时点对项目的完工预算、完工工期都做了预测，现在项目结束了，可以回头看一下这些预测是否准确，预测模型是否需要调整以及如何调整。
- 偏差分析：分析项目数据和度量值的偏差程度，来分析这些数据或指标的合理性、收集方法的可靠性、测算方式的准确性等，从而提出整改建议，如针对工时统计数据的分析。
- 其他合理化建议：如针对采购流程、审批流程、质量流程、预算流程等的建议。
- 满意度调查：对项目团队、客户、用户、发起人以及其他关键干系人展开调查，收集他们的反馈，提炼改进意见。

9. 项目审计

审计用于确定项目活动是否遵循了组织和项目的政策、过程与程序，审计是结构化的独立审查。项目中的审计可以针对某个具体的方面，如质量审计、风险审计、采购审计等，也可以针对项目整体。这些审计可以是有计划的审计，也可以是根据需要开展的特别审计。在项目过程中开展审计，有助于优化本项目的流程，提高本项目的后续绩效。项目结束时开展的审计被称为项目终期审计，有助于评价本项目的成败，并为后续项目和组织流程改进提供借鉴。

1）质量审计

质量审计通常是独立审计，由项目团队外的人员或单位进行审计，如组织的审计部、PMO，有时候也会请组织外部的审计师。质量审计的目的是识别项目过程中的良好做法、违规做法、错误做法，分享其他项目的最佳做法，协助项目流程的改进和绩效的提升。

2）风险审计

风险审计的目的是评估风险管理过程的有效性，可以由项目外的独立第三方进行审计，也可以由项目团队定期开展内审。

3）采购审计

采购审计必须保持独立性，从而维护采购系统的可靠性，审计的范围涵盖采购的整个流程。有的项目中，项目团队需要对卖方进行审计，如果有这种需求，必须在合同中进行明确定义，包括审计的目的、时间、范围以及对结果的处理程序。

PMO负责项目整体层面的审计，主要目的是确定项目活动是否遵循了组织和项目的政策、过程与程序，同时需要评价项目经理和团队行为是否符合职业规范。也可以邀请外部第三方咨询公司开展独立审计，这样可以对项目管理情况和参与者的表现做出更加客观的评价。外部第三方站在不同的视角，可以带来全新的思想。

10. 庆功会

项目庆功会的形式多种多样，小到简单的午餐，大到专门的庆祝活动，项目经理可以邀请团队成员一起出谋划策。需要关注的几点是：

- 庆功会很重要，必须召开，而且要认真召开，马虎不得。
- 不要遗漏任何人。尽量安排在大家都方便的时间举行庆祝活动，即使有的人不能参加，邀请信也一定要送到。
- 表彰和奖励要妥当。一位参加了某个重要项目的成员提到，庆功会很隆重，邀请了公司的高层，但是在发奖的时候，只有项目经理的名字被提到，项目经理拿到了红包和奖杯，成员什么都没有，因此他们非常沮丧。

12.3 敏捷项目的收尾

吉姆·海史密斯提出的敏捷项目管理框架包含了五个阶段，分别为构思、推演、探索、适应和收尾。敏捷项目的收尾工作从结构上讲和传统项目没有两样，从程度上讲可能会更加快捷，不一定有大量的文档工作，也不一定有严苛的评审和审计工作。除此之外，敏捷项目的收尾需要关注以下两点。

1. 项目收尾不是产品收尾

很多采用敏捷方法的项目，在产品投入使用之后，仍然需要持续对系统进行升级，因此会误以为项目会一直持续，没有明确的收尾阶段。需要区分产品生命周期和项目生命周期的不同，一个产品生命周期中可能包含了一系列的项目，每个项目都应该有明确的收尾环节。举例来说，某个产品最终可能有188个功能，但本期项目的目标是完成88个，后面的100个可能通过新的项目来完成，也可能通过例行的运维来完成。

2. 持续的团队

传统项目在收尾阶段要进行产品移交，把项目产品从项目团队移交给运维团队，然后解散项目团队。敏捷项目可能会采用持续团队的形式，也就是项目团队全体或一部分人员继续留下来负责产品的维护，这种做法有很多好处，如降低了对知识转移的依赖，包括培训、文档以及隐性知识，同时这种做法能够让项目团队在开发过程中就开始关注日后系统的可维护性和可扩展性，从而提高系统开发的质量和水平。另外，由于在维护期间团队要直接面对最终用户的反馈和收益数据的反馈，因此这种做法可以增强开发人员的商业意识。

12.4 项目成果的落地

很多项目经理和团队认为，如果他们交付的产品功能良好，用户就会非常高兴地接受和使用这个产品，但事实并非如此。很多产品实现了既定的功能和性能，但结果并不成功，或者说，这些项目从技术上讲是成功的，但从商业上讲不成功。

项目产品投入使用会引发组织变革，针对变革会产生推动力和阻力。阻力主要来自以下方面：

- 有的人天生排斥新事物，他们喜欢旧有的熟悉场景。
- 产品中包含了新的技能要求，这让一些人显得无能、挫败甚至恼怒。
- 产品忽略了一部分人的需求，使用产品后，他们的工作流程变得更加复杂了。
- 产品简化或替代了一些人当前的工作，让他们本来引以为豪的工作变得不再不可替代。
- 产品投入使用后，有一些本来没有权力的人，现在依仗产品开始向人们发布命令，如定时输入数据等，这会引发人们对产品的不满。
- 产品投入使用后，本来有权力的人员不再拥有权力。比如，产能调度由人工转系统后，调度员的权力就下降或消失了。
- 产品投入使用后，有些人可以从原来流程中获取的便利和优越现在变得不复存在。

项目经理需要主动分析变更的环境，要推动产品真正投入使用并稳定发挥作用，而不是移交之后就万事大吉。可以借助高层的权力来推广和宣讲产品，但项目经理必须真正解决问题，而不是采用强制的方法。如果不能真正解决问题，士气会受到影响，有些人会开始琢磨消极应付的方法，这些都会导致投入产品开发的资源被浪费，而且会因为产品使用而浪费更多的人力、财力、物力。项目经理和管理层都需要知道，在变革之初，业务绩效都会经历U形曲线，如萨提亚变革模型所示。使用新产品之初，不但看不到预期的效果，相反很有可能出现短暂的下滑，项目经理和管理层要对此有所准备，不能着急，也不能产生失望情绪，更不能因此而否定项目成果。

项目经理需要对变革所面对的推力和阻力进行全面分析。如果只关注阻力，会产生所有人都在反对项目成果的错觉，因为通常阻力的声音更大，即使人数并不多。项目经理一定要进行深入调查和分析，才能得到全局画面。另外，识别出推力之后，项目经理需要与这些力量建立同盟，影响更多的人加入推动者和支持者的行列。

1. 萨提亚变革模型

弗吉尼亚·萨提亚（Virginia Satir）是一位美国作家和心理治疗师，因家庭治疗而闻名。她在家庭重建治疗领域的开创性工作使她获得了"家庭治疗创始人"的称号。她最著名的著作是《联合家庭治疗》、《人物塑造》和《新人物塑造》。

每个有计划的组织变革都有良好的初衷，项目成果的落地也一样。如果得以有效实施，则通常可以产生良好的效果。相反，如果不加以主动引导和管理，则成果无法落地，前期的项目投入很可能前功尽弃。

萨提亚变革模型描述人们对变革的感受和反应。项目经理学习萨提亚变革模型有助于引领项目带来的组织变革，可以了解人们应对变革的自然过程，让干系人了解人们对变革的拒绝只是一种自然的反应，从而更加有效地在变革中平稳过渡。图12.2是萨提亚变革模型的示意图，如图中上方虚线所示，人们会"天真地"认为变革发生后组织绩效会迅速上升，但实际上，任何变革都会引发绩效的抖动，出现暂时的下降，如果引导得当，则会触底反弹，稳步上升，如图中U形曲线所示。

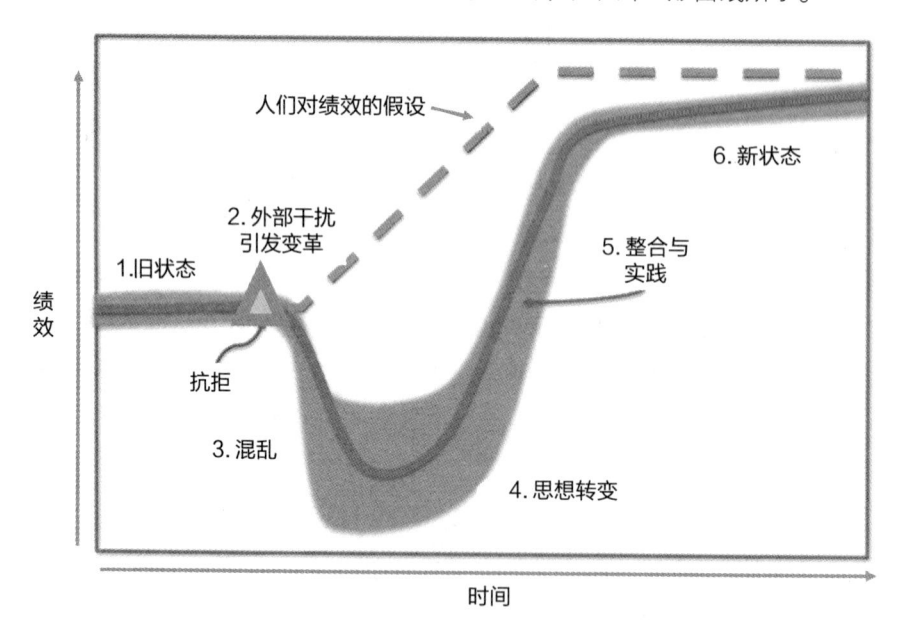

图12.2 萨提亚变革模型

- 阶段1：旧状态。在这种状态中，人们对一切都很熟悉，有能力预测事情的走向。人们对这种状态会产生舒适感，也有些人会觉得无聊乏味。
- 阶段2：外部干扰引发变革。来自外部的干扰破坏了旧状态的平静。比如，项目成果投入运行会带来变革，可能会改变人们做事的行为习惯，可能会改变工作流程，可能会要求新技能，甚至可能会改变角色定位和汇报关系。大部分人对变革的态度是抗拒的，人们的绩效开始下滑。
- 阶段3：混乱。变革带来的影响开始全面展现，人们对环境的不舒适度到了顶点，工作绩效降到谷底。大部分人在这个阶段会感觉很糟糕，如焦虑、懊恼、挫败等，也有个别人会感到兴奋。在混乱中，人们开始思考出路。
- 阶段4：思想转变。人们开始积极思考，包括开始用积极的方式理解新环境，开始思考自己应该怎么做去适应新环境。绩效出现回升的迹象。
- 阶段5：整合与实践。人们把思想付诸行动，不仅转变思想，也开始转变自己的行为，并且根据环境的反馈做出调整。绩效继续提升，通常最后都会超过旧状态下的绩效水平。
- 阶段6：新状态。人们开始习惯新环境，行为方式也逐渐固定下来，绩效变得稳定。一段时间之后，这种"新状态"也会变成新的"旧状态"，新的变革可能开始暗流涌动。

萨提亚变革模型为项目经理带来启发，在模型中的每个阶段项目经理作为变革的推动者，都应该主动采取措施。在第一个阶段（旧状态），项目经理应该鼓励人们主动从组织外部寻找有助于提升绩效的信息，以激发变革的愿望。在第二个阶段（外部干扰引发变革），项目经理需要帮助人们培养对变革的开放心态。在第三个阶段（混乱），项目经理应该帮助人们建立安全感，使得人们可以正视自己和他人面对变革的感觉，避免因为混乱嘈杂而感到沮丧，因而打退堂鼓，也避免有些管理者在这种情况下产生通过权力强制命令走捷径的想法。在第四个阶段（思想转变），项目经理应该主动识别人们思想的转变，并对这种转变做出明确的鼓励，进行多方沟通和会谈，在这个阶段的沟通通常可以达成积极的共识，形成明确的行动计划。在第五个阶段（整合与实践），项目经理要带领团队，鼓励干系人，把行动计划付诸实践，对实践过程中遇到的挫折予以支持，不论遇到什么困难，都要对变革的成果抱有坚定的期待。在第六个阶段（新状态），项目经理要鼓励团队成员和干系人发现新环境下展现的绩效改进，让人们认识到，与变革为组织和个人带来的收益相比，变革所经历的困难都是值得的，并且开始期待下一次变革。

2. 力场分析

力场分析（Force Field Analysis）模型是心理学家库尔特·勒温（Kurt Lewin）提出的组织变革模型，如图12.3所示。勒温认为，任何组织变革都存在两种力量：推动变革的力量和阻碍变革的力量。在实施拟定的变革之前要识别这两股力量，如果两股力量势均力敌，则变革不会发生；如果阻力大于推力，则变革不进反退；只有推力大于阻力时，变革才能发生。推力和阻力可能来自不同的部门、团队和个体。某个部门可能是本次变革的推动者，也可能是阻碍者；同一个部门中，某些人可能是推动者，另一些人可能是阻碍者；同一个人，在他的内心可能存在着推动的因素，也可能存在着阻碍的因素。比如，要实行绩效工资制，在同一个人心中的推动因素是"我有机会比以前挣得更多"；阻碍因素是"我没办法浑水摸鱼了"。

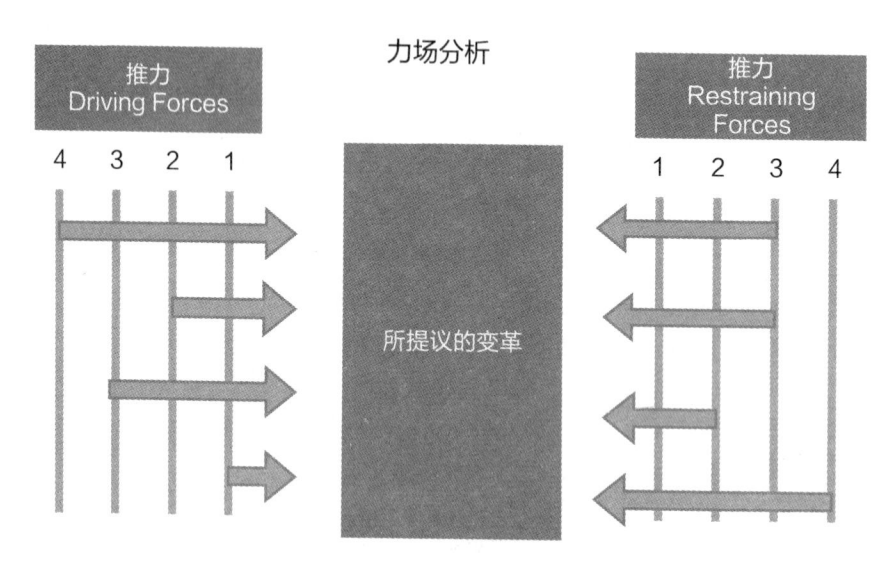

图12.3 力场分析模型

力场分析模型把所有这些因素变得可视化，作为一种群体决策工具，可以邀请变革的干系人一起来使用模型进行整体分析，从而在分析中交换看法，形成协作。这个工具还建立了量化的打分标准，如图上方的分数1、2、3、4，可以对每股力量的大小进行打分，最后定量计算出阻力和推力的分数，形成对全局的整体量化描述。如果阻力分数远远大于推力分数，说明变革的时机尚不成熟，需要等待契机或者取消变革。如果分数相差不大，项目经理应该想办法强化推力和弱化阻力。由于进行了详细的分析，在采取措施的时候，就更可能有的放矢，促进变革的顺利实施。

本章情境思考题

小张是一家生物技术研发公司PMO的项目管理专家，目前从项目团队收集到的主要问题有：

（1）经验教训的分享很难。一位新入职的员工在实验室问一位刚刚做完实验的同事使用的溶液的配比是什么，那位同事没有回答，再追问时，回答说忘记了。新入职的员工感到很沮丧，就找到了小张。

（2）项目考核周期过长。小张公司的产品研发周期都在3年以上，在3年后进行项目考核对员工当前的工作起不到推动作用，有的员工不等项目结束就离职了。

（3）人员绩效考核难，项目的难度系数不一样，有些难度因素在项目开始时可以预判，有些难度因素在开发过程中才逐步发现。另外，研发项目肯定有失败的情况，如果项目失败，怎样给项目人员考核绩效。

小张初步的想法是，这类项目的研发周期长，等项目结束之后再进行项目评价、人员考核、经验教训总结有些为时已晚，所以考虑是否可以在项目阶段末尾就设置阶段收尾环节来执行评价、考核和总结的工作。

思考： 请你帮助小张设计项目的阶段收尾环节和项目收尾环节，并且分析这么做可以为项目和组织带来的好处。

参考文献

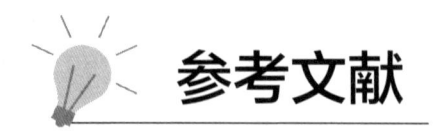

［1］ Project Management Institute. A Guide to the Project Management Body of Knowledge (PMBOK® Guide) and The Standard for Project Management，Seventh Edition[M]. Pennsylvanian: Project Management Institute，Inc.. 2021.

［2］ Project Management Institute. 项目管理知识体系指南[M]. 6版. 北京：电子工业出版社，2018.

［3］ Project Management Institute. 敏捷实践指南[M].北京：电子工业出版社，2018.

［4］ 迪恩·莱芬韦尔. SAFe4.5参考指南：面向精益企业的规模化敏捷框架[M].北京：机械工业出版社，2019.

［5］ Mike Cohn. Scrum敏捷软件开发[M]. 北京：清华大学出版社，2010.

［6］ Kent Beck， Cynthia Andres. 解析极限编程——拥抱变化[M].北京：机械工业出版社，2011.

［7］ David J. Anderson. 看板方法：科技企业渐进变革成功之道[M]. 武汉：华中科技大学出版社，2013.

［8］ 吉姆·海史密斯. 敏捷项目管理：快速交付创新产品[M]. 北京：电子工业出版社，2019.

［9］ Mike Cohn. 敏捷软件开发实践：估算与计划[M]. 北京：清华大学出版社，2016.

［10］ 许江林，张富民，王洪琛. 高效运作项目管理办公室[M]. 3版. 北京：电子工业出版社，2020.